はじめに

弁護士・大島久明

本書には横浜事件第三次再審請求事件の再審請求人と同事件弁護団弁護士の論文を掲載している。次章の「横浜事件第三次再審請求裁判の報告」は事件弁護団の議論を踏まえて新井章弁護士がまとめたが、その余は各自が各々の問題意識から論述している。

横浜事件は日本が太平洋戦争に突き進もうとする時に政府が行った大弾圧によるえん罪事件であること、横浜事件の再審は第三次請求で初めて再審の壁を破ったものであること、同事件の再審の裁判が免訴の判決という結果であったこと、さらに司法自体の戦争責任が問われる事件であったこと等から、これらの論点に触れるものが多くある。これら論述について多くのご批判を仰ぎたい。

以下に横浜事件第三次再審請求事件の概要を記して、本書の冒頭のことばに代えたい。

●横浜事件とは

太平洋戦争が開始されたのは一九四一年一二月であったが、その年の三月には治安維持法が大幅に改悪されて適用範囲の拡大と厳罰化が図られていた。開戦の翌一九四二年、神奈川県警特高課と警視庁特高課は、雑誌「改造」や「中央公論」などの編集者や言論人、学者、戦時経済体制の分析を行っていた研究会に集う公務員や企業の中堅社員、さらには宗教団体にまで、治安維持法違反を理由とする捜索、逮捕を一斉に開始した。自由な言論が権力による戦争遂行目的を阻害すると考えたのである。

被逮捕者のうちの被検挙者は六〇名余に上り、彼らは神奈川県警特高課の過酷な拷問を受けて虚偽の自白を強いられ、三〇名余が起訴された。拷問による獄死者四名、仮出所直後に獄死同然で死亡した者が一名、多くの被検挙者が空襲の中でも刑務所での勾留を解かれず恐怖のうちに戦後まで釈放されなかった。

起訴された殆どの者に対しては、一九四五年八月下旬ないし九月上旬の米軍上陸直後の慌ただしい中で懲役二年執行猶予三年という刑が言い渡された。

被検挙者に対する拷問等の弾圧が神奈川県警特高課によって行われ、勾留場所が横浜刑務所であったことから横浜事件と呼ばれている。

●第一次再審請求

横浜事件被害者は戦後、神奈川県警特高警察官を横浜地検に告訴し、同検察庁は被告訴人のうちの三名を特別公務員暴行陵虐罪で横浜地裁に起訴した。同地裁は三名の元特高課員が事件被害者のうちの益田直彦に拷問を加えた事実を認定して、三名に対して懲役一年六月から懲役一年の刑を言い渡し、三名の実刑は一九五二年四月二四日最高裁第一小法廷判決で確定していた。

さらに横浜事件被害者らは、横浜事件がえん罪であり、国家による犯罪であることを明らかにするために、被害者らに対する有罪判決について再審を請求することとした。

一九八六年七月三日、再審請求書を横浜地裁第二刑事部に提出した請求人は、木村亨ら六名の生存する被害者と小野康人ら三名の物故者の承継人であった（第一次請求）。

横浜事件では、訴訟記録が横浜地裁内で焼却されて現存しておらず、判決書すらも小野康人ら数名を除いて存在していなかったという特殊性があった。

横浜地裁は、一九八八年三月三一日、「いわゆる横浜事件の事件記録は焼却処分されたことが窺われ」裁判記録が存しないために審査できず、警察官の拷問も益田直彦以外の者にはこれを立証する資料が存しないという理由で再審開始請求を棄却し、請求人らの即時抗告、特別抗告も棄却された。

●第二次再審請求

小野康人の承継人は、一九九四年七月二七日、小野康人のみを元被告人として再審請求を提起した（この請求は一九九六年七月三〇日に横浜地裁で棄却され、最終的には二〇〇〇年七月一一日の最高裁第一小法廷決定で棄却されている）。

●第三次再審請求

横浜事件弁護団団長であった森川金寿弁護士は、第一次請求に対する裁判所の判断に立脚して、再度の再審請求に関する請求書の起案を環直彌弁護士に依頼した。

環直彌弁護士は、訴訟記録が滅失している横浜事件についての判決書の再現に取り組み、特高警察の捜査記録等を丹念に検討して原確定判決の再現を完成させた。さらに、再審を確実に開始させるために再審理由の整備を行わなければならないとして、原確定判決には被害者らに対する拷問で得た自白を証拠とした違法があること、また、原確定判決にはポツダム宣言の受諾によって既に無効となっていた治安維持法を適用した違法があること等の四つの再審理由を掲げて再審請求書を確定させ、新証拠として事件被害者らの口述書三一通（註）などを提出することとした。

一九九八年八月一四日、第三次再審請求書は横浜地裁第二刑事部に提出された。

請求人は生存する者三名と物故者五名の承継人であった。元特高警察官に対する告訴や再審請求を行った被害者の中心的存在であった木村亨は前月の七月一四日に他界しており、再審請求書の提出に立ち会うことができなかった。

●第三次請求第一審・横浜地裁再審開始決定

横浜地裁第二刑事部は二〇〇三年四月一五日、再審請求人らが受けた原確定判決には当時ポツダム宣言の受諾によって無効となっていた治安維持法を適用した違法があることを理由として再審の開始を認めた。

●第三次請求抗告審・東京高裁決定

再審開始決定に対する検察官の即時抗告について、東京高裁第三刑事部は、二〇〇五年三月一〇日、再審請求書添付の再現判決書の信用性を認めた上で、原確定判決には請求人らに対して行われた拷問によって得られた自白を証拠とした違法があることを認定して再審の開始を認めると判断して、検察官の即時抗告を棄却した。

検察官はこの東京高裁決定に対する特別抗告を行わず、同決定が確定した。

●開始された再審の裁判

開始された再審の裁判で、横浜地裁第二刑事部は、元被告人らについて原確定判決後に免訴とすべき事由が生じていたとして事実認定を行わないで免訴の判決を行った（二〇〇六年二月九日）。請求人らの控訴について東京高裁は二〇〇七年一月一九日、また上告について最高裁は二〇〇八年三月一四日、何れも横浜地裁と同趣旨の判断を示して請求人らの控訴、上告を棄却した。

再審請求審では、治安維持法がポツダム宣言に違反する悪法であることを明らかにし（一審）、また請求人らに対する過酷な拷問があったことが認定された（抗告審）にも関わらず、再審の裁判ではこれら一切について目をつぶり免訴の形式判決に逃げ込んだと言わねばならない。

この再審の裁判で示された論理には重大な問題があることが明らかだろう。

訴訟法的には、再審事件について原確定判決後に生じた刑の廃止や大赦等が免訴事由となるとする場合には、事案の真相の解明を求めて再審開始に漕ぎ着けたとしても免訴の判決によって真相の解明に蓋がされてしまうという問題があるだけでなく、より根本的には特高警察官と検察官の専横に対してこれを規制するどころか検察官の主張を鵜呑みにして短期間に次々とワンパターンの判決を言い渡し、その上訴訟記録まで焼却してしまうという司法の犯罪を糺す機会を自ら逸してしまったという問題である。

しかし、横浜事件第三次再審請求事件全体を俯瞰するとき、横浜事件が国家によってねつ造された事件であったことは十分に明らかにされている。司法が自らの違法、非道を直視せず、事実認定を避けて免訴の形式判決に逃げ込んだだけに過ぎない。

横浜事件第三次再審請求事件についてこれらの成果を挙げることができたのは、同事件被害者の真実を求めた戦いと多くの方々の支援のたまものであります。弁護団の活動の記録と事件に関する論述をまとめた本書をこれらの方々と物故された弁護団弁護士に捧げます。

（註）横浜事件第三次再審請求事件では三一通の口述書を証拠として提出したが、木村亨のもとには同じ横浜事件被害者である廣瀬健一の口述書があり、これは先の三一通に含まれていない。特別公務員暴行陵虐罪告訴事件では証拠として三二通を提出したと思われる。

I

論説

横浜事件第三次再審請求裁判の報告

横浜事件第三次再審請求弁護団

第1●横浜事件とは

一九四二年から四五年にかけて、当時の言論人細川嘉六や氏と親交のあった中央公論社、改造社の若い編集部員たち、それに「満鉄調査部」や「昭和塾」等のメンバーら六〇余名が、それぞれの社会活動を通じて「コミンテルン及ビ日本共産党ノ目的遂行ノ為ニスル行為ヲ為シタ」とする架空の嫌疑で、「治安維持法違反」の名の下に特高官憲によって逮捕・投獄され、苛酷な拷問の末の虚偽自白により、刑事裁判所から有罪判決を受けるなどして、塗炭の苦しみを味わされたという政治的なフレーム・アップ事件であり、第二次世界大戦末期の、わが国のファシズムの狂気を示す凄惨な思想弾圧事件である。

その弾圧の中心となった神奈川県警特高課刑事たちによる捜査は、当時の政府・軍部による侵略戦争の遂行に少しでも批判的な勢力が国民の間に拡がり、抬頭することを惧れて、「共産党再建準備会」の企てとか「共産主義的思想の啓蒙宣伝」などといった仮想の「嫌疑」のもとに、それに沿う関係者の「自白」を獲得して、刑事弾圧し、屈服させることを目指して強行されたのであった。

しかし、もともとありもせぬ架空の「準備会」や「宣伝活動」への関与を、逮捕された知識人やジャーナリストらが認めるはずもなく、それゆえ特高官憲の取調べは、自分たちが描いた構図に見合う「自白」（虚偽自白）を無理やり獲得するために、いきなり被逮捕者を棍棒や竹刀で滅多打ちに打ち据えるといった暴力的なやり方で行われることとなり、その結果、被逮捕者のほとんどが手ひどい肉体的・精神的なダメージを受け、うち四名が獄中で、一名が出獄直後に命を落とすという悲惨な結末となったのである。

第2●敗戦による解放と被害者たちの反撃開始

このような非道きわまる蛮行を受けた被逮捕者（以下、被害者・犠牲者ということあり）は、一九四五年の敗戦後直ちに弾圧機関メンバー（特高官憲ら）の追及に乗り出し、同年一一月には被害者のうち三三名の者が結束して「笹下会《ささげかい》」なるグループを立ち上げ、彼らに拷問を加えた神奈川県警の特高刑事二八名を、特別公務員暴行凌虐罪の廉で横浜地検に共同告発した。

これを受けて当時の横浜地検は、特高幹部の松下英太郎警部や柄沢六治・森川清造両警部補の三名を横浜地裁に起訴し、以後横浜地裁→東京高裁→最高裁（第一小法廷）と審理が進められて、一九五二年四月二四日の最終判決では、彼らに対する第一、二審の有罪判決（懲役一年ないし一年半の実刑）が支持され、確定した（しかし、不当にも彼ら三名の拷問警察官は、同月二七日に成立した対日講和条約の締結を事由とした恩赦措置によって、一日たりとも刑務所に収監・服役させられることなく、釈放されることとなった）。

第3●その後再審請求までの途

その後も木村亨氏は、機会あるごとに「笹下会」の仲間たちに対して、横浜事件で自分たちに加えられた不法な拷問による思想弾圧→国家的な権力犯罪を〝告発〟し、その不法性を暴露・追及する闘いを呼びかけてきたが、一九八五年一一月に至って再審請求の準備が進んでいることを聞き知った朝日新聞の刀祢館正久編集委員らが、「横浜事件」の権力弾圧を連載記事で紹介してくれたことがきっかけとなり、世間の注目が集まるようになった。

そして、準備過程で木村氏らは再審請求事件を担当してくれる弁護士探しに苦労してきたが、その頃には旧知の芦田浩志弁護士の紹介で漸く森川金寿弁護士にめぐり会うことができ、何とか弁護体制にも目鼻がつくと同時に、裁判支援の運動も、翌八六年六月には橋本進・梅田正巳氏らの「出版人の会」によって大衆集会(「横浜事件を語り、聞く会」)が開催されるまでになり、その席上で、再審請求の提訴の呼びかけが正式に「笹下会」の仲間たちに向って行われるに至ったのである。

第4●第一次再審請求の闘いの経過

1――

かくして横浜事件の被害者たちによる再審請求の手続は、一九八六年七月に木村氏ほか八名(川田寿・川田定子・小野康人・平館利雄・畑中繁雄・小林英三郎・青山鉞治・和田喜太郎、ただし川田寿・小野・和田は死亡のためそれぞれ遺族が代わって請求人となる)の名において行われ、弁護人には森川のほか、芦田・関原勇・大川隆司の三名が就いた。裁判支援の運動組織も、上記「出版人の会」が中心となって、同年一一月には「横浜事件再審裁判を支援する会」の結成集会が行われるまでになった。

2――

再審請求の裁判は、かつて請求人らに確定有罪判決を言渡した横浜地裁第二刑事部で始められたが、一九八八年三月同地裁（和田保裁判長）は、「本件再審請求書には原判決謄本の添付がなく、原判決の原本及び訴訟記録も存在しないため、原判決が認定した犯罪事実が不明である」として、再審請求を棄却した。

請求人らはこの決定に対して即時抗告を申立てたが、これを受理した東京高裁（坂本武志裁判長）は同年一二月、地裁決定とほぼ同様の理由で抗告を棄却し、さらに請求人らは高裁決定の「憲法判断の誤り」を理由として、最高裁に特別抗告を申立てたが、これに対しても最高裁第二小法廷（香川保一裁判長）は一九九一年三月、高裁の棄却決定は確定有罪判決の憲法適否について判断を下したわけではなく、単に請求人らが提出した証拠が「旧刑訴法四八五条六号にいう『無罪ヲ言渡スヘキ明確ナル証拠』に当たるか否かについて判断しているだけ」なので、適法な特別抗告の理由は見当たらないとして、抗告を棄却した。

3――

森川弁護人らは、当初から「治安維持法はこれら原判決言渡後の昭和二〇年一〇月一五日廃止せられたので、……免訴の判決を受けるべき事由があり」、かりに「然らずとするも、原判決の証拠は拷問により強制せられた虚偽自白に基づく無効なものであることを証する新たな証拠が発見せられた」と主張し、判決原本が検察庁から提出され得ぬときは、言渡した裁判所が改めて判決を作成すべき職責があると指摘した。

しかし、第一審の横浜地裁は、「当裁判所の事実取調べの結果によれば、太平洋戦争が敗戦に終わった直後の米国軍の進駐が迫った混乱時に、いわゆる横浜事件関係の事件記録は焼却処分されたことが窺われる」として、故意による裁判関係記録の焼却処分が行われたことまでは認めたものの、それが誰によって行われたか、また、いかなる意図の下に行われたか等については、何ら判断を示さず（もとよりこの焼却処分に関する司法部・法務部の関与やその責任については言及なし）、弁護人らが予審終結決定謄本その他の関係資料から苦心して原判決書を復元した私案を提出しても、「右復元判決書記載の事実を原判決の認定事実と同一視することはできない」として斥けるだけに終わった。

また、即時抗告審の東京高裁決定も、「原判決の原本及び訴訟記録が存在しなくなったことについては、原決定が述べているような請求人に関係のない特殊な事情が介在していたともうかがわれる」としながらも、それ以上に、原判決書の復元の可能性等の問題にふみ込む姿勢は見せることがなかったのである。

第5●第二次再審請求の提訴とその後の経過

以上のようにして、第一次再審請求の努力が、「裁判記録が失われているので、再審請求を受け容れる余地がない」という司法判断の〝壁〟にことごとく阻まれた形となったため、さればとして、関係裁判記録が比較的多く残されていた小野康人氏のケースを採り上げ、再度チャレンジしてみようとなったのが第二次再審請求であり、一九九四年七月に小野氏の遺族三名が請求人となって横浜地裁第二刑事部に提訴された。弁護団は日下部長作団長、大川隆司事務局長を中心に、主として横浜在住の弁護士二〇名近くが参集して活動することとなった。

しかし、この第二次再審請求に対しても裁判所は消極的な姿勢に終始し、第一審横浜地裁は九六年七月、抗告審の東京高裁は九八年九月、特別抗告審の最高裁は二〇〇〇年七月にいずれも再審請求を棄却して終わった（その後、関係者らはさらに第四次再審請求を提起し、雑誌「改造」の細川嘉六論文が共産主義的論文でないことが新証拠により明白となった等の理由を掲げて再審開始を請求、〇八年一〇月三一日には首尾よく再審開始決定を獲得して、以後は後述する第三次再審請求事件の裁判経過とほぼ同様の経過をたどることになった）。

第6●第三次再審請求の提訴とその後の裁判経過——その一　再審開始決定の確定まで

1——第三次再審請求事件の第一審の裁判経過

（一）　第一次再審請求事件が上記のような経緯で請求棄却決定の確定で終わった後も、木村氏らはこれにめげることなく、再提訴（第三次再審請求）の準備を続けてきた。この間、弁護人は第一次再審請求事件の上告審段階から、森川・大川弁護士らのほかに戸田謙・斉藤一好・新井章・内田剛弘の四名が加わっていたが、第三次請求の提起に際しては裁判官等の経歴をもつ環直彌弁護士が加わり、さらにその後竹澤哲夫・向武男・吉永満夫・大島久明・岡山未央子・森川文人らの弁護士が参加して、弁護団体制が大幅に強化されることとなった。

（二）　第三次再審請求は、一九九八年八月に横浜地裁第二刑事部に対して行われた。再審請求人となったのは、板井庄作・勝部元・畑中繁雄の被逮捕者各本人と木村亨・小林英三郎・高木健次郎・平舘利雄・由田浩各氏の遺族たちであった。

再審請求書は森川弁護人に代わって環弁護人が中心となってまとめられたが、そこでは、弁護団が関係資料を周到にふまえてほぼ正確に原判決（確定有罪判決）を復元した上で、

①原判決の当時、治安維持法はポツダム宣言の受諾によりすでに廃止されていたとみるべきこと、

②原判決の認定事実の当時には、すでに政府の弾圧によって日本共産党は存在しておらず、

従って、「日本共産党ノ目的遂行ノ為ニスル行為」というのはあり得なかったこと、③原判決が挙示する証拠は、特高刑事の拷問により強制・誘導された「自白」が中心であって、信用性がないこと（以上三点は旧刑事訴訟法四八五条六号該当）、④捜査に関与した特高刑事らが、拷問等の廉で特別公務員暴行凌虐の罪を犯したことが、確定判決によって証明されたこと（同条七号該当）、の四点を再審事由として指摘し、「本件は公訴事実が罪に当たらないとして無罪を言渡すべきか、犯罪後の法令により刑の廃止があったとして免訴の言渡しをすべき、明確な証拠を新たに発見したときに当たる」と主張した。

（三）そして、弁護団はこれらの事実を裏付けるため、被逮捕者らに関する予審終結決定書や各人の被害口述書等の関係記録を証拠として提出するとともに、ポツダム宣言受諾後の大日本帝国憲法や治安維持法の効力等について憲法学者の鑑定を請求した。

裁判所はこれを受け容れて二〇〇一年一〇月、職権により大石眞京大教授による鑑定を行うことを決定し、その結果、〇二年五月には同教授から、「明治憲法自体、ポツダム宣言の条項と抵触する限度において失効し、少なくとも軍に関係する諸規定は、軍の解体とともに内容を失うに至ったことは、多くの学説の承認するところである（……）。そして、天皇制に関する諸規定についても、その権限の始源性・総攬性が失われ……たものと解される」などとする鑑定意見書が提出された。

（四）検察官側からはこれに対抗して同年一二月、浅古弘早大教授の鑑定意見書も提出されたが、結局裁判所（矢村宏裁判長）は〇三年四月一五日、「本件各請求に原判決の謄本の添付がないことについては、請求人の責めに帰すべきでない特殊な事情が存する。そうであれば、原判決の謄本の添付のないことのみをもって請求を棄却すべきではない」「再審理由一は治安維持法の効力を問題とするものであるから、その性質上理由の有無を判断することは可能であり、原判決の謄本がないことを理由として請求を棄却すべきではない」とした上で、

「(当時わが国の主権者であった）天皇は、四五年八月一四日にポツダム宣言を受諾するとともに、終戦の詔書を発し、ポツダム宣言を受諾したことを国内的にも公示している。

そうすると、八月一四日に天皇が終戦の詔を発したことにより、少なくとも勅令を発したのに準じた効力が生じたというべきであり、ポツダム宣言は国内法的にも、効力を有するに至ったというべきである。」

「治安維持法一条や一〇条は、態様を問わず特定の事項を目的とした結社をすることなど自体を処罰するものであって、かかる行為自体を直接に処罰することは、民主主義の根幹をなす結社ないし言論の自由を否定するものである。してみれば、当該条項を適用し違反者を処罰することは、ポツダム宣言一〇条後段と抵触するものであると言える。

そうすると、治安維持法一条、一〇条は、ポツダム宣言に抵触して適用することが許されない状態になった以上、もはや存続の基盤を失ったというべきであり、実質的にみて効力を失うに至ったと解すべきである。」

「上記のように、治安維持法一条、一〇条はポツダム宣言の受諾により実質的に失効したと解されるが、かかる事態は旧刑事訴訟法三六三条二号が免訴理由として定める『犯罪後ノ法令ニ因リ刑ノ廃止アリタルトキ』に当たると解される。」

と判示し、「免訴事由に関する再審理由一には理由があるから」として、「本件各再審請求について再審を開始する」と決定した。

長く再審請求を拒み続けてきたわが国裁判所が、ここにはじめて重い再審裁判の扉を開ける決断にふみ切ったわけで、この第一審裁判（矢村決定）の意義は――その後の裁判経過を見れば明らかなように――極めて大きいということができる。

なお残念なことに、この画期的な再審開始決定を迎える前、第一審の途中で、請求人の畑中繁雄・勝部元・板井庄作の三名は死亡し、被逮捕者本人の請求人は一人もいないことになった。

2――第二審（抗告審）の裁判経過

（一）第一審の再審開始決定に驚いた検察側は、この決定に対して即時抗告を申し立て、事件は東京高裁第三刑事部（中川武隆裁判長）に係属した。

検察側の抗告理由は、①治安維持法は四五年一〇月一五日に勅令で正式に廃止されるまでは、有効に存続していたはずだ、②再審制度は事実の誤審による冤罪を匡《ただ》すために設けられたもので、治安維持法の法的効力の有無といった法律問題の解決のために設けられたものではない、③大石教授の鑑定意見は単なる学術的見解の一に過ぎず、再審請求の要件たる「明確な新証拠」とはいえない、というものであった。

しかし、裁判所は検察側の上記主張を「直ちに排斥することは困難」としながらも、それらはいずれも再審理由一に関するものであるところ、裁判所としては審理の結果、請求人らの再審理由三（拷問による虚偽自白で誤った有罪判決がなされた）については理由があると認めるので、再審を開始するという原審の結論は是認できるとし、検察官の即時抗告を棄却した。

（二）　裁判所がそのように判断した理由は、（ア）神奈川県警特高刑事三名に関する特別公務員暴行凌虐罪被告事件の確定有罪判決がある以上、木村氏らの「口述書」等の信用性を否定することは極めて困難となった、（イ）上記判決で認定された益田直彦への拷問が、特高刑事らによる取調べの中で例外的な出来事であったとみるべきものではない、（ウ）特高刑事らによる拷問で狙われたのは、治安維持法一条等の「コミンテルン及ビ日本共産党ノ目的遂行ノ為ニスル」という主観的要件に関する「自白」（虚偽自白）であった、（エ）そのような被逮捕者各人の「自白」が有罪認定の唯一の証拠であったのが、横浜事件判決の特徴であり、その自白の信用性に顕著な疑いがあるとなると、直ちに有罪判決の基礎が揺らぐことにならざるを得ない、というものであった。

この決定は、第一審の再審開始決定とは理由を異にし、むしろ横浜事件の最大の問題点とされてきた、特高官憲による凄惨な拷問取調べと虚偽自白に基づく不正な有罪判決という問題について、正面から切り込んだ堂々たる司法判断であり、第一審の再審開始の判断をさらに補強し、前進させるものとなった。請求人や弁護団・支援者たちが、この決定をかねてからの要望に応えるものとして歓迎したことはいうまでもない。

その上、検察側がこの決定に上訴（特別抗告）しなかったことにより、第一審の再審開始決定は即時に確定し、事件はいよいよ再審裁判の本格審理に移行することとなったのである。

第7●第三次再審請求の提訴とその後の裁判経過——その二　再審公判の最終判決まで

1——再審公判の第一審の経過

再審開始決定の確定をふまえて、二〇〇五（平成一七）年一〇月一七日横浜地裁第二刑事部（松尾昭一裁判長）でようやく再審の公判審理が開始される運びとなった。

弁護側からはこれまで再審請求審で提出された関係証拠全部の取調べに加えて、ビデオ「言論弾圧――横浜事件『証言』」の取調べや、請求人木村まき氏ら四名の証人尋問を請求した。事件から半世紀以上を経て当事者や関係者がほとんど失われた現段階では、これらの証拠調べ請求が精一杯のところであったが、裁判所は検察官の「必要性なし」との意見を排して、弁護側の請求を受け容れ、同年一二月一二日との二回にわたる再審公判ですべての証拠調べを行った。

弁護側の主張は、元被告人ら全員の無罪判決を求めるとともに、暴虐を極めた言論弾圧事件の真相を暴露し、これに関わった政府・官憲・裁判所の反省と謝罪を求めるという点にあり、これに対して検察側は、元被告人らは確定有罪判決後「刑の廃止」と「大赦令の適用」を受けているので、実体審理を行うことなく直ちに免訴判決を言渡すべしと主張したが、裁判所は二〇〇六（平成一八）年二月九日、次のような理由づけで元被告人らに免訴の判決を言渡した。

①本件の場合、確定有罪判決（一九四五年八～九月）後ではあるが、同年一〇月一五日に治安維持法が廃止され（「刑の廃止」）、さらに同月一七日には大赦令が公布・施行されて同法の被告人らに適用されている。このように免訴事由の存在により公訴権が消滅した場合には、裁判所は事案について実体審理を進めることも有罪無罪の裁判をすることも許されないのであって（最高裁大法廷昭和二三年五月二六日　プラカード事件判決）、免訴判決をする以外にはない。

②再審公判での審判は、旧刑事訴訟法が「其ノ審級ニ従ヒ、更ニ審判ヲ為スヘシ」（五一一条）と定めるとおり、検察官が提起した公訴事実の有無や責任について、改めて――通常公判と同様の手続で――審理判断を行う裁判であって、確定有罪判決そのものの当否を審査する手続ではない。

しかも、同法中には再審手続について特に免訴規定（三六三条）の適用を排する定めも見当たらないので、本件で裁判所が免訴判決を言渡すことには支障がないと考える。

③本件で裁判所が免訴判決を言渡せば、その判決の確定により元の有罪判決は完全に失効し、無に帰することとなる。しかも、本件では再審請求の抗告審決定で、元被告人らには「無罪を言渡すべき、新たに発見した明確な証拠」が存すると判示されており、「かかる決定の内容は、当審において覆す余地のないものである」。

このように、免訴判決ではあるが、もし免訴事由なかりせば無罪の裁判を受けるに十分な事由が存する場合には、刑事補償が受けられ（刑事補償法二五条）、また、その旨の新聞公告の途も定められているので（同法二四条）、元被告人らの名誉回復や補償に事欠くことにはならない。

再審請求の段階ではともかく、再審公判の段階からは弁護団や請求人らの主張は「無罪」要求一本に絞られており（政府官憲の反省と謝罪はもちろんのこととして）、横浜事件の権力犯罪に加担した裁判所自身の反省と謝罪の姿勢を明らかに示すには、無罪判決の言渡し以外にないという方針で固まっていた。

それだけに、今回の免訴判決には失望と憤りを禁じ得なかったが、マスコミや世論もこぞって同様に、深い落胆と厳しい批判の声を挙げることになった。朝日新聞の社説は「裁判所は過去と向き合え」と題して、「弁解ばかりが目立つ中途半端な判決に失望せざるを得なかった」「日本の裁判所が人権感覚を磨いていくには、横浜事件などを防げなかった過去に向き合って、謙虚に教訓を汲むことが不可欠だ」と述べ、厳しい注文を付けたし、その他の各紙も、「六〇年の重み教訓に生かそう」（毎日）、「横浜事件免訴―心通わない形式的判断」（北海道新聞）、「司法の反省が見えない」（信濃毎日）、「果たせなかった真相究明」（熊本日日）などの社説を掲げて、一致してこの判決への不満を表明した。

2――控訴審の経過

この後を受けた控訴審は二〇〇六（平成一八）年一一月九日、東京高裁第八刑事部（阿部文洋裁判長）で始められた。

弁護側は、控訴審でこそ裁判所は事件の実体審理に入ってほしいと強く要望し、原審に提出した証拠資料の取調べのほか、木村まき氏の証人尋問やビデオ『横浜事件を生きて』等の証拠調べを求めたが、裁判所は、免訴判決に対して被告人側から無罪判決を求めて「上訴する利益」が認められるかという手続的問題の解決が、有罪無罪の実体審理に入るための前提となるから、まずはその問題から議論してほしいとの立場を譲らず、結局当日と翌一二月七日の二回の公判期日でこの点に関する当事者双方の弁論を聴取しただけで直ちに結審し、翌〇七年一月一九日控訴棄却の判決を言渡して終わった。その理由とするところは、

「およそ免訴の判決は、被告人に対する公訴権が後の事情で消滅したとして、被告人を刑事裁判手続から解放するものであり、これによって被告人はもはや処罰されることがなくなるのであるから、免訴の判決に対し、被告人の側から……無罪の判決を求めて上訴の申立てをするのはその利益を欠き、不適法である（最高裁プラカード事件判決……等参照）」

とするもので、法的には第一審の免訴判決の論理を踏襲しただけで、何らの新味も反省もない薄っぺらな判決に終わった。

3――上告審の経過

さらに二〇〇七（平成一九）年九月一〇日弁護側の上告趣意書提出を経て、事件は最高裁第二小法廷（今井功裁判長）に係属した。弁護団は上告趣意書において、第一、二審判決の非なる所以を指摘したほか、小田中聰樹専修大教授の「意見書」をも提出して裁判所の再考を促したが、上告審は法律審とされていて、事実審のような証拠調べは行わないため、裁判所は書面審理の結果をもって二〇〇八年三月一四日、上告棄却の判決を言渡した。

その理由とするところは、弁護人らは無辜の救済という再審制度の趣旨に照らして、実体審理を優先すべきであり、免訴判決のような形式判断で済ますべきではないと主張するが、旧刑事訴訟法等の諸規定が、免訴事由が存する場合にも、免訴規定の適用を排除して実体判決をすることを予定しているとは解されないというもので、これと同旨に出た第一、二審判決はいずれも正当だとして終えている。

ただし、それだけで裁判を終えることには躊躇《ためらい》を感じたのか、今井裁判長と古田佑紀裁判官はそれぞれ補足意見を付し、本件の場合、免訴判決ではあっても、刑事補償法二五条による刑事補償等の対象となり得る旨を指摘している。

このようにして、折角開始されたこの事件の再審公判も、第一審から上告審まで、一九四八（昭和二三）年五月の最高裁プラカード事件判決に依拠した裁判所側の消極的な判断姿勢のために、無罪判決が回避され、尻すぼみの免訴判決で終わることを余儀なくされたのである。

第8●刑事補償の裁判

以上の経過をもって横浜事件第三次再審請求事件の裁判は終了することとなったが、弁護団としては、そのほかになお残る手段として、元被告人らの名誉回復や不当抑留の補償のための刑事補償請求の手続があるので、二〇〇九年五月二九日に横浜地裁第二刑事部（大島隆明裁判長）に対して請求を行った。

これに対して裁判所からは二〇一〇年二月四日付で決定書が届けられたが、四〇頁に上る浩瀚な決定書の中で裁判所は、当時の神奈川県警特高刑事らによる非道な取調べ、拷問による虚偽自白の強制の事実を詳細に認定・描出し、これに関わった警察・検察官憲や裁判所の責任までを明確に摘示した上で、請求通りの満額補償を決定した。

その決定の中では、特に次の二点が注目されよう。

その第一は、元被告人らの「無罪」性に関するもので、

「(四　結論) 以上の検討からすれば、被告人四名の予審終結決定書に記載されたであろう事実について、現存する資料を元に、確定審当時存在したであろう証拠を検討しても、いずれも、その各行為がコミンテルン及び日本共産党という結社の目的遂行のために行われたとの主観面の点は、到底これらを認定することはできなかったというべきである。……したがって、大赦及び刑の廃止という事実がなく、再審公判において裁判所が実体判断をすることが可能であったならば、被告人四名とも無罪の裁判を受けたであろうことは明らかであ……る。」(決定書三二〜三三頁)

その第二は、横浜事件の暴虐と虚構に関わった当局者の責任に関する判示であって、

「(五) 以上からすると、被告人四名に対する有罪判決は、特高警察による暴力的な捜査から始まり、

司法関係者による事件の追認によって完結したものと評価することもできるのであって、警察、検察及び裁判の各機関の関係者の故意・過失等は、総じて見ると重大である。」

これらのような優れた司法判断が、本番の再審公判では得られず、付随的な刑事補償手続の裁判で得られたことは皮肉であり、残念という外はない。

（以上、文責は新井章弁護士）

横浜事件の再審裁判闘争をふり返る

——横浜事件第三次再審裁判「総括」

弁護士・新井章

一九四二（昭和一七）年から四五年にかけて、当時の文化人やジャーナリストたち六〇名余を襲った内務省・特高警察による凶暴な思想弾圧事件（いわゆる横浜事件）に関し、元被告人らが名誉回復等の目的で起こした刑事再審請求の裁判闘争は、八六（昭和六一）年の第一次請求から二〇〇九（平成二一）年の第四次請求事件の終結に至るまで、実に二三年の歳月をかけて取組まれた。その過程で各審級の裁判所から示された決定や判決は十指を上回り（関与した裁判官は数十名に及ぶ）、その内容は区々に分かれたが、最終的には最高裁判所による免訴判決の確定で終わった（なお、国家賠償請求の民事裁判はその後提訴され、今も続けられている）。

そこで、この際は、二三年に及んだ刑事再審裁判闘争の歩みをふり返り、その功罪を〝総括〟することがなされなければならないが、まずはその間の弁護団の取組みについて更《あらた》めて検討・省察を加え（第1〜第3）、次いでこれに応接した裁判所等の対応とその是非を顧み（第4）、最後に再審裁判闘争の経過に関する全体的な考察（「総括」）を施すこととしたい（第5）。

第1●第一次再審請求の提起とその取組みについて

1――積極的に評価できる点

（一）再審請求の闘いを軌道に乗せたこと

一九四五年の確定有罪判決から四〇年も後のことではあったが、元被告人の木村亨・青山鉞治氏らや森川金寿弁護士の努力を中心として、数年がかりの準備ののちに、八六（昭和六一）年にともかくも再審請求の提訴にこぎつけることができたことの、歴史的意義は大きいものがある。なぜなら、このとき以降、戦前日本の負の象徴の一つであった治安維持法体制への〝告発〟と、その犠牲者達の〝復権〟に向けた政治的・社会的・人権的な闘いが更めてスタートすることとなったからである。

この点に関しては、同年一一月六日「横浜事件再審裁判を支援する会」の発足時のアピールが、この再審裁判提起の意義を、①「何よりもまず侵害された人権の回復」にあり、次いで、②「治安維持法とその体制を裁く」こと、さらに、③戦後における治安維持法の復活をねらう「国家秘密法」制定の企てを阻止することの三点にあるとしていたことは注目されてよい（「支援会ニュース」№1）。

なお、このときの提訴者（再審請求人）は、元被告人三五名のうち上記木村・青山両氏のほかに、小野康人（遺族は妻貞さん）・川田寿（遺族は妻定子さん）・川田定子・小林英三郎・畑中繁雄・平舘利雄・和田喜太郎（遺族は母かよさん、妹気賀すみさん）の七氏（合計で一〇名）であった。

（二）権力による証拠隠滅（裁判記録焼却等）の事実を認めさせたこと

次に挙げられる点は、提訴後も再審請求を維持するために、森川弁護士が裁判記録（とくに確定有罪判決）の開示を検察庁や裁判所、さらには米大使館等にまで熱心に働きかけ、また、有罪確定判決復元の努力をも重ねるなどして、再審担当の裁判所を再審開始決定に踏み切らせるべく精力的に働きかけたことである。

その結果、裁判所は、再審請求を認めるまでには至らなかったものの、その決定中で関係裁判記録の消失に触れ、「太平洋戦争が敗戦に終わった直後の米国軍の進駐が迫った混乱期に、いわゆる横浜事件関係の事件記録は焼却処分されたことがうかがわれる」（第一審）とか、または、第一審決定が述べるような「請求人に無関係の特殊な事情が介在していたともうかがわれる」（即時抗告審）などと判示して、裁判記録が敗戦直後の混乱の中で、当時の内務省・司法省・裁判所の連携により意図的に焼却・隠滅された事実を暗に認めることとなったのである。

（三）第二次、第三次再審請求の闘いへの弾みをつけたこと

さらに指摘できることは、第一次再審請求に対して各級の裁判所が、上述したように、裁判記録の焼却・隠滅に裁判所自身が関わっていた疑いのあることを認めながら、結局はその事実を〝棚上げ〟し、裁判所の責任には〝頬かむり〟して、「裁判記録の不存在」等を理由に再審請求を却《しりぞ》け通したのであるが、そのことが却って、裁判所側の対応の無責任・無反省ぶりを強く世間に印象づける結果となったことである。

かような第一次請求審の裁判経過が、その後の再審請求の闘い（第二、第三次請求の提起）への〝弾み〟をつけることになったことは言うまでもない。

2――問題点として挙げられること

（一）弁護団体制は十分であったか

［1］弁護団編成の経過と実情

第一次再審請求事件で裁判所に提出された主要な文書をみると、最初に横浜地裁へ出された「再審請求書」の作成名義人は森川金寿・関原勇・芦田浩志弁護士の三名であり、東京高裁に対する「即時抗告申立書」および最高裁への「特別抗告申立書」のそれは、いずれも森川・大川隆司弁護士の両名に止まっていて、本件のような重要事件の提訴・中立の構えとしては、考えられ得る最小の規模であったというほかはない。この事実は、森川弁護士を中心とした当時の横浜事件弁護団の態勢が、必ずしも十分な厚みを備えていたとは言い難い実情にあったことを窺わせている。

もっとも、弁護団は提訴後に補強されていて、第一審では大川隆司弁護士のほか、同弁護士の呼びかけで約二〇名の横浜弁護士会所属の弁護士が加わり、八七年七月の富山における現地調査活動にも多数が参加している（「支援会ニュース」№3）。さらに最高裁での特別抗告審（八九年一月頃以降）からは、東京在住の戸田謙、新井章、内田剛弘および斉藤一好の各弁護士も参加することになった。

しかし、それら弁護士達の参加は――横浜弁護士会所属のメンバーを除いて――いずれも森川弁護士が個別に対象者に直接声を掛け、承諾を得た上でのことであって（いわば〝一本釣り〟）、ことほどさように、第一次請求段階における弁護団の編成は、発起人たる森川金寿弁護士の個人的な人脈・人望に依存した〝寄せ集め〟的色彩を免れなかったように思われる（とはいえ、森川弁護士の呼びかけで集められた弁護団員の顔ぶれをみると、同弁護士の〝一本釣り〟的な弁護団編成の仕方にも、当時の東京を中心とした革新弁護団〈自由法曹団・自由人権協会・日本民主法律家協会等〉の組織・活動状況への目配りが窺われぬわけではない）。

［2］森川弁護士を中心としたトップ・ダウンの弁護団運営

それゆえ、第一次再審請求における弁護団の活動はあくまで森川弁護士（団長）が中心で、それを芦田・

関原弁護士や大川弁護士（事務局長）らが随時補佐するという形で展開され始めたのであって、主要な文書の作成・提出や裁判所等との連絡・交渉、さらには請求人や裁判支援団体との連絡・協同も、これら少数の弁護士を軸に行われていたと思われる（一件記録や「支援会ニュース」No.5までを参照）。わけても森川弁護士が、いかに横浜事件の弁護活動にうち込み、精力的に調査・検討を重ねていたかは、「横浜事件をふりかえって」（森川金寿『権力に対する抵抗の記録』創史社、二〇〇一年、二三三頁以下）なるレポートからも窺い知ることができる。

そのほか、参加した弁護士達の活動は、森川弁護士の要請に応じて各別になされることが多く（「支援会ニュース」No.10ほか）、いずれにせよ、集められた弁護士らが一堂に会して集団的に討議し、衆議に基づいて行動するということはまずなかった（それは、各級の裁判所に提出された弁護団側諸文書の作成状況等を顧みれば明らかである）。弁護団が共同して討議し、その結果得られた合意に基づいて任務を分担・実行するという作風は、後の第三次請求段階に入ってからのことであったといってよい。

［3］以上の次第で、第一次再審請求闘争における弁護団の態勢づくりと活動は、森川金寿弁護士の熱心な働きかけによってまずまずの結束を確保し、それなりの成果を収めることができたといえようが、同時に、上記のような弁護団編成の特異な事情が、その後の横浜事件の弁護団活動のありよう——例えば、後述する第二次再審請求と第三次請求との分離の仕方やその後の取組み方の差異など——を規定する遠因となったことも否み難いと思われる。

（二）「刑事再審請求」という方法の選択をめぐって

提訴に先立って、「再審請求」という闘い方を選択することの是非や有効性につき、当時の弁護団や元被告人団の間でどのような検討・討議がなされたのか——という問題も、今の時点で顧みられるに値する問題点の一つかと思われる。

［1］権力犯罪を追及する様々な方途

稀代の悪法といわれた「治安維持法」を濫用し、暴虐をほしいままにしてデッチ上げられた〝政治的フレーム・アップ〟としての横浜事件の実態を暴露して、国家的な権力犯罪についての責任の所在を解明するとともに、不当にも「被告人」として訴追・凌虐された被害者達の名誉回復・被害弁償を実現する手段としては、一般的に言って、①政府・裁判所等に対する政治的レベルでの追及や働きかけが考えられれば、②裁判に訴えて司法手続で責め立てるという方法もある。さらに、後者の中では、再審請求のような刑事訴訟の手段がある一方で、国家賠償請求のような民事訴訟の方途も開かれている。

具体的にみても、前者に関しては「治安維持法犠牲者国家賠償要求同盟」の永年にわたる政府・国会等への政治的働きかけ（運動）があり、また後者のうち、国家賠償請求訴訟の闘いについては、ある時期上記要求同盟が取り組んだことと思われるほか、刑事訴追についても、敗戦直後の時期に横浜事件の元被告人らによって、神奈川県警の拷問刑事らに対する告訴・告発が行われた等の実例がある。

［2］「再審請求」の闘いの意義と限界

今般の「再審請求」という裁判闘争を提起するに当たって、他の選択肢についてはどのように検討され、決着づけられたのであろうか。例えば「再審請求」という方法は、治安維持法違反の罪名で訴追され有罪判決を受けた元被告人らが、この有罪判決は拷問による任意性なき虚偽自白に依拠してなされたものゆえ、裁判をやり直し、更めて無罪判決が言渡されて然るべきだと主張するものであるから、法律的にいえば、「悪法の下でも無罪」の要求である。

現に、第三次請求の再審請求審第一審裁判（横浜地裁・矢村決定）では、「治安維持法の効力を上記のように——ポツダム宣言の受諾によって実質的に失効したと——解したとしても、犯罪とされる行為の後に法が失効したに過ぎず」と判示され、また、抗告審の裁判（東京高裁・中川決定）では、「要するに、治安維持法一条後段、一〇条違反の各行為につき、個々の具体的行為を国体変革……等の目的をもってなしたことなどの主観的要件……を証すべき証拠が何ら存在しないことになる」とされ、さらに再審公判の第一審裁判（横浜地裁・松尾判決）でも、「本件各治安維持法違反被告事件については、被告人らに、『犯罪後ノ法令ニ因リ刑の廃止アリタルトキ』（旧刑訴法三六三条二号）……に当たる免訴事由が存することが明らかである」と述べられていて、法適用の論理上避けられぬ仮定的判断とはいえ、木村氏らの行為を目して「犯罪行為」と擬制している次第である。

これに対して、〝稀代の悪法〟たる治安維持法下の捜査・取調・訴追・裁判を丸ごと「権力犯罪の営為」と捉え、政府・裁判所等に対してその政治的責任を追及する方法とか、同じくファシズム国家の不法行為を国家賠償請求裁判を通じて司法的に糾弾するというやり方（この場合でも、いろいろな困難や限界はあろうが）の方が、よりトータルで、ラジカル（根源的）な問題提起の仕方であり、闘い方であったように思われないでもないが、さような問題点なり選択肢については、再審請求の提起に先立って関係者間で検討されることはなかったのであろうか。

［3］本件の場合――森川弁護士らによる「再審請求」闘争の選択

この点に関しては、木村氏らが最初に訪ねた都内の有力な革新系法律事務所の弁護士達の意見（鑑定書）では、「国家賠償請求はできず、再審請求も肝心の判決書がなければ不可能だろう」ということであり、困り果てた木村氏らは、紹介を受けて森川金寿弁護士を訪ね、「なんとか自分たちの名誉回復のいい手はないだろうか」と相談したという。

これを受けて森川弁護士は、種々調査し検討を加えた末、神奈川県警特高課の拷問刑事らに対する有罪判決が最高裁で確定しているという事実を〝発見〟し、そうであれば、旧刑事訴訟法四八五条七号に照らしても刑事再審請求は可能であり、むしろ、それこそが木村氏ら元被告人の「名誉を回復し、慰藉を受けるために残された唯一の手段である」と受けとめて、再審請求の提起にふみ切ったというのである（森川金寿・前掲書二一六頁以下、同「横浜事件再審裁判の経過と意義」「支援会ニュース」No.1）。

そのほかにも、同弁護士の〝証言〟として、「大正初年有罪判決のあった加藤新一翁の場合でも、第六次再審申立でやっと再審開始となり、無罪判決を受けて刑事補償金も相当額国から出させることができたのだから、それより遥かに後の年代の昭和二〇年判決の横浜事件について、同様再審申立や刑事補償の請求ができないはずはあるまい、というのが私の単純な結論であった」という述懐が残されている（前掲書二三四頁）。

これらの経緯から判断すると、第一次再審請求を提起する段階では、広汎な人々に呼びかけて横浜事件糾弾の政治運動を組織し、その力で政府・官憲・裁判所を逐《お》い込んで謝罪や賠償をかち取るという、政治的な働きかけは容易には具体化できそうになく（この点に関しては、いわば〝先輩格〟である治安維持法犠牲者国家賠償要求同盟の経験を尋ねる等のことがあったのだろうか）、また、国家賠償請求の裁判闘争も、時効制度や旧憲法下の「国家無答責」原則などに阻まれて順調に展開できるとは考えにくかったので、当面可能な闘争手段として、元被告人らの名誉回復等のための「刑事再審請求」という方法を選択したものと察せられる。

かような判断は、当時の担当弁護士として余儀ない決断であったとは思われるが、そうであれば、「治安維持法の下でも無罪」というのが弁護側の主張の法的枠組みとならざるを得ないわけだから、再審公判で弁護側が同法に対する抜本的な歴史的および法的な批判活動を展開し、裁判所に対してその批判的主張の受容と裁判所自身の自己批判を迫ることには、自ずからなる制約と限界を伴うことは避けられぬ道理であって、実際にも、本件再審公判の軌跡（審理経過、詳細は後述）は——遺憾ながら——そのことを裏書きする結果となったのである。

第2●第一次請求裁判の終了後、第二次請求と第三次請求とが分かれて提訴された経緯について

この点に関しては、最も深くかかわったとみられる森川金寿弁護士、大川隆司弁護士や木村亨元被告人らのうち、大川弁護士を除いて、他の方達はすでに亡くなられたので、彼らからの直接の〝証言〟を得ることはできない状況にある。だが、幸いにもそれを補うものとして、「横浜事件再審裁判を支援する会」発行の機関誌（「支援会ニュース」）や森川金寿弁護士らが残された著作・メモ等があるので、それらを手掛かりとして可能な限り客観的に究明・検証してみることとする。

1――大川弁護士らによる第二次再審請求の提起まで

（一）上記「支援会ニュース」によると、第二次再審請求の動きが始まったのは、いうまでもなく第一次再審請求の裁判が、最高裁の特別抗告棄却決定（一九九一年三月一四日）を以て終了した直後からである。その二ヶ月後の五月一四日に日仏会館ホールで開かれた「最高裁決定に抗議する大集会」では、早くも第二次提訴の基本方向がうち出されており、集会後にもたれた請求人・弁護団・支援会の合同会議において、①第二次再審請求に備えて、新資料の発掘や現代史研究者らとの研究会を発足させることや、②ひろく国際社会に問題を訴えていくことの二点が申し合わされた（「支援会ニュース」№18）。

そして、上記①の方針に関しては、大川弁護士らのイニシアティブの下に同年一一月、占領史研究者の古川純（専修大）、古関彰一（独協大）両教授の参加を得て研究会を発足させるとともに、翌九二年四月には約一〇〇名に上る第一線の現代史研究者に対し、新資料発掘への協力を要請する依頼状を発送する等、第二次

請求の提起に向けて準備を進めたとされている。

他方、②に関しては、森川弁護士と木村亨元被告人らが九一年八月、六日間にわたってジュネーブの国連人権委員会を訪れ、「横浜事件」問題をアピールするロビー活動を具体的に展開した。国連人権委員会への働きかけは、その後も連年のごとく実施された模様である（「支援会ニュース」No.19参照）。
（二）かような経過の後に、当時の関係者らが協議・検討した結果として、第一次請求裁判の経過に鑑み、判決書や予審終結決定書等が手元に残っている小野康人元被告人のケースを先行的に取り上げ、これを第二次再審請求の闘いの〝突破口〟とすることが申し合わされた。その際、大川弁護士を中心に組み立てられた「再審請求の事由」は、以下のごときものであったとされている。
すなわち、小野康人氏に対する確定有罪判決の最大の論拠は、同氏が改造社の編集部員として細川嘉六氏の執筆した雑誌論文「世界史の動向と日本」の校正に従事したという事実であり、その行為を通して、小野氏が当時の日本共産党の活動等に資そうとしたという点に置かれていたのであるが、それにも拘らず、細川論文はそもそも「共産主義的啓蒙論文」ではないので、そのことを該論文自体およびその内容に関する現代史研究者の鑑定書（〝新証拠〟）をもって明確に証明することができる、と。

そして、このような内容で取り組んでいく第二次再審請求の担当弁護団としては、日下部長作弁護士（横浜弁護士会の長老で、横浜教科書検定訴訟弁護団長も務めた）を弁護団長として、第一次再審請求以来の横浜関係弁護団員のほかに、大川弁護士の呼びかけで新たに同弁護士会の若手会員も加わることになり、同弁護士を実務上の中心とした、横浜弁護士会所属のメンバー約二〇名による構成となったようである（「支援会ニュース」No.23、25参照）。

こうして、横浜事件の第二次再審請求は九四年七月二七日、元被告人小野康人氏の遺族三名（妻貞さんと子ども二名）を請求人として、横浜地裁（第二刑事部）に対して提起された。

2――第二次再審請求の提訴後の進め方について

（一）このように、それまでの第一次請求段階の弁護体制を一擲して、新たな弁護体制の下に第二次請求の裁判闘争を進めるとなれば、第一次請求の裁判を小野氏とともに闘ってきた他の請求人達をどう取り扱ったらよいか、彼らの「第二次再審請求」をいかにすべきか、さらには森川団長以下の第一次請求弁護団をどのように位置付け、いかなる役割を担わすべきか等の問題が、当然ながら課題として残ることになる。

ところが、実際には、第一次再審請求裁判終了直後の段階で、これらの課題について横浜事件弁護団としての討議が準備され、実施されたことはなかったように思われる。事実としては、上記のように目的も組織も限定された提訴が「第二次再審請求」の名の下に実施され、しかも、それはいずれ起こされるべき本格的な第二次再審請求のための〝突破口〟と自らを規定してなされたにも拘らず、実際は、そのような限定的な形のままで、その後の本格的な第二次請求の展開（具体的には「第三次請求」の取り組み）とは関わりなく、最後まで独自に進められることとなった。

（二）本来であれば、最高裁の特別抗告棄却決定後は、第二次請求をどのような規模・内容で、いつごろまでに提訴するか等の重要事項について、森川弁護団長の指揮の下、第一次請求弁護団（横浜関係弁護士団を含む）として会議を開き、集団的に討議を重ね、その意思統一に基づいて実行に移していくというのがスジであったろう。また、実際にそうであったように、小野氏のケースを〝突破口〟として単独で提訴した場合であっても、その小野氏のケースをいかなる弁護団体制の下に、どのような方針と内容で闘うのがベストか等について、第一次請求弁護団で集中的に検討し、最良の方策を具体的に見出していくべきであったと思われる。ところが、この点については、「第二次請求」を上記のような形で提訴するのに主導的な役割を果たした大川弁護士らの側からも、また、森川団長以下の第一次弁護団在京メンバーの側からも積極的・具体的な問題提起はなされず、現実には、請求人を小野氏の遺族に絞った「第二次再審請求」の裁判を、大川弁護士を中心とした横浜弁護士会グループのみの弁護体制で進行させていくという事態となったのである。

(三) なぜそうなったかについては、いろいろな要因があったと思われるが、少なくとも両弁護団の間の連絡・連携、わけてもそれぞれのグループの中心にいた森川弁護士と大川弁護士との間の意思疎通が十分でなかったことが、大きな要因として挙げられることに大方の異論はないであろう。もともと両弁護士は第一次請求の裁判を、それぞれ弁護団の団長、事務局長役として一体的に担ってきた間柄だったのであるから、第一次請求裁判の終了をふまえて、それ以後の闘い（具体的には第二次請求の提訴）をどのような展望の下に、いかなる規模・内容と弁護体制で取り組んでいくべきかについて隔意なき意見交換がなされて然るべきであったし、何よりも両弁護士から第一次請求弁護団の全員に向けて、集団的な討議と意思統一の呼びかけが行われるべきであったと思われる。*

＊かようなもどかしい状況に陥ったについては、既述のような第一次請求弁護団の成り立ちの特異性（森川弁護士による〝一本釣り〟的組成、組織性の未成熟等）が深く関わっていたことは否めないと思われる。なお筆者は一九九一年から九六年までの間、地方国立大学教員に転じていて、弁護士の職を離れていた。

(四) 今にして思うことだが、横浜事件の再審請求が、裁判記録が調っているというだけで、容易に勝訴の展望が開けてくるわけでないことは言うまでもない。事実、そのことに着目して提起した「第二次再審請求」の裁判は、一、二、三審とも請求人側の敗訴に終わっているし、それどころか、小野氏に関する第一次請求の裁判自体からしてもすでに、「原判決は、小野に関する治安維持法違反の犯罪事実を認定した証拠として、被告人の当公廷における供述、被告人に対する予審…調書の記載、……等を掲げるのみで、それ以上の証拠説明などもしていないから、一件記録によらなければ、右各証拠の具体的内容を知ることができない」(東京高裁第二刑事部の抗告審決定)として、同氏の再審請求を却けているのである。

しかも、その一方では、たとえ裁判記録の提出がなくとも、それが「請求人の責めに帰すべきでない特殊な事情が存する」場合には、「原判決の謄本の添付のないことのみをもって請求を棄却すべきではな」く、「関係資料から再審理由の有無を判断できる程度に原判決の内容を推認できるのであれば、原判決の添付がなくても再審の請求は適法なものとして認められる」(第三次請求事件第一審決定)とか、「原判決書の復元の過程は、関係資料に基づく、合理性を有するものと認められるので、これらを基に判断を進めて差し支えないものと考える」(同抗告審決定)とする裁判例も現れている。

かような次第で、再審請求裁判において原判決の添付が法律要件と定められていることから、この要件の充足を重要視することは当然としても、裁判記録の存否の問題を過当に重視して、裁判記録の呈示の可能な当事者だけを再審請求人に選び、それが可能でない当事者は後にまわすというやり方が果たして適切妥当であるかについては、より慎重な検討の余地があったのでは、と愚考する。

3――森川金寿弁護士らによる第三次請求の提訴とその後の進め方について

(一)一方、森川金寿弁護士らは第一次請求事件の終了後、どう動いていたかといえば、同弁護士は既述のような国連人権委員会への働きかけ活動を続けるかたわら、第二次再審請求の提起を意図して模索を重ね、約一年後の九二年三月頃には木村氏に宛てて「第二次横浜事件提訴について」という試案を提示している。

そして、その中で今度は、第一次請求の裁判経過を十分にふまえつつ、裁判所が自ら横浜事件裁判の関係書類を焼却・隠滅する行為に深くコミットしながら、そのことには口を拭って、「一件記録がない」との理由で再審開始を拒むことが果たして憲法上許されるかという、新たな憲法的問題をも提起して闘うべきであり、同年七月初旬（「泊会合」の日）までには第二次再審請求を起こしたい、と提言した。

（二）しかし、それから以後九八年八月の第三次請求の提訴までの六年間、森川弁護士らの活動は必ずしも明確ではない。ただ、この間の事情について同弁護士は次のように語っていた（前掲『権力に対する抵抗の記録』二二八〜二二九頁。「支援会ニュース」No.36に寄稿した同弁護士の提訴報告文も同旨）。

「第一次再審請求に対する最高裁第二小法廷の棄却決定（九一年三月一四日）が下され、刑事一件記録がなければ、再審開始をかちとることは現司法体制の下ではまず見込みがないことがわかり、前記のように木村さんとその支援組織『横浜事件を考える会』木下信男さんらは、弁護団とともに、九一年夏以来続けざまにジュネーブの国連人権委員会へ働きかけたが、これにも限界があり、再度の再審請求は行き悩んでいた（この間、第一次再審請求人の一人・小野康人氏の遺族による別個の再審請求もなされた――第二次再審請求という――が、全体のものとはならなかった）。

しかし、木村氏の闘魂は堅く、ことに関係者の老齢化が進み、この際生存する犠牲者と遺族全員による再度の再審請求をという木村氏の熱心な呼び掛けが次第に実り、第一次（再審）の請求人を加えて、総計八人にまで達するようになった。そして、何年間もの再審研究会の成果にもとづき、いよいよ九八年八月半ば再度の再審請求をしようと準備していた……」

（三）こうして「第三次再審請求」は、第一次再審請求の最高裁棄却決定から七年を経た九八年八月一四日、第二次請求の裁判が第一審で敗訴して即時抗告審の決定（同年九月四日）を迎える直前の段階に、ようやく横浜地裁第二刑事部に提訴される運びとなった。

この際の請求人としては、あらたに板井庄作・勝部元・髙木健次郎（遺族は長男晋さん）・由田浩（遺族は妻道子さん）の四名が加わり、他方で、第一次再審請求の請求人であった青山鉞治・川田寿（遺族は妻定子さん）・川田定子・和田喜太郎（遺族は妹気賀すみさん）の四名が退いて、結局八名の再審請求となった。かような請求人団の入れ替えの状況を見ても、「第三次再審請求」の提訴に向けて請求人らを結集させようと図った木村氏らの苦労が偲ばれる。

（四）以上の次第で、森川弁護士や木村氏らの側も「第三次請求」を提起するについて、第二次請求弁護団に事前に連絡するとか、協力を要請するなどの働きかけを十分に行ったとは思われない。事実、前掲「支援会ニュース」No.35に掲載された「支援する会」事務局の見解「『第三次再審請求』について」によれば、第二次請求グループが第三次請求の提訴の具体的な動きを知ったのは、ルポライター田中伸尚氏の「週刊金曜日」に寄せた一文の中においてであったとされている。

この一事に照らしても、第二次請求の闘いと第三次請求の闘いとの間の連携・協同の欠落ぶりが窺えようというものである。

（五）このように見てくると、第二次再審請求事件と第三次再審請求事件との分離自体にはそれなりの事情があったとしても、分離後の各再審請求事件への取組み、わけてもそれぞれの担当弁護団の相互の連携・協同に向けた取組みの姿勢には、著しい不十分さがあったといわざるを得ない。

戦前日本の最終にして最大の政治的弾圧事件であった「横浜事件」への、国民的な暴露・糾弾の闘いが、かような分離・分断の形でしか展開できなかったことは、これが密接な連携の下に取り組まれ、国民や裁判所に対して効果的な働きかけができたと思われる状況と対比するとき、心底から遺憾とせざるを得ないのである。

第3●再審請求裁判闘争の獲得目標をめぐって——無罪判決か免訴判決か

ともあれ、以上のような経過を経て、横浜事件再審請求の裁判闘争は第二次請求と第三次請求との二本建てで進められることになったわけだが、これらの裁判においてそれぞれの請求人・弁護団がいかなる裁判上の成果——無罪判決か免訴判決か——を獲得目標として取り組んだかについても、この際ふり返っておきたいと考える。

もっとも、ここで「無罪判決か免訴判決か」というのは、正確に言い直せば、裁判での獲得目標として「無罪判決以外にはないと考えるか、それとも、免訴判決でもよいと考えるか」という意味であるが、この点に関しては第二次請求における請求人・弁護団の考え方の具体的・詳細を承知していないので、ここでは第三次請求のケースを中心に検討し、〝総括〟しておくこととする。

1——再審請求審での目標は「無罪判決か免訴判決のいずれか」だったこと

刑事再審請求の裁判は、まずは裁判所に再審の扉を開かせるための「再審請求審」の裁判が先行し、その結果として再審開始の決定が得られて、かつ、それが確定したときに初めて、本格的な「再審公判」が開始され、再審の審理が行われて、判決が言渡されることになる。

(一) 第一次請求の段階では

［1］横浜事件の再審請求裁判の最初のステージであった「第一次再審請求」の裁判では、弁護団は第一

審の横浜地裁に提出した再審請求書（一九八六年七月三日付）において、「治安維持法は確定有罪判決後の昭和二〇年一〇月一五日廃止されたので、刑訴法三三七条二号（正しくは旧刑事訴訟法三六三条二号）の規定により免訴の判決を受けるべき事由があり、……本請求をなすものである」と主張した。

もっとも、この再審請求書中では、横浜事件再審裁判の中心命題とも目されてきた、「特高官憲による凶暴な拷問とそれに基づく（虚偽）自白強要の事実の暴露・糾弾」の主張も行われてはいたが、この点をふまえた「無罪再審」の明確な主張は、その後の再審請求理由補充書等において展開されることとなり、とどのつまりは、第一審決定（和田保裁判長　昭和六三年三月二八日）の判示中でも、弁護人らの「所論は、……請求人の自白が、司法警察官の拷問により強制された虚偽の自白であることを証する新たな証拠が発見されたので、再審を開始のうえ、無罪または免訴の判決言渡しをされたい、というのである」として整理・要約されるに至っている。

〔2〕第一次請求の第一審段階で、弁護側の再審請求理由の主張がかような経過を辿ったのは、一つには、再審請求の根拠法規が、「有罪ノ言渡ヲ受ケタル者ニ対シテ無罪若ハ免訴ヲ言渡……スヘキ明確ナル証拠ヲ新ニ発見シタルトキ」（旧刑事訴訟法四八五条六号）と定めて、無罪判決でも免訴判決でもいずれかの言渡しの可能性がある場合であれば再審請求は成り立ち得るとしていること、二つには、裁判所に再審の重い扉を開かせるには、「刑ノ廃止」による免訴の成立といった、形式的・明白な事由に依るのが得策と考えられたこと等によると思われるが、いずれにせよ、これが横浜事件の名の下でなされる刑事再審制度への初めての挑戦であったことを考えれば、いずれも無理からぬ思慮・判断であったといってよいであろう。

だが、皮肉なことにこの第一審判決では、「再審事由としての『免訴を言渡すべき』新証拠を発見した場合とは、原判決言渡し当時において、犯罪後の法令により刑が廃止されたとき……等、いわゆる実体的訴訟要件が欠けていたことが、新証拠により明らかとなった場合をいうものと解すべきであ」り、従って、原判決後に刑が廃止されたことを理由として、免訴再審を請求する弁護人の主張は、「主張自体理由がないものとして顧慮に値しない」と一蹴されていたことが注目される。

（二）第三次請求の段階では

以上のような第一次請求段階での弁護側の主張は、第三次請求の請求審段階でも基本的には維持されることとなった。

［1］すなわち、第三次請求における弁護側の再審請求書では、再審理由第一（ポツダム宣言受諾により治安維持法は失効した）に関しては、同宣言一〇項の受諾によって治安維持法に基づく有罪判決の宣告はその法的根拠を失うこととなったので、「本件においては、罪とならずとして旧刑訴法三六二条により『無罪』を言渡すか、もしくは犯罪後の法令により刑の廃止があったものとして同法三六三条により『免訴』の言渡しをなすべきものであった」との主張がなされ、また、再審理由第二（本件当時日本共産党は実際上壊滅させられていたから、「同党の目的遂行のためにする行為」は存在しない）、同第三（確定有罪判決は特高官憲の拷問による虚偽の自白に基づいて行われたので、信用性を欠く）、および同第四（確定有罪判決の基礎となった取り調べに関与した特高警察官が、その職務に関して拷問等の犯罪行為を行ったことが確定判決で証明されている）の各主張に関しては、いずれも元被告人らに「無罪」の判決が言渡されて然るべしとの主張が行われた。

もっとも再審理由第一に関する免訴再審の主張は、原有罪判決当時においてすでにポツダム宣言の受諾により罰条たる治安維持法が存在根拠を失い、あたかも犯罪後の法令により「刑ノ廃止」があったとき（旧刑訴法三六三条二号）と同視し得る状態にあったとするもので、第一次請求の際に行われた、確定有罪判決後の一九四五年一〇月一五日に勅令五七五号（「治安維持法廃止等ノ件」）が発せられたことを事由とする「免訴再審」

の主張とは内容を異にしており、後者の主張はもはや踏襲されていないことに留意する必要がある。

［2］かような弁護団の主張に対する裁判所側の受けとめ方をみると、再審請求第一審の横浜地裁決定（矢村宏裁判長　平成一五年四月一五日）では、ポツダム宣言の受諾（一九四五年八月一四日）によりこれと抵触する内容の治安維持法一条、一〇条は失効したと解されるから、この事態は旧刑訴法三六三条二号（免訴条項）にいう「犯罪後ノ法令ニ因リ刑ノ廃止アリタルトキ」に該当するというべきであり、それと同時に、この事態はあくまで「犯罪とされる行為の後に法が失効したに過ぎ」ないから、「かかる場合について――元被告人らの行為が『罪ト為ラス』（同法三六二条）などとして――無罪とする理由はない」として、請求理由第一に関し免訴再審のみを認めた。

これに比して、検察官の即時抗告に対して行われた抗告審決定（東京高裁第三刑事部　中川武隆裁判長　平成一七年三月一〇日）は、再審理由第一が認められるとした横浜地裁の「原判断には……疑問があ」り、「にわかに是認することはできない」としながらも、第一審が審判を省いた再審理由第三について積極的に審理判断を加え、特高警察官の拷問を認定した一、二、三審裁判所の各有罪判決や元被告人らの口述書等の内容は、「木村亨らに無罪を言渡すべき、新たに発見した明確な証拠であるということができる」として、「無罪再審」の可能性を認め、結局のところ原審の再審開始決定を支持したのである。

ただし、この抗告審決定の中で裁判所は、元被告人らが確定有罪判決後の大赦令の発布（四五年一〇月一七日）により、同日以降赦免されたにもかかわらず、なお、無罪を主張して再審を請求することが許されるかという論点に関しては、積極説と消極説の対立があることを認め、その上で、「思うに、再審公判において、実体審理をせずに直ちに免訴の判決をすべきであるとしても、名誉回復や刑事補償等との関連では、再審を行う実益があることに鑑みると、積極説が相当と考えられる」と述べて、微妙な言い回しながらも再審審理の可能性を肯認していたことが注目される。

2——再審公判における弁護側の主張は無罪判決要求に絞られたこと

再審請求審の第一審横浜地裁の再審開始決定に対する検察側の即時抗告が、東京高裁の抗告審で棄却され、これに対して検察側が不服申立（特別抗告）をしなかったことにより、第一審の再審開始決定が確定し、二〇〇五（平成一七）年一〇月一七日から横浜地裁第二刑事部で、いよいよ待望の再審公判が開かれることとなった。

［1］再審公判の開始に当たり弁護側は、その冒頭意見において、次のように再審審理の課題の要点を指摘した（「弁護人の冒頭意見」平成一七年一〇月一七日）。すなわち、

「二　本件抗告審決定は、拷問と自白とを『再審理由』として採用し、原決定の再審開始の結論は支持するものの、再審理由として免訴再審を採用することには躊躇を示した。……治安維持法はポツダム宣言の受諾によって失効したとする弁護人の意見について、本件請求審第一審の再審開始決定と同第二審の抗告棄却決定との関わりで、更に検討を要することである。

三　拷問と自白の問題を再審理由とする無罪再審は、弁護人、被告人、請求人らが求めてやまなかったところである。その到達点を確認しておかなければならない。その上で、次なる課題へと前進しなければならない。……（略）……

五　再審公判においては、横浜事件による弾圧が誰に対していかなる態様でなされたか、弾圧によって被告人、家族らにいかなる被害をもたらしたか。その実態を再審公判で明らかにしなければならない。」

と。かくして弁護側は、ポツダム宣言の受諾により治安維持法が失効したとの再審理由第一を認容して、免訴再審に踏み切った第一審決定について、その後の抗告審決定が疑義を呈し、むしろ再審理由第三を採り上げて、「木村亨らに無罪を言渡すべき、新たに発見した明確な証拠」があると判示したことを踏まえつつ、再審公判では、再審理由第三（確定有罪判決は特高官憲の拷問等によって得られた虚偽の自白に基づく）に即した主張立証に全力を挙げ、無罪判決の獲得に乗り出すこととなったのである。

［2］加えて、再審公判の段階に入ってから弁護団は、小田中聰樹教授の助言をも得つつ、無辜の救済という再審制度の本旨に照らせば、再審公判では事案についての実体審理こそが優先されるべきであり、その当然の帰結としての「無罪判決」によってこそ、確定有罪判決が明確に否定され、被告人らの名誉回復が達成されることを強調した。

従って、この段階からは、弁護側の主張は「無罪再審」の要求一本に絞られ、いかなる意味でも裁判所に「免訴再審」を求めることはなくなったのである。

第4●弁護側の無罪判決要求に立ちはだかった〝壁〟

1――検察側の反論

かようにして再審公判の段階から、弁護側は「無罪再審」の要求を高く掲げて裁判闘争に取り組むこととなったわけだが、これに対してまず立ちはだかったのは、当然のことながら検察側であった。

すなわち、検察側は再審公判の冒頭で、旧刑訴法五一二条一項前段の「死亡者……ノ利益ノ為ニ再審ノ請求ヲ為シタル事件ニ付テハ公判ヲ開カス検察官及弁護人ノ意見ヲ聴キ判決ヲ為スヘシ」という規定を根拠に、再審公判の開廷自体に反対し、非公開の裁判で結着すべきことを要求した。しかし、この要求が弁護側の強い反撥もあって、裁判所の容れるところとならず、公判廷での再審公判が実施されることになると、今度は一転して第一回公判廷での免訴判決の要請となり、「治安維持法違反の犯罪については、刑が廃止され、かつ、大赦がなされている」ので、「本件については、すみやかに免訴の判決を行うべきである」と主張するに至った。

その理由として検察官が挙げた主なる論拠は、①再審の裁判についての基本規定である旧刑訴法五一一条では、免訴規定（同法三六三条）の適用が――明文では――排除されていないこと、②いわゆるプラカード事件の最高裁判決（昭和二三年五月二六日）では、「裁判所が公訴につき、実体的審理をして、刑罰権の存否・範囲を確定する権能をもつのは、検事の当該事件に対する具体的公訴権が発生し、かつ、存続することを要件とする」ので、「本件においても、既に大赦によって公訴権が消滅した以上、裁判所は……実体上の審理をすることができなくなり、ただ刑訴法三六三条に従って、被告人に対し、免訴の判決をするのみである」と判示されていること、の二点であった（平成一七年一〇月一七日付「意見書」等）。

2――裁判所側の対応

（一）再審公判第一審の場合

以上のような当事者間の激しい主張の対立を踏まえて、第一審の横浜地裁（松尾昭一裁判長）は二〇〇六（平成一八）年二月九日、横浜事件で初めての再審公判の判決を言渡したが、その内容は、弁護側の切なる期待にも拘らずこれを裏切り、検察側の主張を殆どそのまま受け容れて、「免訴判決」でよしとするものとなった。

［1］その理由とするところは、

「免訴事由の存在により（検察官の）公訴権が消滅した場合には、裁判所は実体上の審理を進めることも、有罪無罪の裁判をすることも、許されないのであり（最高裁昭和二三年五月二六日大法廷判決……参照）、この理は、再審開始決定に基づいて審理が開始される場合においても異なるものではないと解される」

という一点に尽きている。

この点について弁護側は、上記最高裁判決の判示は、現に公判審理の途上にあって最終判決が下される前の段階にある、一般通常の刑事訴追事件についてなされたものであって、すでに有罪判決が確定した後の再審事件には必ずしも当てはまらない旨を主張し、「『刑の廃止』によっては再審請求権は消滅せず、ひっきょう旧刑事訴訟法三六三条二号は通常手続における規定であり、非常救済手続たる再審には適用のないものと解すべきである」とする高裁判例（東京高裁昭和四〇年一二月一日判決　高刑集一八巻七号八三六頁）等も援用しつつ、再審事件に免訴規定（旧刑訴法三六三条二、三号）の適用がないことを強調した。

ところが裁判所は、右の「高裁決定は、刑の廃止によっても再審請求権が消滅しない旨を判示したものであって、再審の審判における旧刑訴法三六三条二号の適用の可否についてまで判示したものとは認められない」などとして、上記高裁決定の指摘に正対することを避け、旧刑訴法第五編の再審条項中には、免訴規定の適用を排除する明文の定めがないという形式論の一点張りで、それ以上の実質的な説明は何ら示すことがなかったのである。

［2］しかし、旧刑訴法の再審規定中に免訴規定の適用排除の明文がないということから、直ちに翻って、されば再審手続に免訴規定が全面的に適用されることになると断ずることは（「反面解釈」）、いささか乱暴な話であって（論理の飛躍）、旧刑訴法が再審審理において免訴規定の適用を明文で排除するとしなかったのは、

そうすることによって、再審における免訴規定の適用の可能性を留保する一方、いかなる場合に免訴規定を適用するか（しないか）については、具体的なケースに応じた運用者の適正な判断に委ねるとする立場をとったものと解するのが相当であり、少なくともそのように解する余地があることは否定できないと思われる。

これを言い換えれば、旧刑訴法の再審規定の趣意は、再審審理における免訴規定の適用の途を封じないでおくと同時に、事と次第に応じて適用・不適用を適切に扱い分けさせようとしたところにあると解されるのであって、具体的な一例を挙げると、確定有罪判決より以前の段階で免訴事由の発生があったのに、その事実を裁判所が看過して有罪判決を敢えてしたというケースであれば、再審審理の中で免訴規定を援用して再審免訴判決を言渡すことに何らの問題があろうとは思われないし（先述した第一次再審請求事件の第一審決定〈横浜地裁　和田保裁判長　昭和六三年三月二八日〉を想起されよ）、そうではなく、確定有罪判決後に免訴事由の発生があったというケースでは、その免訴事由を根拠として当然のごとく再審免訴判決を言渡すことには問題ありとされる余地が生じ得るわけである。

ところが、実際の裁判過程では、検察側や裁判所は再審審理手続にも免訴規定（旧刑訴法三六三条二、三号）の適用が全面的にあると主張し、これに対して弁護側は、免訴規定の適用は全然なしと反論して、互いに免訴規定の適用の「有無」だけを言い合う単純な論争に終始してきた嫌いがないわけではなく、再審審理においても免訴規定の適用はあり得るが、それは事と次第によって適用される場合と適用されない場合とが生じ得るのだといったような、柔軟な相対的思考が——筆者を含めて——いずれの側にも欠けていたのではないかと惧れられるのである。

［3］だが、問題はそこから先にあって、このように、再審手続には免訴規定の適用が全くないのではないが、有罪判決確定後に免訴事由が発生したというケースに関しては適用の余地なしとする見解が、それ自体とし

ては成り立ち得る余地があるとしても、なぜそのように言えるのかの根本的・構造的な論証と説明がなされ、裁判所側を納得させることができなければ、ダメである。

それには、再審開始決定によって、確定有罪判決を生んだ原裁判手続は再審手続上どういう位置づけになるのか、それとの関連で、再審審理の舞台となる公判手続は、検察官の公訴提起を受けた冒頭段階（起訴状の朗読）から始められることになるのか、それとも確定有罪判決直前の段階からスタートするのか、また、再審開始決定によって確定有罪判決の存在や効力はいかなる扱いを受けることになるのか（再審判決の確定までは有効な存在を保ち続けるのか、それとも効力停止のようなペンディング状態に置かれるのか）、かりに確定有罪判決がペンディングの状態に置かれるとすると、同判決後に発生した「刑の廃止」等の免訴事由はどのような取り扱いを受けることになるのか等の諸点について、諸外国の実例をも参照しつつ、再審手続の基本構造にまで掘り下げた法的・制度的な解析が必要となると思われる。

［4］現にそのこととも関連して、検察側が再審公判第一審に提出した「補充意見書」（平成一七年一二月一二日）の中で、「再審審判においては（再度の）有罪判決が行われることもあるところ、その場合に、問題ありとして刑の廃止がなされ……た罰則規定によっても処罰され得るという、不当な結果が生じることになりかねない」と立言していた点などに対しても、弁護側からは有効な反論を提示し得ぬままに終わった憾《うら》みが残っている。

（二）再審公判控訴審の場合

以上のようにして第一審の判決では、再審の審理手続にも免訴規定の適用があり、本件の場合も、確定有罪判決以後になされた「刑の廃止」や大赦令の公布等の事態によって「免訴事由」が生じたので、担当裁判所としては元被告人らに免訴判決を言渡す以外に採るべき途はないとされたのであるが、その点では控訴審判決や上告審判決も――遺憾ながら――第一審判決と変わりがない。

［1］この点について控訴審判決（東京高裁第八刑事部　阿部文洋裁判長　平成一九年一月一九日）は、

「再審制度の趣旨……等を含めて多角的に検討してみても、再審の公判においては、通常の公判と異なり、旧刑訴法三六三条二号及び三号の適用がないとすることはできない」

と判示している。が、だからといって、再審公判では同条号が常に必ず（全面的に）適用されてよいということになる訳ではなく、同条号の適用が認められてよいケースもあれば、同条号の適用を認めるのが適当でないとされるケースもあると解されるべきことはすでに指摘した通りであって、この点に思い至らなかった点で、控訴審判決もまた不当周延のそしりを免れぬといわなければならない。

［2］もっとも、控訴審判決はこの問題点に関して全く言及しなかったわけではなく、

「再審の公判が開始され、再審の判決が確定すると、当初の確定有罪判決は当然に効力を失うことになる。有罪の判決が確定した後に『刑の廃止』あるいは大赦があった場合でも、結局は、いまだ判決がなく刑罰権の成否未定の間において、『刑の廃止』あるいは大赦があった場合と同様の状態にあるのである。」

と判示して、確定有罪判決後の免訴事由の発生が、再審の審判において斟酌されてよいと解される理由を説明しようと試みている。

しかし、「再審の判決が確定すると、当初の確定有罪判決は当然に効力を失うことになる」のはよいとして、ここでの問題は、「再審の判決が確定すると、……」ではなく、再審判決が確定する以前の、再審審理の途上の段階でも、すでに確定有罪判決が失効したと同様の状態にあって、再審裁判所の審理にとっては、あたかも「いまだ判決がなく刑罰権の成否未定の間に」刑の廃止等の事態を迎えたといえる状態か否かである。しかし、この点に関して控訴審判決には何ら説明するところがなく、「結局は」という乱暴極まる粗雑な一語を以て済まそうとしているのである。

［3］それどころか、控訴審判決はさらに独自の立場から論を進め、第一審の免訴判決の是正を求めて控訴した弁護側の「控訴の利益」をあげつらい、前掲最高裁プラカード事件判決を援用して、「およそ免訴の判決は、被告人に対する公訴権が後の事情で消滅したとして、被告人を刑事裁判手続から解放するものであり、これによって被告人はもはや処罰されることがなくなるのであるから、免訴の判決に対し被告人の側から、……無罪の判決を求めて上訴の申立てをするのは、その利益を欠き、不適法である」と判示し、その上で、「前記の判例は再審の公判に関するものではないが、再審の公判の場合にも同様に当てはまるというべきである」と、論証抜きで断定し、結局のところ弁護側の「控訴の利益」すらも否定して、控訴棄却の判決を言渡したのである。

かような控訴審裁判所の否定的見解は、刑訴法学界では支持するものが極めて少数であり（平野龍一教授の学説等）、重鎮の団藤重光博士を始め多数の学説は、再審請求人の名誉や人権の回復にとって、免訴判決よりも無罪判決が優っている等の理由を挙げ、免訴判決への上訴を肯定してきたことを指摘しておきたい（団藤『新刑事訴訟法綱要』〈七訂版〉五〇六頁ほか）。

（三）再審公判上告審の場合

上記控訴審判決に対する上告審は最高裁第二小法廷（今井功裁判長）に係属したが、同法廷は二〇〇八（平成二〇）年三月一四日、弁護側の上告を棄却する判決を全員一致で言渡した。

［1］そこで裁判所は、弁護側が、控訴審判決には既掲の最高裁プラカード事件判決の趣旨を見誤った判例違反のほか、憲法違反等多くの誤りがあるとする上告趣意を提示したのに対し、「所論は実質上は単なる法令違反等の主張に過ぎず、適法な上告理由に当たらない」としながらも、「なお、所論にかんがみ、職権で判断する」として、本件の主題である再審免訴判決の可否について自らの見解を積極的に示すこととなった。

しかし、そこで裁判所が説示した見解は、

「……再審の審判手続は、原則として、通常の審判手続によるべきものと解されるところ、本件に適用される旧刑訴法等の諸規定が、再審の審判手続において、免訴事由が存する場合に、免訴に関する規定の適用を排除して実体判決をすることを予定しているとは解されない。これを本件に即していえば、原確定判決後に刑の廃止又は大赦が行われた場合に、旧刑訴法三六三条二号及び三号の適用がないということはできない。」

というだけの内容に止まり、上掲第一審判決と一言一句異なるところのない程度の、ステレオタイプな見解に終始したのである。

［2］その上で裁判所は、控訴審判決が免訴の原判決に対して上訴することは許されないとして、弁護側の控訴を棄却した点に言及し、

「通常の審判手続において、免訴判決に対し被告人が無罪を主張して上訴できないことは、当裁判所の確定した判例であるところ（……）、再審の審判手続につき、これと別異に解すべき理由はないから、再審の審判手続においても、免訴判決に対し被告人が無罪を主張して上訴することはできないと解するのが相当である。」

と判示して、されば「控訴審判決の判断は相当である」とし、上告を棄却した。なぜ「再審の審判手続につき、これ（通常の審判手続）と別異に解すべき理由はない」と断定できるのか、その説明は全くなされていない。

（四）小括――再審公判の三裁判を通じて

［1］最高裁プラカード事件判決と再審裁判との関連性をめぐって

以上のようにみてくると、もはや余りにも明らかであるが、裁判所側は折角の歴史的な横浜事件再審裁判に臨んで、実に半世紀以上も前の最高裁プラカード事件判決にひたすら依りすがり、しかも、この判決は通常の刑事裁判事件に関する裁判例であって、再審事件に関するものでなかったにも拘らず、「上記最高裁判決の趣旨は、当然に再審公判にも妥当するものと認められる」（第一審判決）などとして、全くの論証抜きで、この最高裁判決が再審事件の審判にも当てはめられるべきものと断定した――その一方で、裁判所側は、「再審制度がいわゆる非常救済制度であり、再審の審判手続が、通常の刑事事件における審判手続と種々の面で差異がある」ことを認めているにも拘らず（上告審判決　控訴審判決も同旨）。

そして、裁判所側はこの最高裁判決の権威に依りつつ、そこから直ちに「刑事再審審判にも、通常裁判と同様に、旧刑訴法三六三条二、三号の免訴規定の適用はある」との結論を導き、本件各再審事件の審判にも同条号を援用して、元被告人らに「免訴」の判決を言渡した。

なぜ裁判所側がそのような無理（強弁）を敢えてしたかといえば、実は、①そうすることによって裁判所側は、暴戻極まる特高警察の取り調べやファッショ的な言論弾圧事件の実体審理を〝回避〟して、形式的な「免訴」判決で再審裁判に決着をつけることができると同時に、他方で、②この「免訴」判決は無罪判決に等しい内容のものだとコメントすることを通じて、元被告人らに対しても、不十分ながら名誉回復と刑事補償の途を残すことが可能となるわけであって、裁判所としては、検察側・弁護側双方の〝顔を立て〟つつ、自らも汗をかかずに済ますことができるという、〝賢明な〟解決策を〝政治的〟に選択したものと察せられるのである。

［2］東京高裁昭和四〇年一二月一日決定（大逆事件関係）の受け留め方について――再審審判における旧刑訴法三六三条二、三号の適用可能性をめぐって

次いで、既掲の東京高裁昭和四〇年一二月一日決定が、確定有罪判決とその後の免訴事由との法的関連について、いみじくも「刑が廃止されたというだけでは、確定判決の効力に変動があるわけではなく」、従って、『刑の廃止』によっては再審請求権は消滅せず、ひっきょう旧刑事訴訟法第三六三条二号は通常手続における規定であり、非常救済手続たる再審には適用のないものと解すべきである」として、確定有罪判決後における「刑の廃止」等の免訴事由の影響可能性について否定的な見解を提示していた点に関して、裁判所側の対応をみると、

まず第一審判決は、前述したように、「上記決定は、刑の廃止によっても再審請求権が消滅しない旨を判示したものであって、再審開始決定後の再審の審判における旧刑訴法三六三条二号の適用の可否についてまで判示したものとは認められない」と述べ、控訴審判決もまた同様の立場から、「前記の決定は、再審請求事件の審理に関する限りの判断であり、再審の公判における旧刑訴法三六三条二号の適用の可否についてま

で判断を示したものではない」として、いずれも上記高裁決定の趣意を「再審請求権」限りの判示と決めつけ、「再審の公判」とは関わりのないものとして、その影響力をひたすら減殺することに努めている。

そして、同決定の主意とする、「ひっきょう旧刑訴法第三六三条二号は通常手続における規定であり、非常救済手続たる再審には適用のないもの」という見解については、これと正対してその真義を探究し、ここで提起された法的問題に自ら切り込んでいこうとする姿勢は全く示すことなく、上記見解からは目を逸らしたままで、「再審の公判について、免訴事由がある場合に、通常の公判に関する規定を除外し、無罪等の実体判決をすることを予定した規定を置いていない」（控訴審判決）といった法形式的な理由のみから、再審審理における旧刑訴法三六三条二、三号の適用可能性を肯認している次第である（なお、上告審判決は上記高裁決定について言及するところがない）。

〔3〕確定有罪判決後に生じた「刑の廃止」等の免訴事由の影響性に関して

さらに、本件での最も核心的なテーマである「確定有罪判決後に生じた『刑の廃止』等の（免訴）事由の、再審審判に対する影響可能性」についても、今般の再審各裁判所はいずれも問題意識が極めて稀薄であり、そのため、どの判決も「納得できる裁判」からは程遠い水準に止まっている。

すなわち、この点に関してはいずれの裁判所も、再審審判に旧刑訴法三六三条二、三号の適用があるか否かという大まかな問題の捉え方しかしておらず、事と次第によって同条号の適用が認められる場合と認められない場合とがあり得るのだが、確定有罪判決後に「刑の廃止」等の免訴事由が生じたケース（本件の場合）は、果たしていずれに属するのかを的確に見極めるべきことが問われているのだという問題意識が全くといってよいほど欠けており、それゆえ、この核心的なイッシューについて、どの裁判所も殆ど全く判断を示していないのである。すなわち、この問題点に関して第一審判決は一語たりとも述べておらず、控訴審判決は前

述のように少しく言及はしたものの、論旨に矛盾があって説得力を欠き、さらに上告審判決も、

「旧刑訴法等の諸規定が、再審の審判手続において、免訴事由が存在する場合に、免訴に関する規定の適用を排除して実体判決をすることを予定しているとは解されない。これを、本件に即していえば、原確定判決後に刑の廃止又は大赦が行われた場合に、旧刑訴法三六三条二号及び三号の適用がないということはできない」

と述べるに止まっている。

このように、本件各再審裁判所は、いずれも殆ど理由らしい理由を示すことなく、専断的に、「確定有罪判決後の『刑の廃止』等の事由の発生は再審審判に影響を与え、審判を打ち切らせる『免訴』事由となる」と言い切ったのであるが、もしそうだとすれば、各再審裁判所は、既引の横浜地裁決定（第一次請求第一審昭和六三年三月三一日）がいみじくも指摘した、

「再審事由としての『免訴判決を言渡すべき』新証拠を発見した場合とは、原判決言渡し当時において、犯罪後の法令により刑が廃止されたとき、大赦があったとき……等、いわゆる実体的訴訟要件が欠けていたことが新証拠により明らかとなった場合をいうものと解すべきであるから、（原判決に適用された治安維持法はその後廃止されたので、改めて免訴の判決を受けるべき事由があるということ）弁護人らの主張は、主張自体理由がないものとして顧慮するに値しない。」

という厳しくも的確な判示にどう答えるのであろうか。このような地裁決定の裁断を以てすれば、今般の各再審裁判所の見解のごときは「主張自体理由なく」、「顧慮するに値しない」謬見ということに帰する以外にないのである。

第5●横浜事件再審裁判闘争の全体をふり返って
——第一次再審請求審の裁判から最終段階の刑事補償決定までを通じて

1——横浜事件再審裁判闘争全体の中で第三次請求裁判闘争の占める位置

すでに述べた通り、横浜事件再審裁判闘争は一九八六（昭和六一）年の第一次請求の提起から二〇〇九（平成二一）年の第四次請求事件の終結まで、実に二三年もの歳月を費やして取り組まれ、その途中、一九九一（平成三）年に第一次再審請求が最高裁で斥けられた後は、故小野康人元被告人についての第二次請求事件（とその後を継いだ第四次請求事件）と、それ以外の元被告人に関する第三次請求事件とに分かれて、二つの法廷で闘われることとなった。

だが、その全体を通してみると、再審請求の規模（請求人や弁護人の数と顔ぶれ、再審請求理由の内容の厚み等*）や、それぞれの提訴に至る経緯、さらには提訴後の再審裁判の展開ぶり等に照らして、一九九八年から二〇〇八年まで一〇年をかけて取り組まれた第三次請求事件の裁判闘争がメインの位置を占め、リーディングな役割を果たしてきたとみられることには格別異議があろうとは思われない（この間、二〇〇六〈平成一八〉年に東京弁護士会から第三次請求事件弁護団の弁護活動を評価して「東弁人権賞」が授与されたという一事に徴しても、上記のごとき見方が誤りでないことは確かといえよう）。

＊両事件の再審請求理由の内容を比べてみると、第三次請求事件では、多くの元被告人の多様な確定有罪判決が批判

の対象に採り上げられていたこともあって、再審請求理由も、ポツダム宣言の受諾により罰条（治安維持法）が失効したとの主張をはじめ、確定有罪判決が特高官憲の拷問による虚偽自白に依拠した誤判であることなど、四点に及ぶ多彩な主張を展開していたのに対し、第二次と第四次請求事件では、再審請求が小野元被告人一人に絞られ、そのため再審請求理由も、同人が細川嘉六氏の「改造」論文の掲載・発行に尽力したこと等を理由としてなされた確定有罪判決への批判に重点が置かれていたという差異があった。

2――横浜事件再審請求に対する裁判・その一――再審請求審の二つの裁判

ところで、一〇年に及んだ第三次再審請求事件は、横浜地裁における再審請求第一審の開始から始まり東京高裁での抗告審、さらに、再審開始決定後に開かれた横浜地裁の再審公判第一審から、控訴審を経て最高裁での上告審に至るまで、併せて五審級の裁判（と、これに付随する刑事補償決定の裁判）を経ることとなった。これに関与した裁判官は少なくとも一六名（刑事補償の裁判を含めれば一九名）に上る。

（一）そのうち、請求人・弁護団側として大いに評価できるのは、何といっても再審請求審の二つの裁判（決定）であったといってよいであろう。すなわち、最初の第一審裁判（矢村決定）は、第一次再審請求裁判の既述のごとき経過等からして、極めて重く厳しいとみられていた再審裁判の扉を、勇断をもって初めて開いた点において、また、これに対する検察官の即時抗告を斥けた抗告審裁判（中川決定）は、横浜事件の弾圧＝確定有罪判決が刑事官憲の拷問によって強いられた虚偽の自白に基づくものであることを真正面から見据えた本格的裁判であり、検察官の上訴をギブアップさせた点で、いずれも横浜事件再審裁判の展開にとって決定的な役割を果たしたものということができ、関与された裁判官らの勇気と見識はいくら讃えても讃え過ぎることはないと思われる。

（二）ところで、第一審の矢村決定に対しては、それがポツダム宣言の受諾に伴う罰条（治安維持法）の失効を理由に、元被告人らには「免訴」を言渡すべき事由があるとして再審開始に踏み切ったのは、横浜事件の暴虐な言論・思想弾圧と政治的フレームアップという本質的な意義・内容から目を逸らした、〝逃げ〟の裁判だったのではという批判が聞かれるが、それは必ずしも当たらない。

この点に関しては、矢村決定が、本件の罰条とされている治安維持法の失効という問題を採り上げた「再審理由一」については、法の求める原判決（確定有罪判決）の謄本の添付がなくとも、裁判所の審理・判断が可能だと説示していたことからも察せられるように、矢村裁判長らは第一次請求事件の裁判で、原判決の謄本等の添付がないことを理由に請求人らの再審請求が悉《ことごと》く斥けられて終わったという厳しい裁判状況に鑑みて、この難点を避けつつ、請求人らの再審請求を容れ得る途筋《みちすじ》として「再審理由一」の主張を採用したものと解されるからである。

しかも、ポツダム宣言の受諾により治安維持法という悪法の存在根拠が失われ、同法の廃止という事態を俟たずに直ちに失効したとする司法判断は、冷静で的確な歴史認識と鋭い憲法・人権感覚なしにはあり得なかったと考えられるのであって、わが国戦後の憲法裁判としても高い評価が呈せられて然るべきものといえるであろう（その憲法的判断の内容についても、ポツダム宣言の国内法的効力を論証するのに、昭和天皇の「終戦の詔書」発布の事実を援用するなど、担当裁判所ならではの掘り下げた独自の考究や工夫の跡が認められるのであって、この点からしても、担当裁判所の取り組みの真剣さが見てとれるというものである）。

（三）また、抗告審の中川決定は、このような矢村決定の憲法的判断を斥けながらも、他方で、特高官憲の拷問による虚偽自白に信用性なしとする弁護側の「再審理由三」を採り上げ、弁護団から提出された元被告人らの「口述書」等関係証拠を仔細に検討した上、「各被告事件につき、当該被告人の自白（……）が挙示証拠のすべてであることがいわゆる横浜事件関係被告人の判決の特徴であり、そのために、当該被告人の自白の信用性に顕著な疑いがあるとなると、直ちに本件各確定判決の有罪の事実認定が揺らぐことになる」と判示し、上記口述書三一通等の証拠は、「木村亨らに対し、無罪を言い渡すべき、新たに発見した明確な証拠であるということができる」と明快に言い切って、矢村決定と同様、再審開始の決断を示したことは、既述した通りである。

もし、この抗告審で中川裁判長らの担当裁判所が、第一審の憲法的判断を支持して、ポツダム宣言ゆえの罰条（治安維持法）の失効を理由とする再審開始決定に左袒していたとしたら、恐らく検察側はその憲法的判断を不服として最高裁に特別抗告したであろうし、そうなれば、最高裁の消極的な憲法判断姿勢からして、この憲法的判断ひいては再審開始決定が維持される望みは断たれることとなったやもしれないのである。

それを想えば、抗告審裁判所がさような途を撰ばず、本件の事実問題に徹して「再審理由三」を採り上げ、本件が拷問による虚偽自白に依拠した誤判であることを眞正面から認めて、無罪再審への途を切り開いてくれたことは、横浜事件の再審審理を本格軌道に乗せたという点だけではなく、検察側の上訴の意志をくじくに足る重い本格的課題を衝き付けたという点においても、大きな意義をもったといえるであろう。

（四）こうして抗告審決定（中川決定）は、法理的には第一審決定（矢村決定）の否定の上に成り立つ形になってはいるものの、抗告審裁判所が勇断をもって上記のごとき本格判断に踏み切ることができたのは、その前に、思い切って再審裁判の扉を開けてみせた第一審裁判所の決断（矢村決定）があったればこそであり、さらに言えば、その第一審決定の――裁判力学からみた――危うさを感じ取って、その弱点を補い、再審開始の決定を擁護せねばとした配意が、さような事案の核心を衝いた、腰の据わった抗告審決定を生み出す結果となったかもしれないのである。だからして、抗告審決定による第一審決定への法理的批判は、それにも拘らず、第一審決定の存在意義の貴重さをいささかも傷つけ、損なうものとはなっていないということができる。

それはともあれ、この両裁判所がいずれも請求人らの再審請求を容れて、再審開始決定に踏み切ったのは何故か、その動機原因や背景が探られねばなるまいが、恐らくその第一は、裁判官を含めて広く国民の間に、戦前ファシズムの最終版たる横浜事件そのものへの負のイメージが定着していると思われることであり、それに関連して第二には、横浜事件の暴虐やその隠蔽に当時の裁判所が加担していたことへの〝負い目〟意識が裁判所サイドにあると思われることであり、第三には、これらの事情をも踏まえつつ、今日の政府・裁判所に対して、暴戻きわまる横浜事件の真相を解明し、元被告人ら被害者達の名誉・被害の回復と権力の謝罪等を求める国民運動の拡がりが、担当裁判官らの意識・姿勢にアクチュアルなインパクトを与えてきたと思われること等の要因が、両裁判所の再審開始の決断に与かって大きかったのではと察せられるのである。

3――横浜事件再審請求に対する裁判・その二――再審公判の三つの裁判

以上のような再審請求審の二つの裁判（決定）に較べると、再審開始決定後にそれを踏まえて開始された再審公判の三度《みたび》の裁判（判決）は、その内容の格調の低さが著明であり、各判決に示された見識の貧寒たる有様は目を蔽わしめるものがある。

再審公判の第一審から上告審までの三裁判の内容については、すでに詳述したのでここでは繰り返さないが、要するにこの三裁判は、いずれも本件再審事案では免訴判決以外に選択の余地はあり得ずとする点で共通している。そして、その理由・根拠とするところは、本件に適用される旧刑事訴訟法は、再審公判の裁判に関して、原判決が行われた「其ノ審級ニ従ヒ更ニ審判ヲ為スヘシ」（五一一条）と大まかに定めるだけで、通常裁判における免訴判決の規定（三六三条）の適用を特に排除するという定めをおいてはいないから、再審審判においても免訴規定の適用があると解すべきであり、たとえ原有罪判決の確定後であっても、「刑の廃止」等の免訴事由が生じたときは、嘗ての最高裁プラカード事件判決に従って、実体審理を行わず、免訴判決を言渡すべきであるとする見解の一点張りであり、これに尽きている。

しかし、①旧刑訴法の再審条項（第五編）で、通常事件に関する免訴規定の適用を排除する旨の明文の定めを置いていないからといって、直ちにその反面解釈として、再審審判では常に必ず免訴規定の適用があると解することは正しいか（論理の飛躍）、②一般には免訴事由とされる「刑の廃止」等の事由が生じたときでも、それに先立って有罪判決が既に確定している本件再審事件のごとき場合にも、「刑の廃止」等の事由は確定有罪判決に影響を及ぼして、公訴事件を免訴に導く「免訴事由」となり得るか等の重要な問題点について、上記三判決は何ら理由らしい理由を示さず、説明責任を放棄しているのである。

再審公判三判決がかような立場を撰んだ結果として、判決の内容は、横浜事件の凄惨な事実関係には全く触れずに、もっぱら裁判所が無罪判決を避け、免訴判決を押し付けるための〝弁解〟（法律論のみ）を綴るという、惨めなトーンに終始することとなり、この点で、再審請求審の両決定わけても抗告審の決定が、横浜事件の実態にも深く踏み込んで、豊かな人権的感覚や憲法的識見を表わしてみせたのとは、著しいコントラストを示すこととなった。

再審公判三判決がこのような〝責任逃れ〟の、干からびた形式的法律論に終始して、横浜事件再審裁判に寄せられた国民の強い期待を裏切るだけに終わったことに関しては、その原因・背景を探らねばならないが、この点に関してはすでに前記第4の2の（四）で触れたので、ここでは繰り返さぬこととする。

4——横浜事件の弾圧（不当拘禁等）に対する刑事補償裁判

（一）ところで、以上のごとき経過を辿りつつ、横浜事件の第三次再審請求の裁判は二〇〇八（平成二〇）年三月の再審公判上告審判決（第一審の免訴判決を支持）をもって終了したのであるが、これを受けて請求人・弁護団は、翌〇九年五月刑事補償法に基づき、元被告人らが横浜事件の弾圧で不当にも一年半から二年半にわたって勾留・拘禁された件について、刑事補償請求を横浜地裁に提起した。

この刑事補償請求は、請求人・弁護団が刑事補償法二五条で、「もし免訴……の裁判をすべき事由がなかったならば無罪の裁判を受けるべきものと認められる充分な事由があるときは、国に対して、抑留若しくは拘禁による補償……を請求することができる」と定めるところに基づいて申し立てたものであるが、同地裁第二刑事部（大島隆明裁判長）は、かねてより——第四次再審請求事件の第一審決定（再審開始決定　平成二〇年一〇月三一日）等の中で——この点に着目して積極的な見解を明らかにしており、その中で、「適法な（刑事補償）請求である限りは、それに対する決定の中で実体的な判断を示すこととなる」と〝予告〟していたので、同地裁はいわば予告通りに、直ちに横浜事件の実体審理に取り組むこととなったわけである。

（二）そして、裁判所は約八カ月の審理の後二〇一〇年二月四日に至って、請求人らの刑事補償請求を受け容れ、請求額の満額を支給する旨の決定を下したのであるが、その決定の中で裁判所は、①横浜事件の裁判記録が終戦後の混乱の中で裁判所自身の手で焼却されるなどして散逸したため、現段階では事実認定が極めて困難な状況にあるが、担当裁判所としては、「各被告人につき、無罪判決を言い渡すべきものと認められる充分な事由があるか」という問題について、可能な限り十分な審理判断を遂げねばならない責務があること、②そのように、「本件では人為的に記録が廃棄された可能性が高いので、……証拠のないことが被告人に不利に働くような判断方法は採るべきではない」こと、③本件の罰条である治安維持法一条、一〇条からすると、被告人らが「国体を変革する目的」や「私有財産制度を否認する目的」の下に、さような目的を持つ政治結社（コミンテルン等）を支持し、その拡大を図る等の意図を有していたかという、主観的要件の充足の有無がポイントとなり、被告人らの口述書等の資料や特高警察官らに対する確定有罪判決（戦後）の内容から推認される、特高警察官らの苛烈な取り調べ・拷問は、まさにその主観的目的の証拠固め（「自白」調書等の獲得）を目指して強行されたものと認められること、④こうして限られた証拠資料をもとに担当裁判所が行った審理の結果によれば、上記のような主観的目的の存在は到底認定できず、もしも「刑の廃止」や大赦といった免訴事由が存在せず、裁判所が事案について実体的判断をすることが可能であったとしたら、被告人らはいずれも無罪の裁判を受けたであろうことは確かであること、等を明言した。

（三）その上、裁判所は刑事補償の金額を検討する件りで、「三　警察、検察及び裁判の各機関の故意過失等」という項目を設け、①「特高警察は、極めて脆弱な証拠に基づいて木村らを検挙したことにな」り、しかも、「暴行・脅迫を用いた違法な手法で捜査を進めたことには、故意に匹敵する重大な過失があったと言わざるを得」ずと述べ、②検察官については、「起訴するに当たっては、証拠の信用性等につき慎重に吟味する必要があったのに、拷問等の事実を見過ごして起訴したという点には、少なくとも過失があった」と批判、③さらに当時の予審判事に対しても、「被告人らに対する特高警察による拷問の事実等を見過ごしたまま同人らを公判に付したことにつき、少なくとも過失があった」と断じ、④加えて公判審理を担当した確定審裁判所の裁判官についてさえも、十分な審理をしないまま即日判決をするなど、総じて拙速・粗雑といわれても已むを得ぬような事件処理を行い、「慎重な審理をしようとしなかった」過失が認められると手厳しい評価を下している。

（四）かようにして、この刑事補償決定は刑事補償法二五条に基づき、横浜事件再審裁判で元被告人らが「もし免訴事由なかりせば無罪の裁判を受けるべしと認められるに充分な事由があるか」を判断するために、証拠資料の乏しい状況の中で、事案の内容について初めて実体審理を実施し、特高警察による治安維持法違反被疑事件の捜査の開始から、拷問を伴う暴力的な取り調べの実情、被逮捕者らの虚偽自白を唯一の資料とした公訴の提起、元被告人らの罪責の有無の判定まで、徹底して綿密な調査を行い、慎重な判断を重ねて、元被告人らの「無罪」を証明した。

本来であれば、かような事案についての実体的な審理・判断は、上記の再審公判を担当した裁判所こそが実施すべきであったのに、三裁判所のいずれもがこれを回避したために、再審裁判の付随的な裁判手続に過ぎない刑事補償の裁判所が代わってそれを行う結果となったわけで、これはいかにも奇妙であり、皮肉ともいうべき出来事という外はない。ともあれ、こうして横浜事件の実態に詳細に立ち入り、「再審」裁判の名に値する再審審理を遂げたのは、刑事補償裁判の任に当たった横浜地裁第二刑事部（大島裁判長）だったのであって、その労苦の並々ならぬことは、四一頁に及んだ浩瀚な決定文書に如実に表われている。*

*因みに、再審公判の第一審判決は一五頁、控訴審判決は七頁、上告審判決は一〇頁であり、再審請求抗告審の中川決定でさえも二三頁に止まっている。

5——横浜事件再審裁判闘争が目ざした目標の達成度は

ところで、横浜事件再審請求の裁判闘争が提起されたときの「目標」として、①何よりもまず元被告人やその家族等の被害（人権侵害）の回復、②「治安維持法とその体制を裁く」こと、③新たな言論弾圧の仕組みである「国家秘密法」の企てを阻止することの三点が掲げられていたことは本稿冒頭で紹介した通りであり、この目標設定が妥当であったことは肯認されてよいであろう。

（一）そこでまず第一の目標であるが、この点については、再審公判を担当した裁判所の怯懦《きょうだ》によって再審無罪判決が拒まれ、免訴判決に止められるという残念な結果に終わったのではあったが、その不十分さを補うものとして、横浜地裁第二刑事部（大島裁判長）が再審裁判に付随する刑事補償手続の決定中で注目に値する判断を示し（本件は免訴事由なかりせば元被告人らに無罪判決が言渡されるべき事案だとした）、刑事補償は請求額の満額を認め、官報告示等で――不十分ながらも――名誉回復の措置を講じさせることとなったのは幸いであった。

ただし、第一次再審請求の提起から第四次請求の裁判終了まで二三年もが経過するうち、すべての元被告人（被害者）が亡くなられ、これらの最終結果を見届けることなく了《おわ》ったことは、返すがえすも残念なことであった。

かような結果に終わった原因や背景については、すでに検討を加え、弁護団側や裁判所側にそれぞれまつわる事情等をあげつらってきたところであるが、それらにもまして大きな原因として挙げておかねばならぬのは、今般の再審請求裁判が事件当時から四〇年余も経過した後に漸く提起されることとなって、刑事裁判闘争の取り組みとしては余りに遅きに失したと憂えられることである。

というのは、半世紀近い時日の経過のうちに、事件関係者は亡くなり、証人らの記憶は薄れ、弾圧や裁判に関する資料が散逸する等のマイナス要因が重なって、横浜事件の実相――拷問やすさまじい人権侵害の実態――を、それを直接体験した元被告人や家族らの証言によって、生々しく担当裁判官らの心情に訴えかけるという条件が全く失われてしまったといわざるを得ないからである。

刑事裁判で最も重要視される、事実審理の醍醐味を味わう機会を与えられず、証言に代わる口述書やビデオ画像、遺族の証言等だけから、特高官憲の拷問や弾圧のすさまじさ、非人道性を追体験するしかなかった担当裁判官達の心証形成には、少なからざる制約や限界があったことは否定できない。もともと本件は、誤った原裁判のやり直しを後日になって求める再審請求の裁判であるから、事件発生から相当の時日が経過していることは避け難いところであるが、それにしても、最も刑事裁判らしく行われてほしい再審裁判の事実審理が、文書・文献等による間接的な立証方法で行われる外になかったことは、刑事再審裁判を勝訴から遠ざける大きな要因となったと考えざるを得ない。

このほかにも、四〇年余の時日の経過が社会事情の変化や、それに伴って横浜事件の記憶の風化をもたらし、担当裁判官らの意識や取り組みの姿勢に負の影響を与えたであろうことも、否み難いところと思われる。

（二）次に第二の目標についてみると、二二年に及ぶ裁判闘争を通じて、「治安維持法とその体制を裁く」という重要きわまる課題に関しては、再審審理での弁論や証拠調べ等を通じて一定程度は果たせたといえるやも知れないが、わが国敗戦前のファシズム体制の実態やその中での「治安維持法」制度の暴威を、裁判審理の場を藉《か》りて効果的に解明・暴露し、もって今日の国民にアピールするという要請には十分に応えることができなかったといわざるを得ない。

もともと裁判審理の展開を通じて、係争事件の社会的な全体像や政治的な背景等をあばき出し、より大きい社会的・政治的成果を実現したいという要望はしばしば聞かれるところであるが、民事・刑事の裁判審理の枠組みや裁判所の調査能力の限界等もあって、実際には実現が容易でなく、まして今般の再審審理では、弁護団は再審無罪の獲得を目指し、免訴判決へ〝逃げ込もう〟とする担当裁判所の姿勢に抗うのが精一杯で、「治安維持法とその体制を裁く」という政治的課題の達成にまで手が届かなかったというのが実情であった。

もちろん横浜事件の裁判の提起とその後の粘り強い裁判闘争の展開自体が、今日の社会に「横浜事件」の存在を知らしめ、その内実を訴えかけることを通じて、「治安維持法とその体制を裁く」という命題に多少なりとも寄与・貢献したということはいえるかもしれないが、この課題への効果的・抜本的な対応は、現に取り組まれている「特定秘密保護法」阻止の運動をはじめ、思想・言論・出版等の自由を擁護しようと努める国民諸層のこれからの闘いに引き継がれていくことを期待する以外にはないと考えている（この点に関しては、別掲の森川文人「『横浜事件』の現代的意義」を参照されたい）。

（三）さらに、時の政府・権力により企てられる「国家秘密法」制定を阻止するという第三の目標については、横浜事件再審裁判闘争の盛り上がりがあれば、それがそのまま「国家秘密法」制定阻止への運動を励まし、政治的な効果に繋がるという趣旨で設定されたものと思われるが、二三年に及ぶ再審裁判闘争がこの点でどれほどの役割を果たし得たかは、客観的な社会的評価に委ねるほかはない。

そして、横浜事件再審裁判闘争に結集した私達や、この再審裁判闘争によって励まされ、鍛えられた人たちは、上記「特定秘密保護法」阻止の闘いはもちろんのこと、これからも末長く国民の思想・表現の自由の実現を目指す運動に参加し、貢献していくものと信じられる。

横浜事件再審免訴判決を徹底批判する

弁護士・吉永満夫

第1●はじめに

一九九八年八月一四日、横浜事件の元被告人本人三名（再審開始決定前に全員死亡）、及び既に死亡していた元被告人五名（木村亨氏、小林英三郎氏、由田浩氏、高木健次郎氏、平舘利雄氏、以下、本稿ではこの五名を「元被告人たち」という）の遺族は、横浜地裁に再審請求書を提出した。これが、横浜事件第三次再審請求事件である。

この第三次再審請求事件では、二〇〇三年四月一五日横浜地裁が再審開始決定を出し、二〇〇五年三月一〇日東京高裁が「無罪を言い渡すべき明らかな新たな証拠がある」として同決定を是認して再審裁判が開始されたが、横浜地裁（裁判長裁判官松尾昭一、裁判官竹下雄、同林美紀子の合議体）は、二〇〇六年二月九日、元被告人たちに免訴判決（主文「被告人五名をいずれも免訴する。」）を言い渡し（以下、この判決を「横浜再審免訴判決」或いは単に「免訴判決」という）、無罪判決を求めていた横浜事件の元被告人（及び遺族たち）を裏切ってしまった。

本稿はこの横浜再審免訴判決を徹底的に批判することであるが、批判の視点は次の三点にある。[1]

第一は刑事訴訟法の理論上免訴判決はあり得ないという視点からの批判であり、次の第2「再審裁判の基本的視点」のテーマである。

第二は免訴判決の結論における不当性という視点からの批判であり、第3「欠陥だらけの横浜再審免訴判決[2]」のテーマである。

第三は判決の文章自体が矛盾だらけであるという視点からの批判であり、第4「矛盾に満ちた横浜再審免訴判決」のテーマである。横浜事件免訴判決は、理論的に或いは結論としておかしな判決を書くと矛盾だらけの文章となってしまうという見本のようなものである。

第2●再審裁判の基本的視点

1——事実認定の誤りを是正しない再審判決

横浜事件の再審請求の根拠条文は、旧刑事訴訟法（旧刑訴法）第四八五条六号である。横浜事件再審裁判は旧刑訴法が適用されて審理判決がなされているが、この旧刑訴法四八五条の規定は現行刑事訴訟法（現行刑訴法）四三五条の規定と同一である。また、この横浜再審事件を論じるに当たって旧刑訴法の再審規定は現行刑訴法の再審規定と条文上はほぼ同じであると理解してよいことから、本稿では問題のない限り現行刑訴法を引用して説明することにする。

現行刑訴法四三五条は、次のとおり定められている。

第四三五条　再審の請求は、左の場合において、有罪の言渡をした確定判決に対して、その言渡を受けた者の利益のために、これをすることができる。

一から五（略）

六　有罪の言渡を受けた者に対して無罪若しくは免訴を言い渡し、刑の言渡を受けた者に対して刑の免除を言い渡し、又は原判決において認めた罪より軽い罪を認めるべき明らかな証拠をあらたに発見したとき。

七（略）

右条項に基づき再審手続を説明すると、次のとおりとなる。

①「有罪の言渡を受けた者に対して無罪……を言い渡（す）……べき明らかな証拠をあらたに発見したとき」は、「その言渡を受けた者の利益のために」再審請求ができる。

②裁判所が再審請求に理由があると認めたときは、即ち提出された証拠について「無罪……を言い渡（す）……べき明らかな証拠」でありそれが「あらた」であると認めたときは、裁判所は再審開始決定をする。

③再審開始決定がなされると、再審裁判が始まり、裁判所は「無罪……を言い渡（す）……べき」であるか否かを判断することになる。

このように、再審開始決定がなされた以上、裁判所は「無罪……を言い渡（す）……べき」であるか否かを判断しなければならないが、横浜地裁はそのような判断をすることを拒否した。

これは再審制度の否定である。

刑訴法の教科書では、再審とは「確定判決の事実認定を是正するための非常救済手続である。[3]」と解説されている。ところが、横浜再審免訴判決を言い渡した裁判官たちは、右判決で元被告人たちがかつて言い渡された有罪判決の「事実認定の誤り」を是正しなかった。裁判官たちは、せっかく法律で設けられた再審手続を活用しなかったのである。裁判官たちは、「法の適用」を「意図的に」間違えて、免訴判決を言い渡してしまったと言える。何故意図的であったと言えるのか、その理由は順次説明する。横浜地裁の裁判官たちは、元被告人たちの名誉回復をせず、人権擁護を使命とする裁判官として失格である。

2――免訴判決に関する刑事訴訟法の規定

横浜地裁が言い渡した免訴判決とは刑訴法三三七条で定められた判決方式の一つであり、同法は次のとおり定めている。

第三三七条　左の場合には、判決で免訴の言渡をしなければならない。
一　確定判決を経たとき。
二　犯罪後の法令により刑が廃止されたとき。
三　大赦があつたとき。
四　時効が完成したとき。

また、旧刑訴法三六三条は、次のとおりこれと同じように定められていた。

第三六三条　左ノ場合ニ於テハ、判決ヲ以テ免訴ノ言渡ヲ為スヘシ
一　確定判決ヲ経タトキ
二　犯罪後ノ法令ニ因リ刑ノ廃止アリタルトキ
三　大赦アリタルトキ
四　時効完成シタルトキ

なお、右各免訴規定中、一号から四号まで規定されている事実は「免訴事由」と呼ばれている。また、以下、右現行刑訴法三三七条（旧刑訴法三六三条）を略称して「免訴規定」と、この三三七条（旧刑訴法三六三条）の二号（刑の廃止）及び三号（大赦）の規定を略称して「刑の廃止規定等」と、刑の廃止及び大赦を略称して「刑の廃止等」ということにする。

現在の刑訴法の学説では、免訴判決とは裁判の打ち切り宣言の判決であると理解されている。つまり、例えば裁判の途中で刑が廃止された場合（或いは検察官が刑が廃止されていることに気づかず起訴して、裁判所が裁判の途中でそれに気づいた場合）、裁判所は審理を打ち切り免訴判決を言い渡すことになる。大赦も同じである。

かつて旧刑訴法時代（戦前）においては、このような場合裁判所として、直ちに免訴判決を言い渡すのではなく、被告人が有罪であるか無罪であるかを審理して（これを実体審理という）、その結果無罪であれば無罪判決を言い渡し、有罪であれば判決理由中で有罪の判断をして免訴判決を言い渡すという考え方が主流で

あった。この考え方をここでは仮に「実体裁判説」と呼ぶ。

これに対し、戦後現行刑訴法の時代となり、免訴事由が認められる場合は直ちに審理を打ち切り免訴判決を言い渡すという考え方が主流となり、現在では大半の学者がこの考え方を採用している。この考え方を仮に「形式裁判説」と呼ぶ。いわゆるプラカード事件と呼ばれる事案について言い渡された一九四八（昭和二三）年五月二六日最高裁判決もこの考え方を採っている。

元被告人たちは、戦前の治安維持法違反により一九四五年八月三〇日から九月一五日にかけて順次有罪判決を受けているが、同年一〇月一五日治安維持法は廃止され、同年同月一七日大赦を受け治安維持法違反罪について赦免されている。そこで、横浜再審免訴判決は、この刑の廃止及び大赦があったことにより、旧刑訴法三六三条二号及び三号を適用し免訴判決を言い渡したのである。

読者は、この部分だけを読むと、横浜地裁の免訴判決は「法の適用に間違いがない」と思われるかも知れない。しかし、そうではない。この横浜再審事件は通常の刑事裁判の事件ではなく無罪判決を求める再審裁判の事件であるからである。ここがポイントである。

法理論は後述するとして、再審開始決定がなされたのに無罪判決を求める再審裁判が打ち切られることは全く不合理、理不尽なことであることは誰でも理解可能であろう。もちろん横浜地裁の裁判官たちも免訴判決は不合理で理不尽であることは十分に承知していた。横浜再審免訴判決が言い渡された翌日の多くの新聞は一斉に免訴判決を批判した社説を掲載した。これらを読めば、法律専門家ではない大半の人々が免訴判決の不合理性、理不尽性を理解していたことが分かる。従って、横浜地裁の裁判官たちも当然その不合理性、理不尽性を理解していた、即ち法の適用が間違っていることを知っていたということが言えるのである。また、後述するとおり、免訴判決の理由自体からもそのことが推測されるであろう。

3——公訴権とその消滅

横浜再審免訴判決は、次のとおり「有罪無罪の判決」をすることができないと述べた（判決謄本九頁。本稿で判決を引用する場合の頁数はいずれも判決謄本の頁数であるが、判決文は最高裁判所刑事判例集六二巻三号二三七頁以下にも登載されている）。

そして、公判裁判所が公訴について実体的審理をして有罪無罪の裁判ができるのは、当該事件に対する具体的公訴権が発生し、かつ、これが存続することを条件とするのであり、免訴事由の存在により公訴権が消滅した場合には、裁判所は実体上の審理をすすめることも、有罪無罪の裁判をすることもゆるされない……。

ここで公訴権とは、刑訴法の教科書では「裁判所に有罪か無罪の実体判決をしてもらう」検察官の権利であると説明されている(4)。そして、学者は、免訴事由が存在する場合にはこの検察官の権利である公訴権が消滅し、裁判所としては公訴権が消滅したときは実体審理も実体判決もできない、直ちに審理を打ち切り免訴判決を言い渡すことになると説明する。そこで、右判決に「免訴事由の存在により公訴権が消滅した場合には」とあるとおり、横浜地裁の裁判官たちは前記一九四五年一〇月一五日の治安維持法廃止と同年同月一七日の大赦により、検察官の公訴権が消滅したと考えたのである。

読者は、ここでもそのとおりではないかと思われるかも知れない。

しかし、前記免訴規定（刑訴法三三七条、旧刑訴法三六三条）一号に「確定判決を経たとき」とあるのに注目していただきたい。学者は、免訴事由をもって公訴権消滅事由であると説明しているが、その事由の一つに、「確定判決の存在」が法定されている。つまり、ある犯罪事実について裁判を受け確定判決があると、そのことによってその事実については公訴権が消滅するのである。例えば、ある被告人がある窃盗の事実で起訴され有罪判決を受けこれが確定した後、再度同一事実で起訴されたとき（一人の犯人が多数の窃盗事件をおこしている場合、そのようなことがあるようである）、裁判所は刑訴法三三七条一号に基づき免訴判決を言い渡すことになる。この場合、最初の判決、即ち確定判決の存在で当該事実に関する公訴権は消滅したと説明されることになる。

そうであれば、横浜事件の元被告人たちは、一九四五年八月三〇日から九月一五日にかけて順次有罪判決（いずれも懲役二年、執行猶予三年）を受け、検察官からも被告人からも上訴がなく判決言い渡しの二週間後である同年九月一四日から二九日が経過した時点でそれぞれの判決は確定した。そうすると、元被告人たちに問われた治安維持法違反事実について、その確定判決によって公訴権は消滅していることになる。即ち、元被告人たちの治安維持法違反事実については、一九四五年九月一四日から二九日にかけて公訴権が消滅していたのである。

ところが、横浜再審免訴判決は、右のとおり一九四五年九月一四日から二九日にかけて既に公訴権が消滅した事実について、再度一九四五年一〇月一五日の治安維持法廃止と同年同月一七日の大赦により公訴権が消滅したと述べたのである。消滅した筈の公訴権がその後再び消滅したというのであれば、その間に公訴権が再び発生しなければ再度の消滅はあり得ない。それでは、いつ、どのような事情で、どのような内容の公訴権が再度発生したと横浜地裁の裁判官たちは説明するのであろうか。

しかし、裁判官たちは、このような説明はできないであろう。何故なら、公訴権が確定判決によって消滅した一九四五年九月一四日ないし二九日の時点から、彼らが再度消滅したと述べた一九四五年一〇月一五日又は同年同月一七日までの間に、検察官の公訴権が再度発生したとの事実はないからである。

4——二重の危険からの被告人保護

前記のとおり、ひとたびある人がある犯罪事実について刑事訴追を受け確定判決を受けると、その事実について公訴権は消滅する。その根拠は次のとおり説明されている。

憲法第三九条は、「何人も、実行の時に適法であつた行為又は既に無罪とされた行為については、刑事上の責任を問はれない。又、同一の犯罪について、重ねて刑事上の責任を問はれない。」と定めている。この原則は、「二重の危険の禁止（の原則）」或いは単に「二重の危険（の原則）」と呼ばれ、要するにある事実について嫌疑を受け裁判を受ける危険は一回だけであり、同じ事実で重ねて刑事裁判を受ける危険はないという近代法の重要な原則である。同じ事実で人を二度刑事裁判にかけることは、その人の人権の侵害であるとも言える。従って、同じ事実について二度の刑事裁判はあり得ないのである。

この二重の危険の原則によって、人は再度刑事訴追を受けることはないから、その後いかなる事情があっても公訴権が再度発生することはあり得ない。これは憲法上の原則である。

従って、横浜再審事件においても、被告人らに対する公訴権は確定判決によって一九四五年九月一四日から二九日の時点で消滅しているから、再度公訴権が発生することはあり得ないことになる。

なお、「一事不再理」という裁判の原則があるが、これは一度裁判によって結論が出た紛争については国家は再度裁判の機会を与えないという原則で、機能的には「二重の危険」とほぼ同じ効果を持つ原則であるが、「二重の危険」は被告人の人権保障の立場から述べられた刑事裁判の原則であると言われている。

5――再審裁判という裁判について

再審裁判は通常の刑事裁判とは異なる裁判であるのに、横浜再審免訴判決は再審裁判を通常の刑事裁判と同じに考えてしまった。以下述べるとおり、「再審」裁判は通常の「刑事」裁判とは全く異なる裁判である。

通常の刑事裁判とは、社会の秩序を維持するための制度である。検察官が公訴権を行使し、裁判所が検察官が主張する公訴事実が認められるか否かを判断し、認められる場合は有罪判決を、認められない場合は無罪判決を言い渡し、有罪判決が確定したときは国家によってその執行が行われ、もって社会秩序が維持されることになる。この刑事裁判においては、検察官が公訴権を行使する目的は被告人の有罪判決を得るためであり、その意味で検察官は被告人の刑事責任を追及しているということができる。また、この検察官の行動を制度的に捉えて、刑事裁判は被告人の刑事責任を追及する裁判であるとも言われることになる。

なお、刑事裁判が社会秩序の維持を目的とする制度であることから、ともすると刑事裁判官が自分の使命もまた社会秩序の維持であると勘違いし、このことが冤罪の一因となっている。刑事裁判官の使命は、検察官の公訴事実が認められるか否かを判定することである。一〇〇件の殺人事件で、うち五〇件が無罪であると判断したら裁判官は五〇件について無罪判決を言い渡さなければならない。仮にそのことによって社会秩序が乱れることが予想されるとしても。刑の量定もまた裁判官の仕事であるが、裁判官は、社会秩序の維持という視点からではなく、刑の衡平（自分が担当する他の同種の事件との比較における衡平）と検察官の求刑の合理性という視点からでしか判断できない。裁判官は一人一人独立しており他の裁判官と連携して組織的に仕事をする職種ではなく、また社会秩序の維持について調査権限も調査能力もないから裁判官が社会秩序の維持を前提に物事を判断することはできない（だから過去の判例のデータベースに頼ることになる。ちなみに、裁判制度において社会秩序を維持する立場にあるものは検察官であり、検察官はデータベースだけではなく刑事政策上の視点から求刑すべきである。こうした論点について機会があれば別に論じたい）。

ところが、再審裁判は、全くこのような意味での「刑事」裁判ではない。それは、専ら無辜（無実の者）の救済のための制度であり、「再審」裁判は元被告人の無実を証明する場所である。裁判官藤野英一は、「再審手続は、再審被告人を『刑事的に追及する』ものではない」[5]と述べている。再審裁判は被告人が死亡して不在でも成り立つ裁判であり、刑事裁判のように被告人の刑事責任を追及しているのではない[6]。

しかしながら、現在の再審裁判は、その法律上の根拠は刑事訴訟法に組み込まれ、手続上刑事裁判として行われることになっている。従って、再審裁判においても審判の対象は検察官の公訴事実（起訴状に記載された犯罪事実）であり、刑事裁判と同じように、検察官の公訴事実が認められるか否かが争点であり、裁判所は公訴事実が認められるときは有罪判決を、認められないときは無罪判決を言い渡すことになる。その限りにおいて、手続上は刑事裁判と類似する。

このような事情のために、再審裁判に「刑事責任を追及するための公訴権」は不要であるが、裁判所が有罪又は無罪を言い渡すために必要な範囲内で検察官の公訴権の存在が必要となる。従って、検察官の公訴権がその限りにおいて再審裁判で機能していることになる（なお、再審開始決定により再審裁判が開始された場合に、原裁判での検察官の公訴権が再審裁判で必要な限りにおいて復活したというか、それとも再審裁判特有の公訴権が発生したというかは、もはやそれは言葉の問題に過ぎないであろう）。

6——刑事裁判と再審裁判での公訴権について

刑事裁判とは、国家刑罰権の実現を目的とする制度であり、刑事訴訟法は、「国家刑罰権の実現を図るための『手続』を定める法律[7]」である。また、検察官は法廷において国家刑罰権の実現をめざして活動している。従って、通常の刑事裁判での公訴権は「国家刑罰権の実現をめざす公訴権」であるということができる。

一方、再審裁判は、藤野が述べたとおり「再審被告人を『刑事的に追及する』ものではない」裁判である。再審裁判には、国家刑罰権の実現という目的は全くない。国家は確定判決によって一度国家刑罰権を実現し、その結果「国家刑罰権の実現をめざす公訴権」は消滅しており、二重の危険によって元被告人は再度の「国家刑罰権の実現」の危険を負わされない。従って、再審裁判に「国家刑罰権の実現をめざす公訴権」は登場しないことは明らかである。

再審裁判は、再審開始決定によって開始される裁判で、そのめざすところは冒頭で紹介した刑訴法四三五条六号に出てくる「無罪判決」、「免訴判決」、「刑の免除の判決」及び「軽い罪の判決」である[8]。これら四類型の判決を総称して「是正判決」と呼ぶとすれば、再審裁判における検察官の公訴権は「是正判決の実現をめざす公訴権」であるということができる。先に刑訴法の教科書では公訴権とは裁判所に有罪か無罪の実体判決をしてもらう検察官の権利であると説明されていると述べたが、再審裁判においても制度上原判決と同様の有罪判決があり得ることから、この定義は再審裁判でも生きている。そして、再審裁判においても、この公訴権に基づき検察官は起訴状に記載した公訴事実を主張し、裁判所はその事実が証拠によって認められるか否かを判断することになる。

7――「刑の廃止」と「大赦」の意義

学者は、刑訴法三三七条二号の「刑の廃止」及び三号の「大赦」について、「政策的理由から、国家刑罰権の発動を行わない」事由[9]、つまり公訴権の発動が阻止される事由であると説明している。そうすると、同条二号及び三号は、国家の刑罰権の存在を前提として、その刑罰権を否定する条項である。つまり、裁判中に「刑の廃止等」があった場合、検察官の「国家刑罰権の実現をめざす公訴権」の発動が阻止されることになる。

これに対し、再審裁判での検察官の公訴権は、「是正判決の実現をめざす公訴権」であり「国家刑罰権の実現をめざす公訴権」ではない。そうすると、「刑の廃止等」は「国家刑罰権の実現をめざす公訴権」を阻止するが、そのような公訴権ではない「是正判決の実現をめざす公訴権」の発動を阻止することはない。従って、再審裁判において（原判決が確定した後再審判決があるまでの間に）刑の廃止等があっても、それによって検察官の公訴権の発動が阻止されることはない。再審裁判は元被告人（再審被告人）を刑事的に追及している裁判ではないから当然のことである。

また、横浜再審免訴判決を批判して、刑の廃止規定等（刑訴法三三七条〈旧三六三条〉二号及び三号の規定）が再審裁判に適用されない理由を以下のとおり説明する学者もいる。即ち、再審判決は原判決時の法状態に基づき判決をすべきであるとして、「再審公判では新しい法状態を前提とすべきだとするのであれば、その限りで、再審は原有罪判決の『事実認定の誤り』ではなく、その法解釈及び法適用の誤りを是正する制度になってしまう。[10]」と述べる。正論であろう。

以上のとおり、原判決が確定した後に「刑の廃止」及び「大赦」があったとしても、刑訴法三三七条（旧刑訴法三六三条）二号及び三号が再審裁判に適用されることはない。[11]

8——再審制度の否定につながる免訴判決

横浜再審免訴判決は、刑事補償法二五条一項、二項により免訴の裁判を受けた者は「もし免訴の裁判をすべき事由がなかったならば無罪の裁判を受けるべきものと認められる充分な事由があるとき」は刑事補償が認められていること、刑事補償法二四条の無罪判決の公示が免訴判決にも準用されること等から、「法は、免訴判決を受けた被告人らについても、その補償や名誉回復のための手立てを講じているところである。」と述べた（一二一〜一二三頁）。

しかしながら、横浜再審事件の元被告人たちはたまたま誠に不幸なことであったが長期間拘束されたことにより刑事補償手続において刑事補償を受けることとなったが、仮に治安維持法事件で有罪判決を受けた元被告人が身柄拘束されずに在宅起訴され（身柄を拘束されないまま起訴されることを在宅起訴という）、また執行猶予付きの有罪判決を受けている場合に、それが冤罪であったとしても刑事補償はあり得ないことになる。横浜再審免訴判決の論理によれば、そのような元被告人にとって無罪を主張する機会はない。

これは明らかな再審制度の否定である。

9――「考えること」をしない横浜地裁の裁判官たち

この横浜再審事件では、裁判官たちは何も難しい議論をする必要はなかった。再審裁判には刑の廃止規定は適用されないという一九六五年一二月一日東京高裁決定[12]の先例があった。そこで、裁判官たちは、この先例に基づき、また、プラカード事件に関する最高裁判決は再審裁判の事例ではないと述べて、無罪判決を言い渡すことができたのである。しかし、裁判官たちは、この東京高裁の先例について「旧刑事訴訟法三六三条二号の適用の可否についてまで判示したものとは認められない。」（一二頁）などと屁理屈[13]を述べてその適用を拒否し、再審裁判に関する先例ではない前記最高裁判決を安易に持ち込んで、免訴判決を言い渡してしまったのである。

既に述べたとおり、旧刑訴法時代においては、免訴規定は実体裁判説に基づき解釈されており、仮に横浜再審事件の事例のような再審裁判があったとして、再審裁判が開始された途端に裁判が打ち切られるなどという不合理な事態が生じることはなかったと思われる。ところが、現行刑訴法の時代になり、免訴規定に関する解釈に変化が生じ、免訴規定は実体審理及び実体判決を阻止する規定であるという解釈に変更された（形式裁判説）。そうすると、再審裁判に免訴規定が適用されると再審裁判で実体審理、実体判決ができなくなってしまうことになるが、このような結論は明らかに不合理である。そこで、免訴規定について実体裁判説から形式裁判説に変更するのであれば当然に再審の制度設計も変更されなければならない。免訴規定の解釈について実体裁判説から形式裁判説に変更するのであれば、つまり形式裁判説という新しい酒を盛るには、当然その革袋となるべき再審法制も新しくしなければならないのである。

ここで、再審法制を新しくするという意味は、壮大な再審制度を立案するという意味ではない。横浜地裁の裁判官たちは、ただ単に右の不合理さを回避するために、原判決が確定した後に刑の廃止等が生じた場合でも、前記高裁決定と同様に刑の廃止規定等は再審裁判に適用されないと述べるだけでよかったのである。

このことは、次のようにも言うことができる。

既に述べたとおり、再審裁判での公訴権は通常の刑事裁判での公訴権とは異なる特殊な公訴権である。従って、通常裁判での刑の廃止等の議論をそのまま再審裁判に持ち込むと間違いを生じることになる。そこで、仮に、通常裁判での刑の廃止等の議論を再審裁判に持ち込むのであれば、刑の廃止等が再審裁判においてどのような機能を営みどのような意義があるかについて先ずは検討しなければならない。通常の刑事裁判における刑の廃止等は免訴判決によって裁判を打ち切る機能を有することになり、その意義は学説によれば被告人を裁判から早期に解放し、また手続上有罪判決の機会が閉ざされた裁判を早期に終了させ裁判所に不必要な審理をさせないというものである。これに対し、再審裁判では、その機能が仮に裁判を打ち切る機能であれば、その意義が問われなければならない。そして、その機能と意義が肯定されて、初めて刑の廃止等の議論を再審裁判に持ち込むことが許されることになる。

ところが、横浜地裁の裁判官たちは、そのようなことも考えず、免訴判決を言い渡してしまったことになる。横浜地裁の裁判官たちは、司法権という憲法上の権限を行使するに当たり、何も考えることをしなかったのである。

第3● 欠陥だらけの横浜再審免訴判決

1――社会的意義・機能が全くないこと

横浜再審免訴判決の不合理性は、刑の廃止規定等（旧刑訴法三六三条二号〈刑の廃止〉及び三号〈大赦〉）を再審裁判に適用したことにおいて、その判決に社会的な意義が全く見いだせないことにある。

法律の条項というものは、その条項をある事実に適用することにおいて、常にそれなりの社会的な意義が認められている。旧刑訴法三六三条（現行刑訴法三三七条）が定める刑の廃止規定等も一定の事案に適用されることにおいて、それなりに社会的意義が認められている。この規定は、通常の刑事裁判の途中で刑の廃止がある場合に被告人に対する処罰の根拠が失われることから裁判を打ち切るという規定であり、既に述べたとおり、被告人は裁判から早期に解放され、また社会にとっても手続上有罪判決の機会が閉ざされた裁判を早期に終了させることにおいて訴訟経済上利益となる規定である。

ところが、横浜再審免訴判決での刑の廃止規定等の適用は、全く社会的意義が認められない。

先ず、無罪判決を求めていた元被告人たちにとって、免訴判決の意義は全く認められない。公益の代表者として検察官が被告人の無罪を主張して再審請求をしている場合も同様であり、この場合は、検察官は、「免訴判決」ではなく「無罪判決」によって正義を実現させなければならない。

また、実は、再審被告人の無罪主張を争い有罪を確信する検察官の立場から考えても、再審事件における免訴判決は何ら意味・意義のない判決である。公益の代表者である検察官は、仮に真実元被告人が有罪であると確信するのであれば、かつての有罪判決が間違っていなかったことを改めて確認してもらう必要があり、それが社会に対する検察官の使命である。社会にとっても、かつての有罪判決での事実認定が正しいのか間違っているのかは重大な関心事である。

このように、再審裁判における免訴判決は社会にとって全く意味のない、意義のない判決であり、そのような意味において制度上あり得ない判決である。

2——「手続からの解放」という詭弁

横浜地裁は、免訴判決の理由の根拠として非常識にも次のような論理を展開した（一四頁）。特に「解放」という言葉に注意して読む必要がある。

他方、免訴の判決には一事不再理の効果が認められ、被告人は無罪判決と同様に将来的にも訴訟係属から解放されることになるばかりでなく、免訴判決は実体審理前になされる終局裁判であるところ、被告人に対しては有罪判決が確定するまで無罪の推定が働くことは刑事裁判の大原則であり、免訴判決はこのような被告人を訴訟手続から解放するものである。

ここで注意すべきは、右判決は「免訴判決はこのような被告人を訴訟手続から解放するものである」と述べているが、その趣旨は「免訴事由が発生したら、『直ちに一刻も早く』被告人を訴訟手続から解放すべきである」と述べていると理解すべきことである。学者は、「形式裁判による早期釈放という免訴の利点[14]」という標語で免訴判決を語っている。要するに、免訴判決は、一般に、免訴事由が発生する（免訴事由の存在を裁判所が確認する）と同時に、直ちに審理を止めて被告人を「一刻も早く」刑事裁判という拘束から解放するところに制度上存在意義があると説明されている。

しかしながら、既に述べたとおり、元被告人たちが横浜地裁において治安維持法違反事件で有罪判決を受けたのが一九四五年八月末から九月にかけてであり、その後元被告人たちは死亡し、何と有罪判決を受けてから五一年後の二〇〇六年二月九日に免訴判決が言い渡されたのである。一体、元被告人たちは何から解放されたのであろうか。この横浜再審免訴判決が言う「解放」という言葉と現実とのギャップを我々市民は、どのように理解したらよいのだろうか。「刑事手続から被告人を解放する」という言辞は、詭弁であるとしか言いようがないであろう。

付言すると、横浜再審免訴判決は、右のとおり「免訴判決はこのような被告人を訴訟手続から解放するものである」と述べているが、ここで同判決は「一刻も早く」とは述べなかった。何故であろうか。右のとおり元被告人たちが検挙されてから免訴判決が出るまで五〇年以上も経過しており、裁判官たちはさすがに「一刻も早く」と述べることに矛盾を感じていたから、「一刻も早く」という言葉で免訴判決の本来の制度的意義を語ることができなかったのである。私は、この事実は、横浜再審免訴判決を言い渡した裁判官たちに免訴判決がおかしいという認識があったことを裏付けているものと考える。(15)

3——免訴判決では「名誉回復」にならないこと

横浜事件の元被告人たちは、治安維持法違反で有罪判決を受け、この判決は確定し、世の評価において犯罪者としての烙印を押された。この不名誉を回復するために元被告人たち五名のうち木村氏、平舘氏、小林氏は生前第一次再審請求をしたが再審開始決定がなされず、吉田氏と高木氏は再審請求をせずに、皆犯罪者の烙印が押されたままその生涯を終えてしまった。そこで、元被告人たちの遺族が再審請求をした事件が、横浜事件第三次再審請求事件である。

横浜再審免訴判決は、元被告人たちの名誉回復について、再審免訴判決が確定することによって「原判決は、本判決の確定によって完全に失効するに至ることになるのである。」（一三頁）と述べた上で、次のとおり述べている（一四頁）。

被告人らの名誉は、このような訴訟過程と免訴の終局判決、さらにはこれに先立つ再審請求に対する裁判所の判断、上記のような現行刑事補償法上の救済規定等を通じて回復されることが期待されるのであり、無罪判決ではなく免訴判決を言い渡すことが被告人らの名誉回復の道を閉ざすということにはならず、これが再審の理念・目的に反するものとはいえない。

確かに、一九四五年当時の有罪判決は、免訴判決によって効力を失った。しかし、それはあくまで法律上の効果であって、実体的な効果は生じていない。何故なら、一九四五年当時の有罪判決と、今回の免訴判決とは内容的に矛盾する判決ではないからである。即ち免訴判決は元被告人が有罪の場合も無罪の場合も言い渡される判決であるという意味において確定有罪判決を内容的に否定する判決ではないから、元被告人たちの名誉は免訴判決によっては解決されていないのである。

このように、免訴判決は、元被告人たちの名誉回復について全く寄与しておらず、却って元被告人たちの名誉回復の道を閉ざしていることになる。

4――三回の無罪立証を強いたこと

今回の再審手続において、請求人らは次のとおり三回の無罪立証を強いられた（刑事裁判では本来検察官が立証責任を負っており、被告人・弁護側はその反証をすることになるが、実務上無罪を主張する場合、被告人・弁護側も積極的に無罪立証をすることになる）。

① その第一回目は、第三次再審請求手続においてである。

請求人らは、「無罪を言い渡すべき明確な証拠」を「新たに発見した」ときに該当するとして一九九八年八月再審請求書を裁判所に提出し、裁判所に様々な証拠を提出することによって、本件は「無罪を言い渡すべき」事案であることを訴えた。そして、東京高裁の裁判官たちは、元被告人たちに無罪を言い渡すべき明らかな新たな証拠があることを認めて横浜地裁の再審開始決定を維持する決定をした。

② 第二回目は、再審裁判においてである。

請求人たちは、再審開始決定がなされた後における再審裁判において、当然のこととして、元被告人たちの無罪の主張をし、またこの主張にそう証拠を提出した。通常の刑事裁判においても、本来検察官が有罪の立証をすることになるが、被告人側も単に無罪であると述べるだけではなく、無罪の根拠となる事実を詳細に主張し、またその事実を裏付ける証拠を提出しており、この横浜再審裁判においても詳細な無罪の主張をし、その証拠を提出した。

③ 第三回目は、刑事補償手続においてである。

免訴判決での刑事補償手続では、免訴判決を受けた者は、「もし免訴又は公訴棄却の裁判をすべき事由がなかつたならば無罪の裁判を受けるべきものと認められる充分な事由があるとき」（刑事補償法二五条）に抑留若しくは拘禁による補償を受けられることになり、請求人らは刑事補償請求書に、改めて「無罪の裁判を受けるべきものと認められる充分な事由がある」こと、即ち再審請求で主張したのと同じ事実を書き、その立証を求められたのである（なお、実際の手続では、無罪の証明は再審裁判記録で行われている）。また、刑事補償請求を受けた裁判官も、改めて「無罪の裁判を受けるべきものと認められる充分な事由がある」ことを審理認定し、補償決定にそのような認定を書くこととなった。

これは、誠に奇妙な手続である。

刑事補償法一条一項は、「無罪の裁判を受けた者」が未決の抑留又は拘禁を受けた場合にはその補償請求ができると定め、無罪判決の場合は、無罪判決の判決謄本を添付した上で、請求書には無罪判決を受けた事実、拘禁された日数等を記載すれば、現行法上拘禁一日金一万二五〇〇円を最高限度額として補償がなされることになる。従って、無罪判決の場合は、①と②の二回で無罪の立証は足りる筈であるのに、請求人らは三回も無罪立証を強いられたのである。

私は、ここで「無罪立証」の煩わしさを嘆いているのではなく、三回も無罪立証を強いられた手続上のおかしさを指摘しているのである。何故再審無罪を主張する者が三回も無罪の立証を強いられることになったのか。これは制度の欠陥であるか、それとも再審免訴判決が間違っていたかいずれかが原因である。

しかし、これまで述べたところから、再審免訴判決が間違っていたこと、②の立証は必要であるが③の立証は不要であることはもはや誰の眼からも明らかであろう。

5――社会的損失だけを残したこと

本件再審手続において、請求人たちは、一九九八年八月、元被告人たちに無罪を言い渡すべき明らかな新たな証拠があるとの理由で再審請求をした。実は、この横浜事件再審請求事件においては、様々な難関が立ちはだかっており、その難関を突破するための請求人及び弁護団の苦労は並大抵のものではなかった。

その第一の難関は、元被告人たちの確定判決の判決原本が存在しないことであった。

旧刑訴法四九七条は、「再審ノ請求ヲ為スニハ其ノ趣意書ニ原判決ノ謄本、証拠書類及証拠物ヲ添ヘ之ヲ管轄裁判所ニ差出スヘシ」と規定し、再審請求書に確定判決の判決謄本を添付することが請求の要件であった（現行刑訴法では、刑訴法規則二八三条に同種の規定がある）。確定判決の謄本とは、判決が書かれた文書（コピー）に（戸籍謄本と同様に）官署の謄本認証がある文書である。一九八七年刑事確定訴訟記録法が制定されるまで、大正時代に制定された司法省令に基づき総ての刑事事件の判決原本は司法省（戦後は検察庁）に永久保存されることとなっており、[16]司法省（検察庁）が判決謄本を発行することになる。ところが、横浜事件に関する判決原本は、検察庁に保管されていなかった。そのため、第一次再審請求をした木村亨氏及び平舘利雄氏については、いずれも判決謄本を添付できず、当時の弁護団は、両名の判決を復元してこれを請求書に添付した。

この請求に対し、木村氏の再審請求を棄却した横浜地裁決定は、「右復元判決書記載の事実を原判決の認定事実と同一視することはできないし、仮にこれがほぼ同一であったとしても、いかなる証拠により右事実が認定されたかは訴訟記録がないために全く不明であり[17]」と述べて復元判決の記載内容を否定した。しかも、訴訟記録が存在しない理由について、「当裁判所の事実取調べの結果によれば、太平洋戦争が敗戦に終わった直後の米国軍の進駐が迫った混乱時に、いわゆる横浜事件関係の事件記録は焼却処分されたことが窺われる」[18]とまで述べ、官憲において故意に治安維持法関係の訴訟記録を焼却処分するという国家ぐるみの犯罪行為（公文書毀棄）が行われたことを認めた。

このような事情から、第三次再審請求においては、請求人・弁護人らは確定判決の復元とその復元の正確性を裁判所に訴えることに先ずは精力を注ぐこととなった。誰の記憶にもない五〇年前の確定判決を裁判官が納得できる程度に正確に復元する作業がいかに困難なことであるかを想像していただきたい。[19]

第二の難関は、右決定が指摘したとおり確定判決当時の刑事事件記録（起訴状、公判調書、被告人の供述調書等）が存在しないことであった。

この事件記録が存在しない再審請求事件は外にもあり、請求人・弁護人らはそうした再審事件においてはどのようにして事件記録が復元されたのか、またこの横浜事件ではどのように記録を復元すべきであるのか等を論じ、事件記録がなくても再審開始決定が可能であることを裁判官に分かりやすく説明しなければならなかった。

第三の、そして最大の難関は、被告人たちが拷問を受けたという事実の証明である。

元被告人小野康人氏の第一次再審請求では、判決謄本が存在し判決謄本には有罪の根拠となった証拠資料（自白調書等）が記載されおり、請求人が拷問を裏付ける口述書、口述書を裏付ける多くの資料を添付し拷問によって虚偽の自白がなされたことを主張したにも拘わらず、不当にも横浜地裁は、事件記録が（前記焼却処分により）存在せず、「いまさら右証拠資料を復元することは不可能というべきであるから……」[20]と述べて、結局訴訟記録が存在しないことを理由に請求を棄却した。もとより、被告人たちが拷問を受けた具体的事実を記述した口述書一通を提出すれば拷問の事実が立証できるというものではない。どのような時代的・社会的背景の中で拷問が行われ、また既に死亡している被告人らがどのような思いから口述書を書くに至ったかを丁寧に説明し、その口述書に記載された事実が真実であることを裁判官が納得できる程度に説明する必要がある。

そこで、第三次再審請求でも、請求人・弁護人らは第一次再審請求と同様に口述書を裏付ける様々な資料を提出し、拷問の立証に努力した。

以上の様々な困難を乗り切るために、第三次再審請求においては、請求人及び弁護人は、一カ月ないし二カ月に一回の割合による多数回の弁護団会議を開催し、横浜地裁に対し合計四通の再審請求補充書及び一通の再審請求最終意見書を提出し、東京高裁には検察官の抗告理由書に対応して合計二通の意見書（反論書）を提出した。同様に、再審請求審の横浜地裁及び東京高裁の裁判官たちも、これら書面を検討し、大変な苦労をした上で再審開始決定（東京高裁の場合は横浜地裁がした再審開始決定を維持する決定）をしたのである。再審請求した一九九八年八月から東京高裁が二〇〇五年三月一〇日元被告人たちに無罪を言い渡すべき明らかな新たな証拠があることを認めて横浜地裁の再審開始決定を維持する決定をするまでの間、何と七年間を要したことは、この事件が請求人らにとっても裁判官たちにとってもいかに困難な事件であったかを物語っているであろう。

ところが、横浜地裁は、一転して裁判の打切り宣言である免訴判決を言い渡し、請求人たち及び再審請求手続に係わった裁判官たちの苦労を消し去るような結論を選択したのである。

元被告人たちについて再審が開始されたにも拘わらず、裁判を打ち切ることを意味する免訴判決とは、一体誰のための何のための判決であるのか、請求人たちには全く理解できない判決である。しかも、元被告人たちがかつて有罪判決を受けた唯一の証拠は、拷問によって得られた自白調書であり、この自白調書の証拠能力がなくなれば元被告人たちは無罪となる関係にあった。そこで、再審請求の抗告審において東京高裁が認めたとおり拷問による自白調書には証拠能力がないことがほぼ明らかであり、また他に元被告人たちを有罪とする証拠はなかったから、請求人らが再審請求手続で提出した書面としての証拠を再審公判手続においても提出したことにより、横浜地裁はいつでも被告人らに対し無罪判決を言い渡すことができる状況にあったのである。免訴判決は誠に理不尽な判決であるとしかいいようのない判決である。

第4●矛盾に満ちた横浜再審免訴判決

1――明白な論理矛盾の存在

再審手続には、再審請求手続（請求人が原確定有罪判決を言い渡した裁判所に再審請求書を出し、裁判所が請求に理由があるか否かを審査する手続）と再審裁判手続（再審請求に理由があるとして再審開始決定がなされた後、無罪又は有罪判決が言い渡され判決が確定するまでの裁判手続）との二段階の手続がある。ある再審請求事件に関する一九五二年（昭和二七年）四月二四日東京高裁決定は、有罪判決が確定した後に大赦があった場合には、そもそも第一段階である再審請求自体が許されないとした。

これに対し横浜再審免訴判決は、次のとおり述べて再審請求は許されるとした（一〇頁）。

本件のように免訴事由が存する場合であっても、本人の名誉回復の利益のほか、判決の公示、刑事補償といった法律的利益が認められることから、反対説はあるものの、再審請求は許されると解すべきである。

このように、横浜再審免訴判決は、「本人の名誉回復の利益」、及び「判決の公示」と「刑事補償」という法律的利益を挙げて、免訴事由が存する場合でも再審請求は許されると論じたが、ここで羅列された利益とは、いずれも、「無罪判決によって実現される『本人の名誉回復の利益』」、「無罪『判決の公示』の利益」及び「無罪判決による『刑事補償』の利益」を意味していることは言うまでもない。裁判官岸盛一は、前記一九五二年四月二四日東京高裁決定を引用しながら、「判例（昭二七・四・二四東高）は、大赦があったときは、無罪を主張して再審の請求ができないというが（同説平野）、この場合でも、本人の名誉回復の利益のほか、判決の公示（法四五三条）・刑事補償の法律的利益があるから、請求は許されるべきである（同説団藤・高田）」と述べ[21]、無罪判決の公示を定める刑訴法四五三条を挙げながら横浜再審免訴判決と同様に説明している。

そうであれば、再審請求が認められ再審開始決定がなされた場合、当然に右各利益の実現に向けて、再審裁判がなされなければならないことになる。再審請求手続においては免訴事由があっても「無罪判決によって実現される『本人の名誉回復の利益』」、「無罪『判決の公示』の利益」及び「無罪判決による『刑事補償』の利益」があるから再審請求が認められるとしながら、再審裁判手続で免訴事由の存在を理由に裁判を打ち切ることは、結果として「無罪判決によって実現される『本人の名誉回復の利益』」、「無罪『判決の公示』

の利益」及び「無罪判決による『刑事補償』の利益」を否定することになり許されない。

このような意味で、横浜再審免訴判決が再審裁判手続で免訴事由の存在を理由に裁判を打ち切ったことは、全く論理が一貫しない判決、論理矛盾をおかした判決であると言わざるを得ない。

2——論理的一貫性のない趣旨不明の説明

横浜再審免訴判決は、再審の理念・目的について、弁護人の主張を次のとおり要約した（九〜一〇頁）。

弁護人らは、再審の理念・目的は、無辜の救済にあり、原判決により有罪の刻印を押された無辜の被告人を救済することが再審手続の究極の趣旨であって、すべての手続はこの目的のために尽くされなければならず、実体審理において無罪と判断しうる場合に、形式的な判断を先行させることはこの理念・目的に適うものではない……と主張する。

これに対する応答として、横浜再審免訴判決は、前記のとおり再審請求手続においては「再審請求は許される」と述べながら、再審開始決定後の再審の審判のあり方について、再審請求手続とは同列に論じることはできないとして、次のとおり述べた（判決一〇頁）。

しかし、免訴事由が存する本件の場合にはこれと同列に論じることはできない。……旧刑事訴訟法は、再審請求に対する審判と再審開始決定後の再審の審判とを明確に区別しており、前者は再審請求が適法であることを前提として、再審請求理由の有無を審判することを目的とするのに対し、後者は本案事件について審級に従い再度審理、裁判を行うものであって、原裁判の当否を審査し、これを是正することを目的とするものではないことは明らかである。

ここで、同判決は、前者即ち「再審請求に対する審判」手続について「前者は再審請求が適法であることを前提として、再審請求の理由の有無を審判することを目的とする」と述べている。そこで、当然その文脈の流れにおいて、後者である再審開始決定後の「再審の審判」手続についてもまた「後者は、○○○○を審判することを目的とするものである」と述べるかと思えば、何故か同判決は全くこの「○○○○」部分、即ち「再審の審判」の対象を特定してその目的を語っていない。「再審請求に対する審判」手続と「再審の審判」手続との違いを説明する場合に、一方の制度についてその目的を語るのであれば、当然他方の制度についてもその目的を語らなければその違いは理解不可能であるのに、判決は「再審の審判」の目的についてはただ沈黙するだけである。

しかも、右のとおり、「後者は……、原裁判の当否を審査し、これを是正することを目的とするものではないことは明らかである。」と述べているが、何故ここでこのような言辞を弄しなければならないのか、全く不明である。ある比較対照の一方の制度について「Aとはaを目的とするものである。」という肯定命題で語るのであれば、他方の制度についても、当然「Bとはbを目的とするものである。」と肯定命題で語るべきであり、「Bはcを目的とするものではない。」という否定命題で語っても、何ら議論は進展しない。「それではBの目的な何か。」と問われることになるからである。

以上の理由で、同判決の右引用部分は、論理的に一貫した文章となっておらず、しかも「再審の審判」の目的を語らず、全く趣旨不明である。同判決は、自らの知識を披露する趣旨で刑訴法の教科書に書いてあるとおり「後者は……、原裁判の当否を審査し、これを是正することを目的とするものではないことは明らかである。」と述べ大見得を切ったつもりであろうが、全く文章として体をなしていない。

ちなみに、この「再審の審判は原裁判の当否を審査するものではない」との言説は、刑訴法の教科書及び判例に出てくる言葉である。ある教科書(22)では、再審の審判は「原判決の当否を審査しこれを取消し又は維持する等の裁判を行うことを目的とするものではない。」と述べ、手続上「原判決を取消す(原判決を破棄する)」という判決の主文があり得ないことを説明している。また他の教科書(23)では大阪高裁一九六二年(昭和三七年)九月一三日判決(24)を引用して同様の説明をしている。この大阪高裁の判決は、児童福祉法違反で神戸家庭裁判所で確定有罪判決(懲役六月の実刑判決)を受けた者が再審請求をして、同裁判所での再審開始決定後、再審裁判で有罪判決(懲役六月、五年間執行猶予)が言い渡され、検察官が実刑が相当であるとして控訴した事案の控訴審判決である。検察官が、確定有罪判決と再審一審判決とは同じ犯罪事実を認定しているから再審判決が確定判決の実刑を変更することは法的安全性を没却していると主張したのに対し、大阪高裁は、再審裁判は「確定判決の当否を決するものではなく、再度の審理を行うもの」であるから、再審裁判では確定判決の刑に拘束されることなく不利益変更禁止の制限を逸脱しない限度において事案に即した刑を言い渡すことができると述べたものである。要するに、再審の審判(裁判)では原確定判決は「存在していない」という前提に立って(従って原確定判決を破棄することはあり得ず、また原確定判決に拘束されることもない)、改めて独自に審判を行うという再審審判の制度的な説明がなされていることになる。

ところが、横浜再審免訴判決は、右教科書或いは右判例の一部文言を何らの意味もなく引用したに過ぎない。何が言いたいのかさっぱり分からないであろう。

3——論点をはぐらかす免訴判決

横浜再審免訴判決の前記引用部分（判決一〇頁）のどこに問題があるのか。

前記引用部分について、次の傍線部分のとおり再審の審判の目的を加筆すると、同判決が何を言おうとしているのか少し分かりやすくなる。

しかし、免訴事由が存する本件の場合をこれと同列に論じることはできない。……旧刑事訴訟法は、再審請求に対する審判と再審開始決定後の再審の審判とを明確に区別しており、前者は再審請求が適法であることを前提として、再審請求の理由の有無を審判することを目的とするのに対し、後者は本案事件について審級に従い再度審理、裁判を行うものであって、即ち検察官の公訴事実について審判することを目的とするものであり、そのような意味において、原裁判の当否を審査し、これを是正することを目的とするものではない。

再審裁判が「審級に従い再度審理、裁判を行うもの」という論理構成においては、その審判の対象は、当然「検察官が起訴状で主張している公訴事実」となる。そこで、横浜再審裁判では、弁護人は、横浜再審免訴判決が前記で正しく弁護人の主張を要約しているとおり、「実体審理をせよ」と主張していた。即ち、弁護人は、再審裁判所に原確定判決が「正しい」とか「間違っている」とかいう判断を求めているのではなく、実体審理をして検察官の公訴事実に対し無罪判決を出して欲しいと求めていたのである。

そうであれば、弁護人のこの主張に対し、右のように「後者は本案事件について審級に従い再度審理、裁判を行うものであって」と述べても、或いは、「後者は、原裁判の当否を審査し、これを是正することを目的とするものではない」と説明しても、弁護人の主張に対する応答には全くなっていない。裁判官たちが、右判決引用部分において、文脈上当然に挿入されるべき右傍線部分をわざわざカットしたその理由は、この傍線部分を挿入すると論点が明確となり、検察官の公訴事実について判断せざるを得なくなり免訴判決という結論に反することになるからである。

右判決部分は、弁護人の主張に対し正面から応答せず、再審の審判は「原裁判の当否を審査し、これを是正することを目的とするものではない」などと論点をはぐらかし、いわゆる「為にする議論」をしていることになる。

4——論理的整合性を欠く説明

横浜再審免訴判決は、弁護人らの無罪判決が必要であるとの主張を次のとおり要約した（一三頁）。

弁護人らは、既に存在する原判決を完全に無効にするためには、再審公判手続で原判決と内容的に矛盾する無罪判決を言い渡すことが必要であり、免訴判決では、原判決を当然無効にする効力を有するとは言い難く、特に有罪判決後に刑の廃止がなされた場合には、原判決の完全な失効、消滅状態を作り出すことができないから名誉回復は望めないし、原判決の実体的瑕疵を不問に付する結果となり、再審の理念・目的にも合致しないなどと主張する。

ここでは、弁護人の主張が的確に要約されているが、もう少し分かりやすく弁護人の主張を述べると、次のとおりとなる。

a　元被告人たちは、一九四五年当時、確定有罪判決を受けており、この確定有罪判決を完全に否定するには、この判決と併存できない、即ちこの判決と矛盾する無罪判決の存在が必要である。

b　確かに、仮に二〇〇六年の時点において再審免訴判決が言い渡されこれが確定すると、一九四五年当時の確定有罪判決は、法律論理上、免訴判決の確定によって効力を失うことになるが、しかし、それはあくまで時間的に後の判決が国家意思であるという手続上の効果であって、実体的な効果は生じていない。

　何故なら、一九四五年当時の有罪判決と、再審裁判で言い渡される免訴判決とは内容的に矛盾する判決ではないからである。即ち免訴判決は元被告人が有罪の場合も無罪の場合も言い渡される判決であるという意味において確定有罪判決を内容的に否定する判決ではない。

c　そうすると、免訴判決が言い渡されてもそれと矛盾しない確定有罪判決は実質的に失効したとはいえない。

d　従って、免訴判決は、元被告人たちの名誉回復について全く寄与しない。

この弁護人の主張に対し、横浜再審免訴判決は、次のとおり述べた（一三～一四頁）。

しかし、既に述べたように、再審開始決定が確定すると、その審級に従いさらに審判をすることになるのであり、再審の審判は原判決の当否を審査する手続ではない。再審公判裁判所としては、改めて判決の言渡しを行うことになるのであり、原判決は、本判決の確定によって完全に失効するに至ることになるのである。再審公判において、原判決を無効にするためにこれと矛盾する判決をしなければならない理由はないといわなければならないし、原判決の実体的瑕疵を不問に付する結果になるものでもない。

私は、ここでは全く議論が噛み合っていないと考えている。弁護人は、免訴判決は原判決と矛盾する判決ではないから、原判決は否定されず、名誉回復には役立たないと主張しているのである。

そうであれば、この主張に対する反論としては、①「免訴判決は原判決と内容的に矛盾している（従って、免訴判決は内容的に原判決を否定する判決である）」と述べるか、それとも②「免訴判決は原判決と矛盾しないが、これこれの理由で名誉回復に役立っている」と述べるしか反論の方法はあり得ない。

ところが、横浜再審免訴判決は、「再審の審判は原判決の当否を審査する手続ではない」とか、「原判決は、本判決の確定によって完全に失効するに至ることになるのである」とか、「再審公判において、原判決を無効にするためにこれと矛盾する判決をしなければならない理由はない」とか述べるだけで、この文脈において右①又は②に言及しておらず、弁護人の疑問に対し全く応答していない。

私は、弁護人の疑問に対しすべて応答することを求めているのではない。裁判官は、判決を書く以上、その判決には論理的整合性がなければならないことを強調しているのである。右判決部分は、弁護人の疑問を引用していながら、これに正面から①又は②の論点について語っていないという意味で、論理的整合性が全

くないのである。(25)

5――言い訳をする免訴判決

前記のとおり判決に論理的整合性がないことは、裁判官たちもよく分かっていた。何故なら、前記一四頁の記述に引き続き、裁判官たちは、全く意味もなく東京高裁がした抗告審決定を引用して次のとおり述べたからである（判決一四頁）。

　本件抗告審決定で、被告人らに「無罪を言い渡すべき、新たに発見した明確な証拠」が存在すると判示されているのであり、……原判決の結論は明らかに否定されているのである。

彼らが再三実体審理に入れないと述べながら、ここで実体に触れたのはなぜか。彼らは、免訴という判決の結論はおかしいが、東京高裁の抗告審決定が展開している無罪論を引用すれば元被告人たちは許してくれるであろうと考え、言い訳をしたのである。

免訴判決はこのように言い訳をしなければならないような判決であった。

6――リップサービスに過ぎなかった証拠調

横浜地裁は、二〇〇五年一〇月一七日第一回公判及び同年一二月一二日第二回公判を経て、二〇〇六年二月九日の判決公判において、元被告人たちについて「免訴判決」を言い渡した。この第一回及び第二回公判では、「検察官の起訴状朗読の擬制」(26)だけではなく、弁護人が提出した無罪を裏付ける証拠書類の取り調べ、請求人らの証人調べまで行われた。しかしながら、検察官が主張した公訴事実は治安維持法違反事実であること、及び治安維持法が既に廃止されかつ大赦があったことは明らかであったから、横浜再審免訴判決の論理に従えば、先に引用したとおり「実体上の審理をすすめること」ができないこととなる。従って、裁判所は「検察官の起訴状朗読の擬制」手続後直ちに審理を打ち切り、判決言渡期日を指定しなければならなかったのである。

何故横浜地裁はそうしなかったのか。その理由は、検察官の起訴状朗読後直ちに裁判を終結すると、免訴判決のおかしさが一層際立ってしまうから、そのようにできなかったのである。

この訴訟手続こそ最大の矛盾である。

第5●結論

以上のとおり、横浜再審免訴判決は、免訴規定中二号（刑の廃止）及び三号（大赦）の規定を再審裁判に適用するという間違いを犯した。しかし、問題は、単に間違っただけではなく、横浜地裁の裁判官たちはこれら規定の適用が間違っていることが分かっていながら、敢えて間違いを犯したのである。

そのように言える根拠は、再審開始決定がなされた再審裁判を免訴判決で打ち切ったことの不合理性に彼らが気づいていたということだけではない。彼らは、判決の理由を書き始めたところ書いた理由に様々な欠陥、論理矛盾が生じたことに気づき、それらを必死になって覆い隠そうとした。しかし、既に述べたとおり、理由のあちこちに覆い隠そうとしても隠しきれなかった痕跡が残っているのである。こうしたことから、彼らが間違いを間違いと知りながら意図的に免訴判決を強行したということができる。(27)

弁護士は、その業務において、新しい法律問題を含む訴訟の依頼が来た場合、依頼者から事情を聴取しただけでは依頼者に訴訟提起が可能かどうか回答できない場合がある。その場合、依頼者から聴取した事実に基づき、先ずは訴状を書いてみる。そして、自分で納得いく訴状が書ける場合は訴訟提起が可能であることになり、納得いく訴状が書けない場合は訴訟提起が不可能であると判断することになる。

多分、裁判官の判決も同じことが言えるであろう。一応出した結論に基づき判決を書いてみたがどうも納得がいく判決が書けない、そうであれば反対の結論から判決を書くことで納得がいく判決が書けるかも知れない。横浜再審免訴判決は、そのような苦労が全く見えない判決である。(28)

私が本稿で述べた横浜再審免訴判決に対する批判の中には、若干揚げ足取り的な部分があるかもしれない。しかし、判決理由の一字一句に対する多数かつ多方面からの批判が可能であるというような判決とは一体何であろうかと問い質したい。横浜再審免訴判決の支離滅裂な判決理由自体から、「無罪判決」が正当な判決であることが証明されていることになる。

横浜再審免訴判決は、およそ「裁判」という名に値しない判決である。(29)

(本文、注釈とも、文献の著者の引用肩書きは著作当時のものである)

(二〇一四年一二月一日)

注釈

(1)私は本稿で、「横浜事件免訴判決を言い渡した裁判官たちは判決が間違っていることを知っていながら敢えて間違った判決を言い渡したことにおいて裁判官として失格である」という趣旨の裁判官批判を展開している。このような裁判官批判には相応の根拠が必要であり、その批判の詳細な根拠については吉永満夫『崩壊している司法――横浜事件再審免訴判決と仕事をしない裁判官たち』（日本評論社、二〇一四年）を参照して欲しい。

（2）本稿の第3「欠陥だらけの横浜再審免訴判決」と前掲吉永『崩壊している司法』の第六章第二節「欠陥だらけの横浜再審免訴判決」、及び本稿第4「矛盾に満ちた横浜再審免訴判決」と同書第六章第三節「矛盾に満ちた横浜再審免訴判決」とは、それぞれ同一論文である。同書出版社である日本評論社と本稿出版社であるインパクト出版会とのご厚意により重複掲載している。

（3）上口裕『刑事訴訟法（第二版）』（成文堂、二〇一一年）五三六頁

（4）田宮裕『刑事訴訟法〔新版〕』（有斐閣、二〇一二年）二一四頁

（5）藤野英一「刑事再審の構造と問題点」ジュリスト三三〇号（一九六五年九月一五日）四四頁

（6）「再審」裁判が実体において「刑事」裁判ではないことは極めて重要な論点であるが、従前必ずしも十分に論じられてこなかった。再審裁判は被告人が死亡していても審理が行われ、要するに被告人が不在でも審理可能な裁判であるが、通常の刑事裁判では被告人不在は考えられない。再審裁判では二重の危険（の禁止）により被告人の出頭義務はなく、不出頭の被告人を勾引すべきではない。通常の刑事裁判は検察官の起訴により開始されるが、再審裁判は請求人（被告人）からの再審請求が発端となっている。通常の刑事裁判では検察官による公訴の取消が可能であるが、再審裁判では請求人（被告人）側から再審請求の取下が可能である。要するに、通常の刑事裁判と再審裁判では、検察官と請求人（被告人）の役割において攻守が逆転している。再審裁判においても再度の有罪判決があり得るが、それは通常の刑事裁判での有罪判決とは機能的に全く異なる。再審裁判での有罪判決は、形式上は執行力があるが、その実質において原裁判が正しかったという確認的機能しか有しない（二重の危険によって被告人が二度も実質有罪判決を受けることはあり得ない）。こうした論点について、前掲吉永満夫『崩壊している司法』八三頁以下参照。

（7）白取祐司『刑事訴訟法第六版』（日本評論社、二〇一〇年）一頁

（8）伊藤栄樹外編『新版注釈刑事訴訟法（第七巻）』（立花書房、二〇〇〇年）一〇七～一〇八頁は、刑訴法四三五条六号以外の各号について、同条柱書きが「その言渡を受けた者の利益のために」と定めていることに関して、「ここに『利益のために』というのは確定判決における事実誤認を是正することによって、あらたに『無罪若しくは免訴を言い渡し、刑の言い渡しを受けた者に対して刑の免除を言い渡し、又は原判決において認めた罪よりも軽い罪を認め

る』こととなる場合を意味するものと解される（……）。上記の明文のある本条六号についてはもとより、同号との権衡上、その趣旨の明文を欠く他の各号についても同様に解すべきであろう」と述べる。

（9）前掲白取『刑事訴訟法第六版』一二二六頁

（10）松宮孝明「原判決確定後の免訴事由発生と再審判決――横浜事件再審最高裁判決――」（『立命館法学』二〇一〇年第一号）二五六頁

（11）再審裁判で裁判所が有罪の心証を得た場合で原判決確定後に刑の廃止等があった場合の措置であるが、免訴規定を類推適用して免訴判決を言い渡すのも一つの解決方法である。しかし、再審法制が不備であるために、この点だけではなく解釈で補うべき様々な論点がある。

（12）この高裁決定は、「刑が廃止されたというだけでは、確定判決の効力に変動があるわけではなく、……『刑の廃止』によっては再審請求権は消滅せず、ひっきょう旧刑事訴訟法第三六三条二号（現行刑事訴訟法三三七条二号も同様）は通常手続における規定であり、非常救済手続たる再審には適用のないものと解すべきである。」と述べている（高等裁判所刑事判例集一八巻七号八三六頁）。

（13）学説はすべてこの高裁決定は再審裁判には刑の廃止規定は適用されないと判断したと理解しており、例えば検察官臼井滋夫は、「刑の廃止の場合について東京高決四〇・一二・一高刑集一八・七・八三六は、この立場をとり非常救済手続たる再審には旧刑訴法三六三条二号（現行刑訴法三三七条二号も同様）の適用はない旨明言した。」と述べている（前掲伊藤栄樹外編『新版注釈刑事訴訟法（第七巻）』（立花書房、二〇〇〇年）一五三頁）。また、当時の判例・学説については、前掲吉永『崩壊している司法』第八章「判例・学説の状況と裁判官の職務怠慢」（一三七頁以下）参照。

（14）鈴木茂嗣『現代法律学講座二三　刑事訴訟法（改訂版）』（青林書院、一九九〇年）二四三頁

（15）ちなみに、第四次横浜事件再審請求事件の再審判決（免訴判決）は、免訴判決の趣旨について、学者の説明をそのまま鵜呑みにして「刑事裁判手続から一刻も早く解放されることが被告人にとって利益である」と述べているが（横浜事件・再審裁判＝記録／資料刊行会『全記録：横浜事件・再審裁判』［高文研　二〇一一年］七八七頁）、これもまたおかしな判決である。

(16) 現在は、一九八七年制定された刑事確定訴訟記録法に基づき判決原本の保存年限が規定されている。

(17) 前掲横浜事件・再審裁判＝記録／資料刊行会『全記録：横浜事件・再審裁判』一四八頁

(18) 同一四八頁

(19) この復元作業は専ら主任弁護人である環直彌弁護士の手によって行われた。

(20) 同一四四頁

(21) 岸盛一『刑事訴訟法要義（下巻）』四〇六頁（廣文堂書店、一九六一年）。一九五二年四月二四日東京高裁決定はこのように実務家・学者から批判を受け、先に引用した一九六五年一二月一日東京高裁決定が生まれた。

(22) 前掲伊藤栄樹外編『新版注釈刑事訴訟法（第七巻）』一八三頁

(23) 著者代表平場安治『注解刑事訴訟法下巻［全訂新版］』（青林書院新社、一九八三年）三七四頁

(24) 高等裁判所刑事判例集一五巻六号五一〇頁以下。なおこの高裁刑事判例集の見出しである「判決要旨」では、「不利益変更禁止の制限を逸脱しないかぎり、再審裁判所は確定判決の刑に拘束されない。」となっており、「再審裁判の目的」は判決要旨とはなっていない。

(25) 私は、裁判（判決）には論理的整合性と社会的妥当性という原則が重要であると考えている。また、憲法七六条三項では「裁判官の良心」が定められているが、この裁判官の良心とは、結局裁判（判決）に哲学性と思想性（基本的人権の思想と法の支配の思想）が豊かであるか否かという指標で評価されるべきであると考えている。こうした論点について、前掲吉永『崩壊している司法』第二章「裁判の基本原則」（一九頁以下）参照。

(26) 横浜再審裁判の第一回公判では、裁判官が検察官に対し、弁護人が復元した原確定判決の内容をもって審判の対象としてよいか（検察官の公訴事実は復元判決内容と同一であるか）と尋ね、検察官がこれを了解することから手続が開始されており、起訴状の朗読はこの手続をもって擬制されたことになる。

(27) 私は本稿で横浜地裁が言い渡した再審免訴判決（及び横浜地裁の裁判官たち）を批判したが、弁護人の控訴に対する東京高等裁判所（裁判長裁判官阿部文洋、裁判官高梨雅夫、同森浩史）の控訴棄却判決（二〇〇七年一月一九日）及び弁護人の上告に対する最高裁判決（裁判長裁判官今井功、裁判官津野修、同中川了滋、同古田佑紀）の上告棄却判決（二〇〇八年三月一四日）も同様の批判を免れない。読者には、横浜地裁の裁判官三名の間違いはあり得るとし

ても、東京高裁裁判官（三名）及び最高裁裁判官（四名）もまた同じ過ちを犯すとは考えられないという印象を持たれる人もおられるであろう。しかし、近年の再審無罪事件（布川事件、足利事件、東電ＯＬ殺人事件）において、控訴審も上告審も原審有罪判決（但し、東電ＯＬ殺人事件では一審は無罪判決で控訴審で有罪判決）を被告人の視点から再検討する姿勢が欠如していたことを例示すれば、納得いただけるであろうか。横浜再審事件においても、裁判所が人権の砦として機能しなかったのである。

(28) 私は、横浜再審免訴判決を言い渡した裁判官たちがこのようにいい加減な審理をした根本的な原因に、裁判官の驕りがあると確信している。この裁判官の驕りについては、前掲吉永『崩壊している司法』第一章「裁判官の職務上の義務違反・職務怠慢と驕り」一五頁以下参照。

(29) 折しも二〇一四年二月、瀬木比呂志著『絶望の裁判所』(講談社)が出版された。著者は、約三〇年余裁判官生活を送り、その経験を踏まえて現在の裁判所及び裁判官の体質を批判している。著者は、例えば「現在、マジョリティーの裁判官が行っているのは、裁判というよりは、『事件』の『処理』である。また、彼ら自身、裁判官というよりは、むしろ、『裁判を行っている官僚、役人』、『法服を着た役人』というほうがその本質にずっと近い。」(五一頁)、「日本の裁判所は、実は、『裁判所』などではなく、精神的被拘束者、制度の奴隷・囚人たちを収容する『日本列島に点々と散らばったソフトな収容所群島』に過ぎないのではないだろうか？　その構成員が精神的奴隷に近い境遇にありながら、どうして、人々の権利や自由を守ることができようか？　自らの基本的人権をほとんど剥奪されている者が、どうして、国民、市民の基本的人権を守ることができようか？」(一一三頁)と述べている。

国家の権力犯罪と司法の責任
——横浜事件および再審裁判をどう考えるか

弁護士・内田剛弘

第1●明治憲法の構造

日本が太平洋戦争の敗戦により、現在施行されている日本国憲法が制定され、民主主義、平和主義、基本的人権尊重主義が国の仕組みの根幹として憲法に定められた。

しかし、日本国憲法の制定される前には、大日本帝国憲法（略して帝国憲法）が施行されていた。

この帝国憲法は、「大日本帝国ハ万世一系ノ天皇之ヲ統治ス」（第一条）とあり、天皇の皇位は、「皇室典範」の定めるところにより皇男子孫これを継承すると定めた。

さらに、「天皇ハ神聖ニシテ侵スヘカラス」（第三条）と天皇の絶対的権威を定め、天皇は元首で統治権を「総攬」すると定めた（第四条）。

帝国憲法は、今の憲法では、国民というべきものを絶対的権威を持つ天皇に対する対比として「臣民」と呼び、臣民に兵役の義務、納税の義務を課した。日本臣民の居住移転の自由、言論・著作・印行・集会・結社の自由、信仰の自由などは、すべて法律が認める範囲内で限定的に許容され、信教の自由は「安寧秩序ヲ妨ケス及臣民タルノ義務ニ背カサル限ニ於テ」認められた。

帝国憲法で、無条件に不可侵とされたものは、天皇の神聖（第三条）と所有権（第二七条）の二つであった。この二つの保護法益は、後の治安維持法の保護法益そのものであった。

治安維持法第一条は、「国体（天皇制）ヲ変革スルコトヲ目的トシテ結社ヲ組織シタル者又ハ結社ノ役員其ノ他指導者タル任務ニ従事シタル者ハ死刑又ハ無期若ハ七年以上ノ懲役」（一九四一年改定）という極刑でのぞみ、第一〇条では「私有財産制度ヲ否認スルコトヲ目的トシテ結社ヲ組織シタル者ハ……十年以下ノ懲役又ハ禁錮ニ処ス」と定めた。

この体制を維持する権力の中枢にある軍隊は、まさに天皇の軍隊であり、陸海軍の編制、常備兵額の決定権を天皇に認めた（帝国憲法第一三、一一、一二条）。また「軍人勅諭」には冒頭に、「我国の軍隊は世々天皇の統率し給ふ所にぞある」「朕は汝等を股肱と頼み、汝等は朕を頭首と仰ぎてぞその親しみは特に深かるべき」と述べていた。

このように、軍隊を天皇制を支える装置として日本を統治し、天皇制と私有財産の不可侵を擁護し、臣民を統治する国の形を形成していたのであった。天皇の尊厳を守るためには、刑法の不敬罪も猛威をふるった。

不敬罪とは、「皇族ニ対シ不敬ノ行為アリタル者ハ二月以上四年以下ノ懲役ニ処ス」（刑法第七六条）という条文であるが「不敬」の用語が濫用されて歯止めのない適用が行われ、臣民を怖れさせた。

第2● 大逆事件――横浜事件との共通点

1――木村亨と大逆事件

横浜事件の再審請求に後半生を捧げた木村亨（中央公論社編集部員）は和歌山県新宮市の出身である。小学生の頃、母方の祖母中村きわから「大石ドクターには大変お世話になった」という話を聞いていた。この大石ドクターとは、大逆事件で処刑された新宮のドクター大石誠之助のことである。このドクターは金持ちからはお金（治療費）を取るが、木村の祖母などからはお金を取らなかった。しかも親切に診てくれる。祖母は小学校に入った頃の木村をつかまえて「なんであんな立派なお医者さんを殺しちゃうんだ」と悔しがっていたという。祖母から日頃こういう話を聞いていた木村は、子供ながらに大石ドクター・大石誠之助という人はいったいどういう人なんだろうと思った（木村亨「抵抗こそが人生だ」『歴史民俗学』No.6　一九九七年二月号、批評社刊）。

二〇一一年は大逆事件一〇〇年であり、二〇一二年は、一〇一年に入った。この両年はもちろん遡る二〇〇九年に於いても大逆事件の冤罪を訴え、処刑者など被害者の名誉回復・顕彰のための行事が日本各地で盛大に行われた。

横浜事件は、昭和の治安維持法事件であり、大逆事件は明治の事件であるが、大逆事件は治安維持法より前の絶対主義的天皇制を守るための国家権力が仕組んだ冤罪の一大公安事件（今の言葉で言えば国策捜査）であった。横浜事件も同じ絶対主義的天皇制を守るための同じく国家権力が仕組んだ冤罪の一大公安事件であったという意味で、両事件は本質において共通する特徴があると言わなければならない。言い換えると、明治の横浜事件が大逆事件であり、昭和の大逆事件が横浜事件であったということができるのである。

2——大逆事件とは

では、大逆事件とはどういう事件であったかといえば、宮下太吉、新村忠雄、管野須賀子の三人が一九一〇（明治四三）年の秋に明治天皇に爆裂弾を投げて危害を加えようと予め謀議したとされる事件で他の被告人達を共犯にするのは到底無理のある事件であった。

また三人の謀議の具体性にも多くの疑問がある。仮に犯罪が成立したとしてもせいぜい爆発物取締罰則違反・不敬罪程度の事件であったと指摘されており、そもそも「爆裂弾」そのものが幼稚なもので殺傷力があったか極めて疑問とされている代物（不能犯？）であった。

捜査の初期において、東京地検検事正が、無政府主義者四人、女一人が爆弾を製造し運搬しようとしていたことが発覚し、連累者二人と合わせて起訴されること、関係者は以上七名に限られると自ら語っていることからも、事件の実態がその後のおどろおどろしい事件とかけ離れていたものであったことを物語っている。

多数の被告人を極刑に処すという事件に仕立てたのは、明治の元勲山県有朋で、西園寺公望内閣の無政府主義、社会主義者取締りが手ぬるいとして明治天皇に上奏し、桂太郎内閣を作って過酷な弾圧を行った背景が明らかにされてきている。

要するに、根本的に架空の政治的陰謀による一大刑事事件を当時の警察、検察などの司法権力が、山県有朋らの政治的意図から強引にデッチ上げたものというのが、その後の歴史研究の成果ということができる。

3——大逆事件の裁判

事件は、一九一〇（明治四三）年五月より捜査が開始され、同年一一月九日、幸徳秋水など二六人が刑法

第七三条（皇室に対する罪、危害罪）で公判請求された。被告人等の氏名は左記の通りである。

内山愚堂（曹洞宗僧侶）・大石誠之助（医師）・岡林寅松（病院事務員）・岡本頴一郎・奥宮健之（社会評論家）・管野須賀子（新聞記者）・幸徳秋水（社会運動家）・小松丑治（養鶏業）・坂本清馬（活版文選工）・崎久保誓一（新聞記者）・佐々木道元（無職）・高木顕明（真宗大谷派僧侶）・武田九平（金属彫刻家）・飛松与次郎（小学校代用教員）・成石勘三郎（兄）（薬種雑貨商）・成石平四郎（弟）（雑貨商）・新見卯一郎（新聞記者）・新村善兵衛（農業）・新村忠雄（無職）・新田融（機械工）・古河力作（草花栽培業）・松尾卯一太（新聞記者）・三浦安太郎（ブリキ卸工業）・峰尾節堂（臨済宗妙心寺派僧侶）・宮下太吉（機械工）・森近運平（社会運動家）。

裁判は、同年一二月一〇日から非公開で進められた。

裁判官は、裁判長 鶴丈一郎、陪席判事 志方鍛・鶴見守義・末弘厳石・大倉鈕藏・常松英吉・遠藤忠次。

検察官は、検事総長 松室致、大審院検事 板倉松太郎・平沼騏一郎。

弁護人は、鵜沢総明・花井卓藏・磯部四郎・今村力三郎・平出修・川島仟司・宮島次郎・吉田三市郎・尾越辰雄・安村竹松・半田幸助らであった。

審理は、被告人の予審における調書を中心に裁判官による被告人訊問が主で、被告人の訊問が終了すると弁護側の証人申請をすべて却下し、事実調べを終えてしまった。

弁護人の一人、今村力三郎は、「裁判所が審理を急ぐこと、奔馬の如く一人の証人すら之を許さざりし」（今村「趨言」）という。政治的暗黒裁判であった。

判決は、翌一九一一（明治四四）年一月一八日であった。全員有罪で、新田融の懲役一一年、新村善兵衛の懲役八年を除いて他の被告人二四人全員が死刑の判決であった。翌日、明治天皇の思《おぼ》し召しで、特赦が発表され、二四名の死刑被告人の内、高木、崎久保、飛松、坂本、成石勘三郎、岡本、岡林、三浦、武田、小松、佐々木、峰尾の一二名が無期懲役に減刑された。

死刑判決をうけた一二名の被告人は、同年一月二四日死刑が執行され、管野須賀子のみは翌日に執行された。一月二四日に死刑を執行された被告人は、幸徳、新見、奥宮、成石平四郎、内山、宮下、森近、大石、松尾、新村、古河の一一名であった。

大逆事件は、天皇制を守るため、無政府主義者と思われた人々を証拠が無くても強引に大逆罪によって処刑したもので、国内の運動を当面抑えつけたものの海外では日本政府の暴挙が非難され、日本大使館に多くの抗議が行われた。

天皇制を守るために、遮二無二反政府的言動を弾圧する政府の政策は、その後の治安維持法の制定により治安維持法違反事件に承継され、昭和の大逆事件＝横浜事件へと展開されていくのである。

4――大逆事件の影響

この事件が我が国の思想界、文壇に与えた影響は深刻なものがあった。

石川啄木は、平出修弁護士から種々の事件内容を聞き、幸徳秋水の「陳弁書」を読んで異常な関心を寄せた。石川啄木は自ら事件の発覚以来の経過を「日本無政府主義者陰謀事件経過及び附帯現象」にまとめた。この資料は、太平洋戦争後になってはじめて知らされることになった。

徳富蘆花は、判決を聞くや兄蘇峰に依頼して桂首相に減刑を願う書面を書いたが音沙汰がないので天皇に対する直訴を決心した。

ちょうどその頃、旧制一高生から同年二月一日の一高での講演を依頼されたので快諾し、講演「謀叛論」と題して幸徳らは謀叛人ではなく志士であり殉教者であると訴え、青年学徒に感銘を与えた。

しかし、この盧花の講演は、文部当局から問題視され、当時の一高校長新渡戸稲造はこの講演をさせた責任を問われ譴責処分に付された。

永井荷風は、当時、東京監獄（市ヶ谷富久町）の裏に居住し、大逆事件の被告人が日比谷の裁判所へ通う道路で度々黒い檻車を目撃した体験をもつ。車を見て荷風は言うに言われぬ厭な気持ちがしたと記し、続いてフランスのエミール・ゾラは、ドレフュス事件で正義を叫んだが、自分は何もできなかったことで、「わたしは自ら文学者たる事について甚しき羞恥を感じた。以来私は自分の芸術の品位を江戸戯作者のなした程度まで引下げるに如くはないと思案した（以下略）」（「花火」『改造』一九一九年一二月号）と自虐的心情を吐露した。

社会運動は冬の時代を迎えた。生き残った堺利彦は、売文社を設立し、同志の生活のために収入を得る手段を工夫する一方、大逆事件で処刑され投獄された人々の遺族等の生活援助、激励に全国を走り廻ったりした。

第3●過激社会運動取締法案の内容と不成立

1――過激社会運動取締法案の立法背景

時代は、社会の変化に伴って徐々に新しい運動や事件が勃興することを阻むことはできなくなっていった。一九一七（大正六）年のロシア革命や翌年の米騒動はデモクラシー運動を発展させるとともに国際共産主義運動の勃興と相まって日本の国内の運動に国際性を持たせることにもなっていった。

朝鮮における三・一独立運動も、治安当局に衝撃を与えた。一九一九年四月一五日「治安維持ニ関スル政令」を朝鮮総督府に公布させ、「政治ノ変革ヲ目的トシテ多数共同シ安寧秩序ヲ妨害シ、又ハ妨害セムトシタル者」およびその「煽動ヲ為シタル者」を一〇年以下の懲役・禁錮刑の重刑に処する旨を明らかにした。

国内に目をうつせば、一九二〇（大正九）年一二月九日「現在の資本家制度を根本的に破壊せんとする旨を宣言」し、社会主義の実現を真っ正面から主張する日本社会主義同盟が成立した。これは内務省の結社禁止処分を予想してそれを出し抜いて開催する企てであった。しかし、創立大会の翌一〇日に開催された同盟大会は警察当局により治安警察法第八条第一項によって集会の解散を命じられて、集まった群衆は蹴散らされた。

同盟は、翌一九二一（大正一〇）年、第二回大会を開き、続いて大会記念思想問題講演会を開催したが、当局は五月九日の集会に対し、行政執行法で定めた予防検束の制度を利用して、首脳部の殆ど全部、闘士の大部分を連れ去り、司会者が発言しようとすると直ちに解散を命じ、五月二八日には内務大臣は治安警察法第八条二項に基づいて結社禁止処分を行った。

この時期、社会主義の実現を志向する運動はかつての一九〇七（明治四〇）年二月の日本社会党の結社禁止処分の時期と違って、折紙つきの一部先覚者の社会主義運動ではなく一般民衆の運動となっていた。社会主義運動に対する政府の徹底した抑圧、弾圧は合法的政治団体の設立、運動を断念させ、運動関係者にかえって秘密結社の必要性を痛感させることとなった。このような背景のもと、国際共産組織コミンテルンは、一九二一年四月にコミンテルン第二回大会の決定に基づいて、コミンテルン日本支部準備会を秘密裡に結成させるに至った。

一九二一年五月、コミンテルンは上海で極東部委員会を開いた。日本の社会主義者、堺利彦、山川均らが協議の上、近藤栄蔵を日本の代表として上海に派遣した。

近藤は、日本支部結成のための運動資金六五〇〇円をコミンテルンより入手し、帰国したが、下関で豪遊したため怪しまれて警察に検挙された。しかし具体的使途を明かさなかったため、当局は近藤を処罰することができず資金を没収しないで釈放した。

治安当局に与えたこの事件の衝撃は大きかった。治安当局はこの事件に遭遇して、至急時代の情勢に適した治安立法をつくる必要性を痛感した。

2――法案の内容

動き出したのは司法省であった。

一九二一年八月、司法省は再三「緊急勅令案」を作成して内務省警保局に提示した（後に法律案に変更）。司法省案に対し、内務省は詳細な意見を述べて両省の担当者間で激しい議論が展開された。内務省側の案を司法省に逆に提示したりした。当時、司法省が保守的、内務省警保局はややリベラルという体質をもち、両省間での論議は所詮治安当局内部の議論ではあるが、かなり発想の違いが目立った。例えば、司法省案の「朝憲紊乱」という言葉はきわめて抽象的であったので、内務省側は、このような用語の使用に批判的であった。森戸辰男（当時、東京大学経済学部助教授）が同学部機関誌『経済学研究』創刊号（一九二〇年一月号）に「クロポトキンの社会思想の研究」と題する論文を内務省の検閲をへて発表したところ、新聞紙法第四二条の「皇室ノ尊厳ヲ冒瀆シ政体ヲ変改シ又ハ朝憲ヲ紊乱セムトスルノ事項ヲ新聞紙ニ掲載シタルトキハ」に該当するとして、編集人・発行人である大内兵衛（同大同学部助教授）と共に起訴され、両氏は一、二審、上告審とも有罪となり、森戸が禁錮三月、罰金七〇円、大内が禁錮一月、罰金二〇円（但し執行猶予一年）の有罪判決をうけるという事件があったが、この裁判でも「朝憲紊乱」の構成要件をめぐって論争が行われていた。

司法省案では、この議論の多い「朝憲紊乱」の語を使用し、法律案に入れるのに執着した。

両省間の度重なる折衝の末、一九二二（大正一一）年法律案が作成され、二月、帝国議会に提出された。

法律案は下記のとおりであった。

過激社会運動取締法（法律案）

第一条　無政府主義、共産主義其ノ他ニ関シ朝憲ヲ紊乱スル事項ヲ宣伝シ又ハ宣伝セムトシタル者ハ七年以下ノ懲役又ハ禁錮ニ処ス

前項ノ事項ヲ実行スルコトヲ勧誘シタル者又ハ其ノ勧誘ニ応シタル者罰前項ニ同シ

第二条　前条第一項ノ事項ヲ実行又ハ宣伝スル目的ヲ以テ結社、集会又ハ多衆運動ヲ為シタル者ハ十年以下ノ懲役又ハ禁錮ニ処ス

第三条　社会ノ根本組織ヲ暴動、暴行、脅迫其ノ他ノ不法手段ニ依リテ変革スル事項ヲ宣伝シ又ハ宣伝セムトシタル者ハ五年以下ノ懲役又ハ禁錮ニ処ス

第四条　前三条ノ罪ヲ犯サシムル目的ヲ以テ金品ヲ供与シ若ハ其ノ他ノ方法ヲ以テ便宜ヲ与ヘタル者又ハ情ヲ知テ之ヲ受ケタル者ハ各本条ニ定ムル所ニ従テ処断ス

第五条　前四条ノ罪ヲ犯シ未タ官ニ発覚セサル前自首シタル者ハ其ノ刑ヲ減軽又ハ免除ス

第六条　本法ハ本法施行区域外ニ於テ第一条乃至第四条ノ罪ヲ犯シタル者ニ亦之ヲ適用ス

附則

本法ハ公布ノ日ヨリ之ヲ施行ス

この法律案は、司法省と内務省の妥協の産物ではあったが、どちらかといえば、司法省案に近いものであった。

3——帝国議会での不成立

一九二二（大正一一）年二月一八日、高橋是清内閣は、この法律案を帝国議会の貴族院に最初に提出した。提案の理由は、「理由書」によれば、「近来我国ニ於テ外国同志ト相提携シテ過激主義ノ宣伝ヲ為サントスル者漸ク多ク、而モ之ガ取締法規不充分ナルヲ以テ、之ガ取締ノ為過激社会運動取締法制定ノ必要アリ。是レ本案ヲ提出スル所以ナリ」とされている。

この法律案の特徴は、第一に構成要件が極めてあいまいであったことである（後の治安維持法についても言えることである）。

例えば、「朝憲」とか「根本組織」は何を指すのか一義的に明確ではない。「宣伝シ又ハ宣伝セムトシタル」とか「其ノ他ノ不法手段」という用語もあいまいである。

この点は、貴族院に於いても問題となった。しかし政府は、「実際ニ臨ンデ解決スベキ事例」であるとか「裁判長ノ判定ニマツ」とかいう答弁に終始し、明らかにされなかった。

第二に刑罰の苛酷さであった。従来の治安立法の治安警察法によると結社について、無届あるいは虚偽の届の場合、罰金三〇円ないし五〇円、秘密結社の場合でも懲役六月より一年までであり、不法集会や大衆運動を対象としても解散という行政処分であった。

また、新聞の安寧秩序妨害記事の場合、発行禁止および編集印刷人が六月以下の懲役にすぎなかったのに、この法律案では最高一〇年間の懲役刑となった。

貴族院での審議は一部修正が行われて第一読会を通過し、第二読会に回されたが、法案に対する世論の反対の声が次第に高まり、遂に審議は中断されたままとなった。

この法案の立法技術上の未熟さについて奥平康弘東大教授（当時）は、次のように指摘している。「第一、法案における文言が練られていない。第二、立法者の側の司法官僚と内務官僚との足並みが揃っていない。第三、政府は近藤栄蔵事件などあげて、既存法では不充分だといいながら新しい立法を要請する事実（立法事実）が納得のゆく形で示されておらず、そのため法文が宙に浮いている。」（奥平康弘『治安維持法小史』一九七七年、筑摩書房、四一頁）。

種々論議の末、貴族院は委員会で左記のように大幅に修正して、同年三月二四日本会議で可決して衆議院に送付した。

第一条　外国人又ハ本法施行区域外ニ在ル者ト連絡シ朝憲ヲ紊乱スル事項ヲ宣伝シタル者ハ三年以下ノ懲役又ハ禁錮ニ処ス

第二条　外国人又ハ本法施行区域外ニ在ル者ト連絡シ前条ノ事項ヲ実行又ハ宣伝スル目的ヲ以テ結社集会又ハ多衆運動ヲ為シタル者ハ三年以下ノ懲役又ハ禁錮ニ処ス

第三条　外国人又ハ本法施行区域外ニ在ル者ト連絡シ社会ノ根本組織ヲ暴動暴行脅迫其ノ他之ニ類スル不法手段ニ依リテ変革スル事項ヲ宣伝シタル者ハ二年以下ノ懲役又ハ禁錮ニ処ス

第四条　第一条又ハ第三条ノ未遂罪ハ之ヲ罰ス

第五条　第一条又ハ第三条ノ罪ヲ犯ス目的ヲ以テ其ノ予備ヲ為シタル者ハ一年以下ノ懲役又ハ禁錮ニ処ス

第六条　第一条乃至第三条ノ罪ヲ犯サシムル目的ヲ以テ金品ヲ供与シタル者ハ情ヲ知リテ之ヲ受ケタル

者ハ各本条ニ定ムル所ニ従テ処断ス
第七条　前六条ノ罪ヲ犯シ未タ官ニ発覚セサル前自首シタル者ハ其ノ刑ヲ減刑又ハ免除ス
第8条　本法ハ法施行区域外ニ於テ第一条乃至第六条罪ヲ犯シタル者ニ亦之ヲ適用ス

衆議院においては、野党の妨害によって床次竹二郎内務大臣は、提案理由を説明する間もなく、ましてや法案は審議にも入れず不成立となった。

法案の不成立の背景は世論の根強い反対にあった。世論の反対が議会に反映した結果であった。労働運動の側の反対運動は、意外に弱かったもののプロレタリア文学運動の先駆者「種播き社」が、議会にこの法律案に反対する抗議文を送った。

「種播き社」の運動を進めていたのは小牧近江、平林初之輔らであった。

「種播き社」は、芸術家、思想家を結集させて自由思想家組合を結成し反対運動を展開した。この組合には川崎長太郎、前田広一郎、辻潤、秋田雨雀らが参加していた。作家内田魯庵は、「何が危険である乎」と題し、「思想はコレラやペストのように法律の塀を設けて遮断できるものでは無い。法律で思想を抑圧するに何の効果も無いのは露西亜が好いお手本で」、むしろ「今日の思想上の危険は社会主義の蔓延よりは近代思想運動に対する上下の無知無理解である」「社会主義も思想運動も無い国は四等国五等国以下の半開国である」と非難した（『太陽』一九二二年一月号）。

三月一日、東京神田青年会館で開催された「過激法案」批判講演会は吉野作造門下の星島二郎が主宰する中央法律事務所の主催で大山郁夫（早大教授）、末弘厳太郎（東大教授）、阿倍秀助（慶大教授）、永井柳太郎（代議士）、福田徳三（慶大教授）らが次々に登壇し、法律案を非難した。

末弘厳太郎は、次のように断じている。

「先づ第一に本案は道徳的の見地から見て極めて不穏当のものであり、次に功利的見地から見て亦愚なものであり、更に立法政策的見地から云って此法律は実に滅茶々々なものである。終りにそれを作る精神が行政政策の上から見て誠に当を得ざるものであると云ふ此四つの見地から申述べたいと思ふ。」（『現代史資料45』「治安維持法」一九七三年、みすず書房、二四頁）

三月三日、東西の新聞、通信社の代表三六名が会合し、「過激法案反対新聞同盟」を結成し、「本法案は時勢の進運に伴はず、殊に条文あいまいで其の解釈適用の如何によっては、言論報道の自由を脅威し、危険是より甚だしきはない。故に我々は本案の不成立を期する」と議決した。

このような新聞、通信社の反対運動は野党の代議士とも連携して統一組織（「各派代議士及全国新聞通信記者連合大会」）を結成し、一大反対運動を推進する大きな力となった。法律案は、このような広汎な反対の世論が成立を阻んだと言うことができる。まさに大正デモクラシーの勝利とでもいえようか（過激社会運動取締法案の議会提出と廃案に至る経過については、松尾尊兊「過激社会運動取締法案について」『人文学報』第二〇号、一九六四年に詳しい）。

第4●治安維持法の制定と運用

1——治安維持法の立法の背景

市民の政治活動、社会運動はもとより、思想・信条の自由まで徹底的に抑圧した稀代の悪法治安維持法はどのようにして生まれたのか。

前述のように政府は、過激社会運動取締法案を一九二二（大正一一）年帝国議会に提出したが、廃案となった。治安当局のこのような治安立法への執念は決して断念されたわけではなく、継続してその機を窺っていた。同年七月一五日、日本共産党が非合法に結成され、また翌一九二三年四月共産青年同盟が結成された。さらに同年六月五日第一次共産党事件において検挙が行われた。そうするうちに同年九月一日関東大震災（死者九万一千人以上）が発生し、九月七日戒厳令（「天皇ハ戒厳ヲ宣言ス」帝国憲法第一四条一項）が発せられた。

「朝鮮人が襲撃してくる」「いまどこそこの井戸に朝鮮人が毒を投げ込んでいった」「無政府主義者や赤化分子が暴動を企てている」とか流言蜚語が意図的に流され、亀戸事件や甘粕事件が勃発した。

亀戸事件は、かねてから敵対関係にあった亀戸署に労働運動家の川合義虎、平沢計七ら一〇名が捕らえられ、同月四日から五日にかけて習志野騎兵一三連隊により刺殺された事件である。

また、甘粕事件は、大震災後の九月一六日、妹あやめを見舞って自宅近くまできた大杉栄と内縁の妻伊藤野枝、妹の子橘宗一（六歳）が東京憲兵隊に連行され、取調中に絞殺された事件である。加害者は、憲兵大尉甘粕正彦、森慶次郎曹長らであった。甘粕は、軍法会議で懲役一〇年、森は同三年、他の被告兵士三名は無罪となった。甘粕は、その後、三年足らず服役した後、満洲へ飛び満映（満洲映画協会）の理事長を務め、敗戦時服毒自殺した。

このように社会が騒然となるなか、政府は同年九月七日「治安維持ノ為ニスル罰則ニ関スル件」（別名、治安維持法）と題する勅令四百三号を発した。

次の内容である。

「出版通信其ノ他何等ノ方法ヲ以テスルヲ問ワス暴行騒擾其他生命身体若ハ財産ニ危害ヲ及ホスヘキ犯罪

ヲ煽動シ安寧秩序ヲ紊乱スル目的ヲ以テ治安ヲ害スル事項ヲ流布シ又ハ人心ヲ惑乱スル目的ヲ以テ流言浮説ヲナシタル者ハ十年以下ノ懲役若ハ禁錮又ハ三千円以下ノ罰金ニ処ス」。

この勅令は、震災後の治安対策の意味があり、新しく治安維持法が成立した二年後の一九二五年に廃止された。

政府が本格的な治安維持法の成立を企図したのは、過激社会運動取締法案の議会提出を図った意図、目的と共通するものがある。

明治以来の伝統的治安体制は、本質的に即物的行政的取締り、かつ規制であった。

例えば、内務大臣による出版取締りと集会・結社取締りである。まず新聞・雑誌は、新聞紙法により、単行本は、出版法により規制され、それぞれの法規に基づく刊行手続(官庁への納本など)に則り公刊され、所定の手続きを欠いたものは、内容は何であれ内務大臣が即物的に流通を禁止することができたのであった。出版物の内容が、「安寧秩序」を乱すとか、「風俗」を壊乱するものであると内務大臣が認めれば、これも内務大臣が即物的に発売頒布を禁止できた。しかもこれらは、不服申立の手段がなかった。

他方、内務大臣による集会・結社の取締りがある。これは、治安警察法で規制されていて、集会や結社をしようとする者は、その種別により届出をすればよいということになっていた。警察は、この集会・結社に対し、勝手に禁止、解散させていたし、また集会を認めても「発言禁止」などと勝手に規制できたし、これらの規制への不服申立の手段はなかった。

結社については、「安寧秩序ヲ保持スル為必要ナル場合ニ於テハ」内務大臣が禁止することができた。これにより、明治以来、社会主義的政党や結社は禁止されてきていた。結社禁止令に対してだけは行政裁判所に出訴することができたが、内務大臣の決定を行政裁判所が覆すようなことは初めからありえなかったので、社会主義者の方もあえて行政裁判所へ訴えて争うことはしなかった。

しかし、日本労働農民党が一九二八年四月、「三・一五事件」のあおりで解散命令を受けたとき、行政裁判所へ訴える異例の行動をとった。裁判所は果たしてこの提訴を同年六月斥けた。時代の流れは、結社の禁止を無視して次から次へといわゆる秘密結社が結成されていく有様であった。

この事態に対して政府は、旧来の治安立法では対応しきれなくなってきた。旧来の治安立法は、秘密結社を形式的に行政上禁止するという建前で罰則も重くはなかったのであった。

「秘密ノ結社ハ之ヲ禁ス」（治安警察法一四条）、「秘密ノ結社ヲ組織シ又ハ秘密結社ニ加入シタル者ハ六月以上一年以下ノ軽禁錮ニ処ス」（同二八条）と定めてはあったが、第一次共産党事件以来、大正一〇年代には全国各地にいわゆる秘密結社が続々と組織、結成され、長年続いた治安警察法の威力も次第に失われていった。このような現実を見て、治安当局はいよいよ新しい治安立法を渇望するに至ったのである。

2――治安維持法の内容

治安維持法案を議会に提出したときの内閣総理大臣は加藤高明（憲政会）で、この内閣は、護憲三派内閣といわれ、憲政会、政友会、革新倶楽部により構成されていた。

政府が一九二五（大正一四）年二月一七日閣議決定し、一八日第五〇回帝国議会の衆議院に提出し、一九日緊急上程された治安維持法案なるものは次のような内容であった。

第一条　国体若ハ政体ヲ変革シ又ハ私有財産ノ制度ヲ否認スルコトヲ目的トシテ結社ヲ組織シ又ハ情ヲ知リテ之ニ加入シタル者ハ十年以下ノ懲役又ハ禁錮ニ処ス

2　前項ノ未遂罪ハ之ヲ罰ス

第二条　前条第一項ノ目的ヲ以テ其ノ目的タル事項ノ実行ニ関シ協議ヲ為シタル者ハ七年以下ノ懲役又ハ禁錮ニ処ス

第三条　第一条第一項ノ目的ヲ以テ其ノ目的タル事項ノ実行ヲ煽動シタル者ハ七年以下ノ懲役又ハ禁錮ニ処ス

第四条　第一条第一項ノ目的ヲ以テ騒擾、暴行其ノ他生命、身体又ハ財産ニ害ヲ加フヘキ犯罪ヲ煽動シタル者ハ十年以下ノ懲役又ハ禁錮ニ処ス

第五条　第一条第一項及前三条ノ罪ヲ犯サシムルコトヲ目的トシテ金品其ノ他ノ財産上ノ利益ヲ供与シ又ハ其ノ申込若ハ約束ヲ為シタル者ハ五年以下ノ懲役又ハ禁錮ニ処ス情ヲ知リテ供与ヲ受ケ又ハ其ノ要求若ハ約束ヲ為シタル者亦同シ

第六〜七条［省略］

前回の過激社会運動取締法案の時は、司法省、内務省の間がギクシャクしていたが、今度は予め法文の体裁、用語の選択等において意思統一が出来ていた。

その背景に、山本権兵衛内閣に平沼騏一郎が司法大臣として入閣し、次の清浦奎吾内閣に平沼は枢密院に入り、代りに後輩の鈴木喜三郎が司法大臣となり、刑事局長の山岡万之助が治安維持法の具体的起草作業にあたり、加藤高明内閣以後もこの体制が維持されたという、治安維持法成立に向けての司法官僚の布陣があった。

この法案は、後述するように修正され、結局一九二五年三月七日、衆議院で可決され、続いて三月一九日

貴族院でも可決され、四月二二日に法律四六号として公布され、五月一二日施行されるに至った。この法案が前回の過激社会運動取締法案の時と異なり短期間で成立した理由として一般に挙げられているのは、治安維持法案は、前回の法案と違って法文の表現が整理され濫用のおそれはないという主張が一見もっともらしく説得的に述べられていたことである。

（一）具体的に条文に即して言えば、第一に「国体若ハ政体」の変革という用語は、前回の法案でいう「朝憲紊乱」の一部を抽出したものにすぎない。「私有財産制度」の否認とは、旧法案の「社会ノ根本組織」の変革のほんの一部分を指すに止まり、しかも「安寧秩序」よりも狭いと説明をされていたこと。

（二）第二に旧法案は、言論・出版の自由を大幅に制限する危険性のある宣伝罪を新設しようとしたが、新立法では宣伝行為の取締りは従来の新聞紙法、治安警察法などにまかせており、結社取締り関係以外は規制対象を協議および扇動行為に限定した点でも濫用されることはないという説明。

（三）第三に旧法案と異なり治安維持法案は、すべて目的罪でこの法律で処罰されるためには国体の変革などの明確な目的をもっていることが立証される必要があるから警察の濫用はないと説明されていたこと。

議会の審議で特徴的なことは、「国体」概念について、天皇の統治権の意味であると説明されたが、さらに踏みこんだ質疑、答弁が一切無かったことである。その後の運用において解釈上「日本精神」とか「臣民道」とか実体のない精神主義や曖昧模糊とした神道的概念に行きつく概念の中味についての論議のなかったことは注目されなければならない。

「国体」は法律の技術用語に過ぎないのに、質疑を行った議員も、答弁する政府側も、こと「国体」に関しては思考停止のような雰囲気が帝国議会の議場を支配していたのであった。

例えば、清瀬一郎衆院議員は、当時治安維持法を批判した急先鋒であったが、「国体」に関しては、「用語の可否は姑《しば》く別論とし天皇統治権の一事は、我国に於いては指斥言議の外である。もし之を変革する者を処罰することは問題と為らず」と述べている（「我国思想政策の将来」『改造』一九二五年四月号）のは象徴的であった。

3――治安維持法への反対運動

（一）労働団体・大衆の反対運動

治安維持法案に反対する労働団体・大衆の運動はまずデモが挙げられる。東京、大阪、長野、神戸、京都、広島など八カ所で五千人乃至一万人余のデモンストレーションが行われ、反対の意思を表示した。

また講演会は、東京、横浜、その他の関東地方、岡山その他の中国地方、大阪、神戸その他の関西地方などで行われ計三五回、参加者の人数は一万四千人余から一万七千人余にのぼった。警察はデモを規制、時には禁止し、それでも集まる労働者や大衆を蹴散らした。集会においても「弁士中止」の規制が乱発された。

機関誌、大会宣言、決議などからみると、次のような内容であった。

労働団体の反対の理由は、（イ）無産階級の擡頭を抑圧し、運動の発展を阻害する。（ロ）政治的自由を阻害する。例えば「労働者新聞」二月一九日号は「是は正に無産者階級のみの問題ではない。実に我が日本に於ける自由主義、民主主義への一大脅威でなければならない」と論じていた。（ハ）治安維持法の「国体」「政体」「私有財産制度」「協議」「煽動」などの用語が極めてあいまいであり、権力乱用を招き、「一大警察国家を出現せしめる」ことになると指摘する。（ニ）さらに危険思想は危険思想として抑圧しうるものではなく、よってきたる根本原因を正に認識し治安立法では解決にならないことを主張する。（ホ）最後に、一朝鮮人労働者は、治安維持法と日本帝国主義の朝鮮支配が同じ根から出ているとの認識から、日本人民と朝鮮人民、アジア人民との連帯を主張していた。

（二）言論界の反対運動

東京朝日新聞は、一九二五（大正一四）年一月八日付の「憲法上の権利を尊重せよ　言論集会結社の自由」と題する社説において「治安維持法は過激思想取締の名目の下に集会結社言論の自由を制限せんと企てゐるかの如くである」と指摘し、「ムッソリーニ首相の強圧政治の成功は、決してイタリア国民の誇りでは無い」と断じ、この法律がファシズムに通じるものであると鋭く批判した。

次いで同年一月一七日の社説においても「護憲三派内閣が普通選挙法と並べて此の如き治安維持法を出したる矛盾撞着の愚」を指摘し、批判を繰り返している。

東京朝日新聞は、さらに二月一四日、「過激法案反対当時を顧みよ」と題してわずか三年前、過激社会運動取締法案に反対していた加藤高明首相、犬養毅逓信大臣等が政友会と結託して治安維持法賛成にまわった変節ぶりを批判した。大阪朝日新聞もまた、治安維持法を痛烈に批判した（二月一八日社説）。

雑誌は、『進め』一九二五年三月号に石川準十郎が「是れ始皇の愚を学ぶ者」と題して治安維持法を批判し、この法律が「無産階級運動をその成長途に於て虐殺又は窒息せしめんとする苛法」であると批判したが、直ちに内務大臣により発禁処分とされ、大衆の目に触れる機会を奪われた。

東洋経済新報社に拠る石橋湛山（戦後首相となる）は雑誌『東洋経済新報』同年二月二一日号の「治安維持法は国家を危くす」において、不法の手段によらざるかぎりは共産主義や無政府主義の主張をする自由は、憂世家のために保留しておきたいと言論の自由を守る立場からの主張を展開して治安維持法を批判した。

石橋によれば、第一に日本人であれば「国体の変革」を企てる者は「狂人」であるから法律に規定する必要はない。第二に政府は「政体」とは「立憲政体」「代議政体」を指すと議会で答弁し「政体の変革」の文字の必要な理由を日ソ国交回復にもとめているが、石橋に言わせれば「露国は立派な立憲国であり、代議政体である」からソビエトが代議政体を否定することはありえないし、又若槻礼次郎内相のように「未来永劫今日の政体を不変でなければならぬ」というのは迷信に過ぎぬ。第三に「暴行脅迫其他不法の手段に依るのを不可とするならば聞えるが、苟《いやしく》も私有財産制度を否認せんとすれば之を罰すると言ふに至っては、全く歴史と世界の現状とを無視せるものと評さねばならぬ」。

石橋は、同誌二月二八日号において「護憲の二字を裏切る」と題して「現内閣は治安維持法と貴族院改革案にて護憲の二字を裏切れり」と加藤内閣を批判攻撃した。このような新聞、雑誌の一部が治安維持法を批判し政府の変節ぶりを攻撃したが、三年前の過激社会運動取締法案の時ほど社会に与える影響は大きくはなかった。その理由は、山川均が伝聞として紹介していることであるが、政府はこの法案の提出前に各新聞社の幹部に諒解を求めたことがあったようである。また雑誌『中央公論』が反対論文の一つも掲載しなかったこと、東西帝国大学の教授らが治安維持法に対して三年前の過激法案の時と違って批判的行動に出なかったことも注目されてよい。

(三) 政界の反対運動

衆議院では二月一九日与党憲政会の中野正剛ら、革新倶楽部の清瀬一郎、星島二郎ら、政友会の有馬頼寧、安藤正純ら衆議院議員一三名が治安維持法反対の声明書を発表した。実業同志会は、政党で唯一つ挙党一致で反対を申合わせた。

同日、夕方の本会議で星島、安藤、清瀬、田崎信蔵、有馬、山口政二、前野芳造らが次々に若槻内務大臣、小川平吉司法大臣を攻めたが、法案は二八名からなる特別委員会に付託された。

しかしこの委員会での反対者は星島と山枡儀重二人のみであった。

若槻内務大臣と小川司法大臣は特別委員を説得するため、非公式の懇談会を開いた。若槻は、「政体」を削除することで反対者の合意を得たと言われた。

三月一日、内閣は法案第一条の「若ハ政体」を削除することで与党三派の諒承をえた。

法案の付託を受けた特別委員会は、二月二三日から三月六日まで七回の審議を行った。最後の三月六日には清瀬一郎が審議延期、法案撤回の二つの動議を提出したが、結局与党三派の修正案が可決され、続いて三月七日衆議院本会議は二四六対一八の大差で治安維持法を可決した。反対した一八名の議員の名をあえてあげておきたい。

尾崎行雄、清瀬一郎、星島二郎、湯浅凡平、田崎信蔵（以上革新倶楽部）。

今里準太郎、山本慎平、佐藤潤象、板東幸太郎、本田義成、畔田明（以上中正倶楽部）。

武藤山治、前野芳造、森田金蔵、古林喜代太（以上実業同志会）。

猪野毛利栄、湛増庸一、菊池謙二郎（以上無所属）。

山枡儀重や中野正剛のように最初反対しながら最後には賛成した議員もいた。

三月一一日、治安維持法案は貴族院に回付され、一九日法案は可決された。反対は唯一人、徳川義寛議員のみであった。

なおこの項目は、木坂順一郎「治安維持法反対運動」下（『日本史研究』一一九号）を参照した。

4――治安維持法の変遷と果たした役割

（一）京都学連事件

治安当局は治安維持法違反第一号として、京都学連事件の強制捜査を開始した（一九二六年一月一五日）。

これは、前年一二月検事総長小山松吉、司法次官林頼三郎、各控訴院長、各地検検事正、各府県特高課長等

が司法省に集まり、秘密会議を開き、捜査方針を認めた結果といわれる。

河上肇、河野密、新明正道、山本宣治ら学者・社会運動家が勾引されたり、家宅捜索を受けた。京都大学二〇名、東京大学四名、同志社大学四名、慶應大学・大阪外大各二名、日大・明治学院・早稲田高等学院・関西学院・神戸高等商業・第三高等学校各一名（卒業者や中退者を含む）など計三八名が検挙された。

予審は、被告人三八名全員を治安維持法「協議」罪違反で公判に付すことを決定した。ほかに七名を出版法違反で、他の一名を不敬罪で公判に付すことに決定した。

具体的に言えば、起訴事実は第一に三八名について「私有財産制度ヲ否認スル」目的を持って「其ノ目的タル事項ノ実行ニ関シ協議ヲ為シタ」ことである。「国体ノ変革」を目的としていないところに特徴があった。

公訴事実の第二は、太田遼一郎ほか六名に対する出版法違反事件である。

第三の公訴事実は石田英一郎（後に歴史民族学を専攻し日本民族学会会長）に対する不敬罪であった。

第二、第三の公訴事実については、大正天皇の御大葬のため昭和二年二月七日大赦令が発せられ、免訴の言渡しを受けることになった。

石田英一郎は男爵であったが、爵位を返上して公判に臨んだ。不敬罪を問われた真相は、一九二二（大正一一）年七月一三日の日記に皇室を崇拝する必要がないということを記していたこと、また同年一〇月三一日の日記に御真影（天皇・皇后の写真）に敬礼したり、教育勅語朗読を謹んで傾聴し、「君が代」を合唱するなどということは実に愚かなことであるという趣旨のことを書いていたことが弾劾されたのであった。

一九二七（昭和二）年五月三〇日、第一審を担当した京都地裁は被告人三七名全員（一名は、疾病のため審理不能で公訴棄却）を治安維持法第二条の「私有財産否認」を目的とした「協議」として有罪判決を言渡した。刑は、禁錮一年が最高で二二名が実刑、禁錮八ケ月の被告人一五名には執行猶予がついた。

被告人と検察官双方から控訴がなされ、審理は大阪高等裁判所に移った。被告人等の中には、三・一五事件、四・一六事件にも関係して起訴され、一審有罪判決をうけ控訴した者もいた。大阪高裁は、京都学連事件と三・一五事件、四・一六事件を併合して審理し、全体として一審よりはるかに厳しい有罪判決を下した。一審と異なり、非党員は禁錮刑のままだったが、共産党加入者には懲役刑が選択された。

さらに上告した被告人等もいたが、上告は棄却された（伊藤孝夫「学連事件の裁判過程」『京都大学法学部百周年記念論文集』第一巻所収、参照）。

（二）治安維持法改正案と緊急勅令

一九二八年（昭和三年）四月二五日、司法省と内務省は、治安維持法改正案を閣議に提出した。その内容は、次の通りであった。

第一条　国体ヲ変革スルコトヲ目的トシテ結社ヲ組織シタル者又ハ結社ノ役員其ノ他指導者タル任務ヲ担当シタ者ハ死刑又ハ無期若ハ五年以上ノ懲役若ハ禁錮ニ処シ情ヲ知リテ結社ニ加入シタル者又ハ結社ノ目的遂行ノ為ニスル行為ヲ為シタル者ハ二年以上ノ有期ノ懲役又ハ禁錮ニ処ス

私有財産制度ヲ否認スルコトヲ目的トシテ結社ヲ組織シタル者又ハ情ヲ知リテ結社ニ加入シタル者若ハ結社ノ目的遂行ノ為ニスル行為ヲ為シタル者ハ十年以下ノ懲役又ハ禁錮ニ処ス

前二項ノ未遂罪ハ之ヲ罰ス

この法案の特徴は、第一に「国体変革」の罪と「私有財産制度否認」の罪を二分し、前者に死刑を新設したことである。

第二に、「国体変革」および「私有財産制度否認」を目的とする「結社ノ目的遂行ノ為ニスル行為ヲ為シタル者」をも治安維持法違反行為として処罰する規定を設けたことである。

改正案は、一九二八年四月二三日からの第五五特別議会に提出され、四月二八日の本会議に於いて、原嘉道司法大臣が治安維持法改正案の趣旨を説明したものの審議未了で廃案になった。

しかし、司法当局は、治安維持法の改正を諦めなかった。田中義一内閣は、議会を通過しなかったので緊急勅令としての成立を企図し、六月一二日治安維持法改正緊急勅令案（下記）を枢密院に諮詢した。枢密院は、枢密院官制により規定されており、大日本帝国憲法第五六条によれば「枢密顧問ハ枢密院官制ノ定ムル所ニ依リ天皇ノ諮詢ニ応ヘ重要ノ国務ヲ審議ス」と定められていた。

枢密顧問官は、当時二十数名いたといい、賛成の者、反対の者もいたようであるが、最終的には賛成二四、反対五の割合で成立に至った。一九二八年六月二九日治安維持法緊急勅令が公布・実施された。

治安維持法中改正ノ件

治安維持法中左ノ通改正ス

第一条①国体ヲ変革スルコトヲ目的トシテ結社ヲ組織シタル者又ハ結社ノ役員其ノ他指導者タル任務ニ従事シタル者ハ死刑又ハ無期若ハ五年以上ノ懲役若ハ禁錮ニ処シ情ヲ知リテ結社ニ加入シタル者又ハ結社ノ目的遂行ノ為ニスル行為ヲ為シタル者ハ二年以上ノ有期ノ懲役又ハ禁錮ニ処ス

②私有財産制度ヲ否認スルコトヲ目的トシテ結社ヲ組織シタル者結社ニ加入シタル者又ハ結社ノ目的遂行ノ為ニスル行為ヲ為シタル者ハ十年以下ノ懲役又ハ禁錮ニ処ス

③前二項ノ未遂罪ハ之ヲ罰ス

第二条中「前項第一項」ヲ「前条第一項又ハ第二項」ニ改ム
第三条及第四条中「第一条第一項」ヲ「第一条第一項又ハ第二項」ニ改ム
第五条中「第一条第一項及」ヲ「第一条第一項第二項又ハ」ニ改ム

(三) 三・一五事件、四・一六事件と日本労農弁護士団事件

京都学連事件以後、治安維持法の運用にとって著名な事件として三・一五事件と四・一六事件がある。

三・一五事件とは、一九二八（昭和三）年三月一五日を期して行われた共産党弾圧事件である。全国的に労働農民党、全日本無産青年同盟、日本労働組合評議会、日本農民組合など共産党と関係があるとみなされた団体の事務所や個人の家に対する一斉手入れが行われた。

全国で三、四二六名が検挙され、五二五名が起訴された。次のいわゆる四・一六事件は、一九二九（昭和四）年四月一六日を期して全国的に捜索が行われた共産党弾圧事件で約四、九四二名が検挙され、三三九名が起訴された。三・一五事件の裁判は、岡山、名古屋、福岡、長野、小樽、神戸、京都、新潟、大阪の各地裁で裁判が行われたが、中央及び東京グループについては、東京地裁の予審終結が遅れた結果、続いて生じた四・一六事件の予審と合一せざるを得なくなり、予審は更に遅れ、一九三〇（昭和五）年四月二八日にやっと予審が終結し、中央及び東京グループについての第一回公判は、翌一九三一（昭和六）年六月二五日に開かれたが、参加すべき被告人の人数は二八〇名の多数で被告人等は公開裁判を要求した。今村力三郎弁護士や末弘厳太郎東京帝大教授は公開裁判を支持した。

裁判所は、訴訟を円滑に進行させるために公開裁判を認めた。しかし、二八〇名の被告人の裁判を一人一人行うと長期裁判にならざるを得ない。そこで裁判官、検察官、弁護人と被告人から選ばれた法廷委員が何

回も打合わせを行い、その結果、総論を被告人の代表が陳述することとし、他の者は代表陳述を繰り返すことなく、代表陳述のあと各被告人の事実審理に入ることでまとまった。

一九三二（昭和七）年一〇月二九日第一審判決が下され、共産党の指導者の鍋山貞親、佐野学、市川正一、三田村四郎らに無期懲役、国領五一郎、高橋貞樹に各懲役一五年、砂間一良が同一二年、徳田球一、志賀義雄、杉浦啓一、福本和夫はそれぞれ同一〇年の実刑有罪判決が下された。被告人等は控訴した。

東京控訴院は、一九三四（昭和九）年五月一一日佐野ら転向組に、市川ら非転向組に対し同年七月九日分離した判決を言渡した。

佐野、鍋山、三田村（転向組）に懲役一五年、高橋（転向組）に同九年、杉浦に懲役八年の減刑判決を下した。市川ら非転向組に対する判決は一審と同一であった。非転向組の市川らは上告した。同年一一月六日大審院は市川、国領、砂間、徳田、志賀、井之口政雄（懲役八年）、上野謙吉（同九年）、竹内文治（同四年）、間庭末吉（同七年）について上告を棄却した。転向組と非転向組への司法の対応の相異が顕著な判決であった。

三・一五事件など、治安維持法違反事件を弁護した弁護人もまた治安維持法違反（「目的遂行行為」）で起訴された日本労農弁護士団事件の存在も忘れられてはならない。

この事件は、日本労農弁護士団に属する梨木作次郎、上村進、神道寛次、三浦次郎、大森詮夫、布施辰治（当時、弁護士資格を失っていた）、河合篤、青柳盛雄、窪田貞三郎、土屋英雄、角田儀平治、蓬田武らの弁護士が一九三三年に、治安維持法違反で起訴され、有罪判決を受けた事件である。

上記弁護士の内、上村、神道、角田、蓬田は一審実刑で、控訴して執行猶予がついた。

関西では、井藤誉志雄と垣見周瑞の両弁護士が起訴され、それぞれ執行猶予付有罪判決を受けたようである。治安維持法違反の被告人を弁護する弁護士も同罪とする苛酷な強権的治安政策は、以後、同法違反被告人をその立場を理解して弁護活動をする弁護士を法廷から追放する効果をもたらした（森長英三郎「日本労農弁護士団事件上・下」『史談裁判』一九六一年、日本評論社参照）。

（四）思想犯保護観察法

思想犯保護観察法（一九三六年五月二九日成立。同年一一月二〇日施行）は、形を変えた治安維持法改正である。内容は、要略次のようなものである。

（イ）治安維持法違反者で刑の執行猶予の言渡しがあった場合、または起訴されなかった場合に、保護観察審査会の決議により保護観察に付する。

保護観察は、刑の執行を終了した者、仮出獄を許された者にも行われる。

（ロ）保護観察では、「本人ヲ保護シテ更ニ罪ヲ犯スノ危険ヲ防止スル為其ノ思想及行為ヲ観察スルモノトス」（第二条）。

保護観察の実際は、保護観察所の保護司が行う場合、保護者に引き渡して行わせる場合、保護団体、寺院、教会、病院などに委託して行う場合の三つに分けられる。

（ハ）保護観察に付される者は、「居住、交友又ハ通信ノ制限其ノ他適当ナル条件ノ遵守ヲ命」ぜられることがある（第三条）。

保護観察の期間は、二年として必要があれば保護観察審査会の決議で更新される定めとされている。保護観察所は全国に二二カ所あり、所長には思想検事が就いた。

保護観察の数としては、一九三六年一一月から四四年六月までの通算で、保護観察所が受理した者は八、七一〇名、保護観察所が保護観察審査会に審査を求めた者の数は、五、三五三名という数字がある（「思想犯保護観察制度に関する諸統計」『治安維持法関係資料集』第三巻一五〇六頁）。

受理の内訳は、起訴猶予者四、一三五名、執行猶予者二、四四九名、満期釈放者一、〇六七名、仮釈放者一、〇五九名である。

（五）治安維持法の全面改正

一九四一年の第七六回帝国議会において治安維持法の全面改正が行われた（一九四一年三月一〇日公布）。新治安維持法の制定といえる内容であった。その内容は次の通りである。

（イ）「国体変革」を目的とする罪と「私有財産制度否認」を目的とする罪とを分けて規定し、前者については死刑の他懲役刑とし、禁錮刑を外した。

（ロ）国体変革を目的とする支援結社すなわち共産党の外郭団体に罰則を設けた。

（ハ）国体変革を目的とする結社の「組織を準備することを目的」とする結社、いわゆる準備結社に関する規定が新しく設けられた（第三条）。

（ニ）国体変革を目的とした集団に対する罰則を設けた（第四条）。

これは、研究会や読書会などを取締まることのできる規定であるが、従来取締まってきていた現実をあらためて法律上追認したものといえる。

（ホ）結社にも集団にも関係のない個人が国体変革の目的で宣伝したりその他その目的遂行のためにする行為をした場合に、これを処罰する規定が新しく設けられた（第五条）。

（ヘ）「国体を否定し又は神宮若しくは皇室の尊厳を冒涜すべき事項」の流布を目的とした結社に罰則を設けた。いわゆる類似宗教団体の取締りである（第七条）。

治安当局は、宗教団体を弾圧してきたが、何れの宗教団体も「国体変革」の積極的思想を扱ってはいなかった。そこで治安当局は「国体の否定」という文言を持ち出してきたといえる。

新治安維持法は次に刑事手続きに特例を導入した。
(イ) 裁判所の令状なしに検事に召喚、勾引、勾留、訊問する権限を与えた。
(ロ) 治安維持法違反事件において弁護人は、「司法大臣ノ予メ指定シタル弁護士」の中から選択する二名以内の選任に限定した。
(ハ) 裁判管轄の移転請求ができる場合を拡張し、例えば特定の裁判所の思想係専門の裁判部に事件を移すことを認めた。
(ニ) 治安維持法違反事件は、控訴を認めず一審と上告審のみとした。
(ホ) 予防拘禁制度の導入。
徳田球一や志賀義雄など非転向組が一九四一年中に刑期が切れる対策として急がれていたといわれる。
ここで、治安維持法が敗戦前、日中戦争中や太平洋戦争中を含めていかに猛威を振るっていたかについて参考までに著名な弾圧事件を次にあげる。

第二次大本教事件(一九三五年検挙)
コム・アカデミー事件(一九三六年検挙)
新興仏教青年同盟事件(一九三七年検挙)
労農派教授グループ事件(一九三七年検挙)
唯物論研究会事件(一九三八年検挙)
天理研究会・本道事件(一九三八年検挙)
灯台社事件(一九三九年検挙)
企画院事件(一九四一年検挙)

このような有名事件の陰に、地方を含めて全国的にはこの何十倍、何百倍の弾圧事件があったことを知らなければならない。

（六）果たした役割

治安維持法の根底にある思想・理念は、いわゆる国体の根幹をなす天皇の統治権の絶対性、不可侵性である。一九三五年（昭和一〇年）憲法学者美濃部達吉の天皇機関説を排撃する風潮の中で、指導権を握ろうとした立憲政友会、軍部、右翼が岡田啓介内閣に迫って表明させた政府声明がその象徴ということができる。この政府声明は、一九三五年八月三日の第一次政府声明において「我が国体は天孫降臨の際下し賜へる御神勅に依り昭示せらるる所にして、万世一系の天皇国を統治し給ひ」とあり、さらに同年一〇月一五日第二次政府声明において「抑々我国に於ける統治権の主体が天皇にましますことは我国体の本義にして帝国臣民の絶対不動の信念なり」とし、統治権の主体を天皇にありとし、天皇は国家の機関であるとする天皇機関説は「神聖なる我が国体に悖り、其の本義を愆《あやま》るの甚しきものにして厳に之を芟除《さんじょ》せざるべからず」という表現に明らかである。

いうなれば、神話に基づく統治の正当性を絶対に疑ってはならないとする国教であり、到底近代国家の立法の理念とほど遠いものといわざるをえない。

治安維持法が存在した一九二五年四月から一九四五年一〇月一五日までの日本は、思想・表現の自由、信教の自由、学問の自由、集会・結社の自由を権力で禁止された暗黒社会であったということができる。

筆者の少年時代、「そんなことを言ったら憲兵がくるよ」と言う言葉を時々耳にした。太平洋戦争も末期の頃であった。これは、憲兵、特高警察、思想検事等によって国民の自由な発言や行動が監視され、抑圧されていたことをよく物語っている。

大日本帝国憲法の体制の価値観と異なる価値観を持つとみなされた者又はそのように疑われた者は容赦なく警察の取調べを受け、拘束され、刑事裁判にかけられ、投獄された。しかも刑期が終了しても予防拘禁されたりした。日本列島を恐怖の監獄列島に陥れていた源が治安維持法であった。

一九四五年太平洋戦争敗戦の時、ポツダム宣言受諾を遅らせたのも「国体」が護持されるかどうかということにあった。

連合国側へ照会している間に広島、長崎に原爆が投下され、さらにソ連の参戦があり、遂に政府は御前会議での昭和天皇の決断もあり、ポツダム宣言を受諾した。

国体観念の存在が日本国民の生命を最後の最後まで翻弄したといえる。

第5●横浜事件と再審請求と再審裁判

横浜事件には、じつは二つの流れがある。第一は、世界経済調査会（川田寿ら）の事件である。第二は、細川嘉六の雑誌『改造』掲載論文と「泊会議」の事件である。

1――世界経済調査会（川田寿ら）の事件

一九四一年太平洋戦争開始の一〇カ月前の二月、国際汽船「鹿野丸」に乗って、アメリカに留学していた川田寿が定子夫人と帰国した。川田は帰国後、世界経済調査会の主事の仕事をしていたが、帰国後一年八カ月たった四二年九月一一日、神奈川県特高警察に妻と共に逮捕された。川田は、茨城県の旧家の次男で、父親は大地主、父母はクエーカー派のクリスチャンであった。

川田は、慶應大学経済学部に進み、マルクス主義研究会に所属、学生運動に参加し、警官に逮捕されたこともあった。治安維持法の弾圧が強化されていくなか、親戚の風見章（その後、第一次近衛文麿内閣の書記官長）が心配して外国留学を勧め、ペンシルバニア大学に入学し、金融論の勉強をする一方、労働運動にも参加した。神奈川県特高警察は、川田をアメリカ共産党員とみて逮捕したのであった。川田の兄、川田茂一も逮捕された（不起訴）。川田の職場の高橋善雄（同調査会嘱託、ソ連研究班、獄死）、益田直彦（同調査会主事、ソ連研究班長）、関口元（元調査会、不起訴）、諸井忠一（同調査会主事、不起訴）らも次々と逮捕された（益田直彦は、治安維持法違反で起訴され有罪判決を受けた）。そして、満鉄調査部の人々にも捜査が及んだ。世界経済調査会とは、経済界の有力団体、日本経済連盟会（理事長は財界の雄、郷誠之助男爵）の対外事務局が前身で、もともと体制的調査機関であった。

当時、同調査会の理事長で元大物外交官の澤田節蔵は、『澤田節蔵回顧録』（有斐閣、一九九五年）の中で、川田寿とこの事件のことに触れて次のように記述している。

「人事を担当していた鮎沢理事が、或る時フレンド教会関係の知り合いで米国留学から帰ったばかりの茨城の旧家出身の青年を資料課長に採用した。英語もよくする温順な人物でなかなかよく勤めてくれたのだが、ニューヨーク在住中米国の労働運動を研究して米国の共産党員と親しくしたことがあるといった理由で鮎沢理事ともども横浜の警察に引っ張ってゆかれた。資料課長は実にきつい査問を受け留置されてしまった。調査会にソ連委員会のあることを知った特高警察は、ついでにここをつついてみようというふうに考えたらしく、ソ連を研究している者三人を呼び出してひどい査問を行った。心を痛めさせられる思いである。同じころ、憲兵士官及び警察の者が何回か私を訪ね、時局問題につき私の所見を問いただしたことがあった。フレンド教会に出入りしてきた私は、絶対平和主義者であろうし、英米に長く居たから敵国びいきであろう。調査会で共産経済を調査研究させているのだから日本の共産化を考えているのであろう。彼等の話し合いから推察すると、そういう筋を作り上げたいようであった。戦争で多数の人が死ぬのは陛下も望まれないとか、私が長々としゃべると引き揚げてゆくが、また同じようなことが繰り返され、彼等も私につかみ所を見つけかねたのか、憲兵隊に連れて行かれることもなく、そのうちに来なくなった。

戦後、石川達三が『風にそよぐ葦』と題する小説を毎日新聞に連載したが、この中には、世界経済調査会の事件も関係者の名で出ている。いわゆる平和主義者とか、自由主義者が官憲にいじめられた時代のことである。」（同書二三四頁）

当時の時代の雰囲気が伝わってくる。

2——細川嘉六の論文と「泊会議」

太平洋戦争のさなか、細川嘉六（政治評論家）の「世界史の動向と日本」が雑誌『改造』の四二年八月号、九月号に掲載された。この内容が共産主義の宣伝であるとして、警視庁が細川を治安維持法違反で逮捕した。『改造』は発禁処分とされ、続いて神奈川県警特高が『改造』や中央公論社の関係者等を共産党再建の準備の会合を開いたと次々に逮捕した。長期間勾留し、筆舌に尽くしがたい苛烈な拷問で自供調書を作り上げ、幻の共産党再建準備会の存在をデッチあげ、治安維持法違反容疑で起訴し、無実の被告人らに有罪判決を下した事件である。官憲が共産党再建準備会と勝手に称した「泊会議」は、細川嘉六が日頃世話になった『改造』や中央公論社などの編集関係者を、郷里の富山県泊（現在、朝日町）の旅館に招いて催した慰労の会のことであった。

官憲は、その時、紋左旅館の中庭で撮影された写真を家宅捜索で押収し、鬼の首でも取ったように喜び、共産党再建準備会議の証拠とみなした。

この写真に写っていた人は、招待側細川嘉六以外では、『改造』の編集者相川博（起訴、有罪）、小野康人（同）、中央公論社編集部員木村亨（同）、満鉄東京支社調査室の平館利雄（同）、西澤富夫（同）、東京新聞社（元東洋経済新報社）の加藤政治（同）であった。

中央公論編集部関係では、逮捕勾留されていた浅石晴世は、獄中で拷問のため死亡した。同じく、和田喜太郎も獄死、世界経済調査会の高橋善雄も獄死、右写真を撮影した満鉄東京支社調査室の西尾忠四郎も保釈後死亡している。死屍累々といってよいありさまである。

横浜事件では、三十数名が起訴され、三二名以上が有罪判決を受けた。事件の背景には、近衛文磨の影響力を根絶しようとする平沼騏一郎の陰謀があったという指摘がある。横浜事件の何名かの被疑者、被告人の弁護にあたった海野晋吉弁護士は、この点を次のように指摘していた。

「警保局長唐沢俊樹は、横浜事件の特高からの報告によって逮捕者の中に近衛文麿のブレーン組織だった昭和研究会付属の青年研究者養成機関である昭和塾の関係者が数人いることを発見し、これを大事件にかためることで近衛勢力に打撃を与え、これを手みやげに平沼騏一郎に接近し、平沼内閣のできたときは大臣にでも用いてもらおうと考えたというのである。」（『弁護士海野晋吉』非売品　一九七二年、一五〇頁）

3――特高警官の暴行凌虐行為

横浜事件における拷問は凄惨を極めた。木村亨の場合、本人の「口述書」によると、特高警官松下英太郎、柄沢六治、森川清造、佐藤兵衛、荒木某、赤池某の暴行凌虐行為として次の記述がある。
（イ）昭和一八年五月二六日午後五時頃。山手警察署二階取調室土間　暴行人　柄沢六治、佐藤兵衛ほか八名（全十名位）。
柄沢「生かしちやかえさぬからさう思へ、こいつめ、小林多喜二の二の舞ひを覚悟しろ！」
佐藤「よくも図々しくしてやがつた。横浜つてどんなところか思い知らせてやる！」
某「この野郎！　往生際の悪いやつだ！」
等々の言葉を合図に竹刀、梶棒、竹刀のバラ、泥靴、等を手に手に告訴人の頭、顔、背、膝、手、足を滅多打ち、約一時間全身疼痛はげしく発熱あり。
（ロ）昭和一八年五月二七日午前一〇時頃。場所土間。暴行人　森川、赤池ら七、八名。
森川「きさまらは殺してもかまわんのだ。よくも生きのびて来やがつた。さあ泊のことを言つてみろ！よし、言わなきや言わせてやる！」
と叫びざま、顔、頭、背、腹、手足などを竹刀、椅子のコワレ、梶棒等で強烈になぐりつけ泥靴で身体中をける。約一時間。
森川「ようし、そのまま一年ぐらい中で考へておけ！」
看房へ突ッ返へされたが、全身黒ニエに腫れ上り疼痛激しく同夜より痔疾悪化出血多し。
（ハ）昭和一八年五月三〇日午前一一時頃同所で　暴行人　森川、赤池。
森川「この聖戦下によくもやりあがつたな！」というから「何ですか」と聞き返す告訴人を竹刀のバラで顔面、頭を目茶苦茶になぐりつけ、泥靴で頭をふみつけ、「きさまのところの妻君が弁当をもつて来たがこんなものは食はせるわけにゆかん……みておれ」と目の前で差入れ弁当を自ら食つてしまつた。

（ニ）昭和一八年八月六日午後八時頃同所　特高室右隅土間　暴行人森川、荒木両名。
森川「この野郎、よくも黙つてやがつた！」「生かしちやおかんから覚悟を決めろ！」等と脅迫し、棍棒、竹刀のバラなどを手に、告訴人を真裸にして角のついた棍棒を横に並べた上に正座させ、全身真黒にニエ、腫れ上つて歩行困難となるまで暴行、約二時間。看房に帰された折は、さすがの看守もびつくりして同房内のものがバケツに水をくんで身体を冷やすことを許可した。発熱疼痛甚しく出血あり、衣類は泥まみれとなり、所々を引きさかれてゐた。
（ホ）昭和一八年八月末日午前一〇時頃。場所二階取調室土間。暴行人　森川、佐藤、赤池、荒木ら七、八人。ロープ（三条のもの）、竹刀、そのバラ、棍棒、椅子のコワレ及びバケツに水三杯。
森川「泊の党再建会議で何をしとつた！　名和と会つてどうした！　党の組織を言へ、言はぬと殺してしまうぞ！」告訴人を裸にして縛り上げ正座させた両足の間に太い棍棒をさし込みひざの上に乗つかゝり、グイグイもゝに喰い込むところをみはからつてロープ、竹刀、棍棒で全身をひつぱたくこと約一時間。疼痛甚だしく全身にわたつて黒ニエ、半失神状態で看房へかへる。横臥（以下略）。

他の被疑者に対する暴行凌虐も同様であった。女性の被疑者川田定子に対しては、「陰部を露出せしめ、棍棒で突くなどの」凌虐の限りを尽くした。「部下の警官でさえもあきれ果てて、松下警部は有名な変態性欲者であると評していました」と川田は口述書で回顧している。

4――暴行警官への告訴と有罪判決

凄惨な拷問を受けた横浜事件の被害者は、敗戦後、横浜拘置所のあった地名「笹下《ささげ》」にちなんで「笹下同志会」を結成した。そして特高警官の人権侵害の責任追及の方針を立て、被疑者の体験を述べた口述書を多数作成した。一九四七年、被疑者達は、拷問特高警官三〇人を「特別公務員暴行陵虐罪」で横浜地検に告訴した。横浜地検は、被疑者益田直彦の関係で、特高警官のうち、松下英太郎、柄沢六治、森川清造の三名のみを横浜地裁に同罪で起訴した。そして一九五二年前記三名に対する有罪判決(それぞれ懲役一年六月、懲役一年、懲役一年)が最高裁判所で確定した。ところが三名は実刑であったにもかかわらず、同年四月二八日対日平和条約が発効し大赦令が発せられ、特赦で服役を免れていたことが後に判明した。

5——再審請求と再審裁判

横浜事件の被害者の悲願は再審請求を行い、無罪判決を得ることであった。再審請求弁護団(弁護団長森川金寿弁護士)は、一九八六年七月三日、青山鉞治ら九名を請求人(元被告人六名と遺族三名)として第一次再審請求を横浜地裁へ行った。理由は主として、拷問による自供にもとづく冤罪を晴らすということであった。

横浜地裁は、再審請求を棄却した。その理由は、①裁判記録がない、②拷問を主張するが、有罪判決を受けた特高刑事が拷問した相手は益田直彦で、再審請求人ではないというものであった。即時抗告も棄却された。裁判所は、記録がないというが、ポツダム宣言受諾からアメリカ軍の進駐までの間に国側が意図的に焼却してしまった形跡がある。

横浜地裁も、「当裁判所の事実調べの結果によれば、太平洋戦争が敗戦に終わった直後の米国軍の進駐が迫った混乱時に、いわゆる横浜事件関係の事件記録は焼却処分されたことが窺われる」と認めた。

再審請求で、記録のない不利益を再審請求人に負わせるのは理不尽で、不公平極まりない。その後、木村亨は、森川金寿弁護士とたびたびジュネーブの国連人権委員会へ赴き、現地のホテルの部屋でかつての特高警官の拷問を再現して世界の人々に訴える努力をしたり、人権委員会でスピーチを試みたりの努力を続けた。

第二次再審請求は、小野康人（雑誌『改造』編集者）の遺族により行われたが、これも即時抗告、特別抗告を含めて棄却された。さらに小野の遺族は第四次再審請求を行った。

木村亨は、第三次再審請求を精力的に準備したが、一九九八年七月一四日亡くなられた。そこで、板井庄作（電気庁長官官房総務課技師）が元被告人の仲間畑中繁雄、勝部元および五遺族と共に、同年八月一四日第三次再審請求を行った。しかし、元被告人たちも亡くなり、残った再審請求人は、木村亨の妻木村まき、小林英三郎の妻小林貞子、由田浩の妻由田道子、高木健次郎の長男高木晋（但し、平成一九年九月二日死亡）、平舘利雄長女平舘道子であった。

第一次再審請求で救済されていれば、本人たちも何人か生存していてどんなに喜ばれたかしれない。そう考えると司法は残酷である。

横浜地裁は、二〇〇三年四月一五日、再審開始を決定した（板井は、直前の三月三一日惜しくも亡くなられた）。理由は、ポツダム宣言の受諾により、治安維持法第一条、第一〇条は実質上失効していたから免訴にすべきであったのに有罪判決を下したのは間違いであるから再審を開始するというのであった。

検察官は、上記決定に対し即時抗告を行った。東京高裁は、約二年間音沙汰無しの構えであった。率直に言って、再審請求人の中には抗告審の東京高裁第三刑事部に不安を抱く者もいた。ところが、東京高裁は、二年間の沈黙の末、検察官の即時抗告を棄却し、再審開始決定を維持した。その理由は、横浜地裁と異なった。東京高裁は、確定判決の根拠となった自白が拷問によることを示す木村亨ら多数の口述書、板井庄作書面、陳述書、さらには特高警官（松下英太郎、柄沢六治、森川清造三名）の特別公務員暴行陵虐事件（直接的には益田直彦に対する残虐行為）の有罪確定判決などをもって「無罪を言渡すべき新たに発見した明確な証拠」であるとした。

拷問による虚偽自白の主張に真っ正面から向き合ったこの決定は、再審請求をした人々が口々に訴え、生前最も強調してきたところである。検察官は、上記決定に憲法違反を見出すことができず、特別抗告を断念し、再審開始決定が確定し再審公判が開かれたのである。

いよいよ再審請求人等が待ちに待った再審公判が開かれた。しかし、第一審判決（横浜地裁第二刑事部二〇〇六年二月九日）も、第二審判決（東京高裁第八刑事部二〇〇七年一月一九日）も、上告審判決（最高裁第二小法廷二〇〇八年三月一四日）の何れもすでに治安維持法が廃止されていることなどを理由に「免訴」判決（旧刑事訴訟法第三六三条）を下した。裁判所は、戦時中の先輩裁判官の下した判決と向き合うことを避けたのであった。いわば逃げたのである。司法の戦争責任と真摯に向きあおうとする誠意も責任感も欠いていたのであった。

第三次再審請求弁護団は、二〇〇九年五月二九日、横浜地裁に対し刑事補償請求を行った。

第6●横浜事件再審裁判の意味するもの

1――被告人等の無罪を認めた刑事補償決定

横浜地裁第二刑事部（裁判長大島隆明、陪席水木淳・五島真希）は二〇一〇年二月四日、横浜事件の刑事補償決定において、元被告人の実質無罪の判断を下した（この決定を便宜上、以下大島決定という）。かつて確定事件で、治安維持法第一条後段（国体の変革）、第一〇条（私有財産制度の否認）違反で有罪判決を受けた被告人四名に対し、今回の大島決定は、結論として次のように述べる。

「以上の検討からすれば、被告人四名の予審終結決定書に記載されたであろう事実について、現存する資料を元に、確定審当時存在したであろう証拠を検討しても、いずれも、その各行為がコミンテルン及び日本共産党という結社の目的遂行のために行われたとの主観面の点は、到底これらを認定することはできなかったというべきである（以下略）」。「大赦及び刑の廃止という事実がなく、再審公判において裁判所が実体判断をすることが可能であったならば、被告人四名とも無罪の裁判を受けたであろうことは明らかであり、刑事補償法第二五条一項の『無罪の判決を受けるべきものと認められる充分な理由』があったものということができる。」

この決定に基づいて、各請求人に対し、現行補償額で容認される最高額の一日一万二千五百円の補償額を拘束日数に対して決定した。

拷問警官の犯罪事実は、大島決定も引用している東京高裁の認定によると、凄惨なものであった。各被告人を有罪とする証拠は、判明している限り、自供による以外に見出せず、その自供が拷問により得られたものとすると、旧刑訴法の下でも信用性は否定されるべきものであると大島決定は述べた。さらに本件再審手続には、旧刑訴法のみでなく日本国憲法の施行に伴う刑事訴訟法の応急措置に関する法律（昭和二二年法律第七六号。以下「応急措置法」という）が適用される結果（刑事訴訟法施行法二条）、「強制、拷問若しくは脅迫による自白又は不当に長く抑留若しくは拘禁された後の自白は、これを証拠とすることができない」とする応急措置法一〇条二項規定から、再審公判段階では、拷問等により得られた任意性のない供述は証拠となし得ず、証拠から排除して有罪判決ができるか否かを判断すれば足りることになると論じ、関係証拠を検討して、「出席者の供述以外に、会議のメモや共産主義運動の方針を取りまとめた文書等の客観的な裏付証拠がなかったことは、各訊問調書においてそれらへの言及がされていないことからも明らかであり、自白の真実性を担保する証拠があったとは認められない」と断じた。

大島決定は、請求人の提出した証拠、資料を精査して確定判決の権力犯罪性・虚構性を可能な限り解明したものといえる。

大島決定は、終わりの箇所で特に「警察、検察及び裁判の各機関の故意過失等」の項目を設け、横浜事件の捜査を担当した神奈川県警察部特別高等課の「故意に匹敵する重大な過失」、検察官の「過失」、予審判事の「過失」、公判判事の「過失」を具体的理由を挙げて認めていることは、再審請求人が長年訴えてきたところで、やっと裁判所に認めてもらえたことで評価できる。

また、横浜事件の再審請求はそもそも検察官が早期に再審請求すべき事件であったことを強く指摘しておかなければならない。

前述の通り、横浜事件で被告人に拷問を加えた特高警官が一九四七年に特別公務員暴行凌虐罪で告訴され、一審の有罪判決が四九年に宣告され、確定したのが五二年である。検察官が公益の代表者として五二年には率先して横浜事件の被害者の再審請求をすべきであったのだ（検察庁法第四条、刑事訴訟法四三五条一項七号、四三九条一項一号）。これが行われていれば、権力のない被害者達が長年犠牲を払って度重なる再審請求をしなくても済んだのである。この点でも戦後の我が国の検察の重大な責任を指摘しなければならない。

大島決定は、刑事補償手続きの決定の中で、戦時下の国家犯罪を明るみにしたといえる。横浜事件は、司法が国策に追随（今日でいう「国策捜査」）し、人権を顧みない結果が一層当時の国民を不幸に陥れたということもできる。

2――免訴に執着した再審裁判の意味

（一）「免訴」にこだわり「無罪」を拒んだ裁判所の責任

第一次再審請求は、請求人九名（被害者と遺族）により一九八六年になされた。この当時は、未だ相当数の被害者が現存していた。数次の再審請求で提出された証拠に大きな相異はなかった。もし裁判所が、刑事再審手続きが人権救済のためにあるという理念を正当に理解し、免訴ではなく無罪判決を下していたら、免訴判決の確定後に改めて刑事補償請求で「免訴の裁判をすべき事由がなかったならば無罪の判決を受けるべきものと認められる充分な事由」を改めて主張・立証する必要もなく、無辜の救済に貢献したはずであった。

裁判所は、無罪の主張、違憲の主張を拒否して免訴に執着した。

上記最高裁第二小法廷は、免訴にした理由の中で、免訴でも刑事補償法二五条により刑事補償が受けられるなどと弁明している。確かに刑事補償法により補償の決定は受けたが、その後の費用補償請求に対しての二〇一〇年三月四日付横浜地裁第二刑事部の決定によれば、刑事訴訟法一八八条の二第一項は、費用補償をすべき場合を無罪判決が確定したときに限り、公訴棄却の判決や免訴判決が確定した場合を含まないと解し、請求を棄却した。

これは、とりもなおさず本件再審公判に於いて裁判所が正面から無罪判決を下さなかったために再審請求人の被る重大な不利益の一つであり、裁判所の責任は大きいといわなければならない。

ひるがえって、再審請求関係者が、「無罪判決」を期待して判決を待った横浜地裁の判決言渡しの時、多くの人は、「免訴」と聞いて耳を疑った。地裁判決を追認した高裁、最高裁の判決に対しても同じである。

裁判所は何故このように「無罪」判決を頑なに拒み、「免訴」に逃げようとするのか。裁判所が再審制度の本質への理解を欠いていたからである。

無辜を救済するのが再審制度の理念である。従ってすでに確定判決で有罪とされた被告人を救済するには、無罪判決以外にないのである。裁判所は、プラカード事件大法廷判例を下敷きにして免訴判決をしているが、判例適用を間違えている。前者は、裁判継続中にすでに法令の改廃があった事例であり、すでに確定有罪判決のあった本件事案と異なる。

いま一つの問題がある。司法裁判でなければならないのに、政治的、行政的裁判として処理されてしまう場合である。かつて砂川事件で、米軍駐留は違憲であると判決したいわゆる伊達判決に対して検察官が跳躍上告した時、直前まで最高裁判所判事であった真野毅弁護士は、弁護団の一員として次のように述べ、裁判が行政的裁判であってはならないと最高裁を戒めた。

「最後に、全弁護人の要望に基づき力をこめて申したいことがあります。それは本件の裁判は、あくまで司法的裁判であって欲しいということであります。裏からいえば、政治的ないし行政的裁判であってはならぬということであります。」

「裁判は、申すまでもなく、良心と法律のみに拘束される裁判官が、厳格な訴訟手続きに従って法律を適用するものであります。裁判には、便宜主義や裁量主義を容れる余地は行政に比して著しく少ないのであります。四角い座布団は丸く掃かないで四角く掃くのが裁判の立前であります。これが裁判の厳格性ということであります。」(「政治的裁判を排す」『世界』一九五九年一二月号)。

また、一般的に法の解釈は、ときに多元的で複数の解釈が可能な場合がありうる。そのような場合、複数解釈のうちのどの解釈を選択するかは解釈者の主体的選択となる。戦後、一時、法学関係の学会で盛んに法解釈論争が行われたが、結局、法の解釈は、解釈者の主観や価値観が入ることを否定できないことがコンセンサスであった。

横浜事件再審裁判の手続きの場合もしかりである。

弁護人の主張や有力刑事訴訟法学者の解釈は、「無罪」判決を正当とするものであった。にもかかわらず裁判所が「無罪」の解釈をとらず、あえて「免訴」という解釈を選んだのは裁判所の主体的選択と言える。法解釈は、解釈者の主体的営為なのである。

横浜事件再審免訴判決は、無罪判決をあえて避け免訴判決という純形式判決を選択することによって、かえって裁判所の政治的体質を表現したということができる。

（二）裁判官の戦争責任と司法責任

公正な裁判には、裁判官の誠実さが求められる。昭和の巌窟王、吉田石松再審事件で、名古屋高裁小林登一裁判長は、完全無罪の判決を言い渡した後、「石松を被告人というに忍びない。自分は吉田翁と呼ぶ。先輩の誤判の罪をお詫びするとともに、冤罪を雪ぐために、あらゆる迫害に耐えて闘ってこられた不屈の精神力に深甚の敬意を表し、翁の余生に幸多からんことを祈る」と述べた（一九六三年二月二八日）。

横浜事件の再審公判では、このような裁判官の人間性や責任感、倫理観の表れに出合うことはなかった。かつて青木英五郎という裁判官がいた。大阪高裁の裁判官だった時、八海事件が冤罪であることを知り、弁護人になるため裁判官を辞め、正木ひろし弁護士ともども無罪判決を獲得するため献身された。

青木元裁判官は、『裁判官の戦争責任』（日本評論社、一九七一年）という著書を著し、「裁判官の戦争責任は、人が裁判官であることによって戦争に協力したために負わなければならない責任である。それは、彼が自ら治安維持法、不敬罪、新聞紙法、その他もろもろの事件に携わり、直接に人間の自由と尊厳に対して侵害を加え、それによって戦争に協力したといなとにかかわらない」と述べた（『青木英五郎著作集』第一巻、田畑書店、四四二頁）。

大戦末期の一九四四年、主な司法官が集まる司法官会同に東条英機総理大臣が現れ訓示をした。その内容は、一億国民の結束強化のために「思い切った措置を講ぜられんことを特に強く希望」し、もし戦争遂行上、重大な障害が生ずる措置を司法官がするようなことがあれば、まことに寒心に堪えず、その場合、戦時治安確保上、緊急措置を執らざるをえないと恫喝している（家永三郎『司法権独立の歴史的考察』四五～四八頁）。

戦前の裁判官は、「天皇の名」において裁判を行っていた。憲法上天皇は、統治権の総攬者であった。検察官も、行政官も、「天皇の官吏」として共通の意識で業務を執行していた。

当時の大抵の裁判官は、特別の事例を別にして、東条総理大臣の訓示の趣旨に従って、日常の職務を遂行し、そこに治安維持法の拡大適用も含まれていたのであった。

敗戦後、新村義広判事は、「終戦後一部の人たちから日本は生まれ変わった。この新しい時代において従来の裁判官はみな辞めたらどうか、そうすべきだ、という意見が出ました。これは、私自身にとっては実に深刻な問題でありました。私は、本当は辞めるべきではなかったかというふうに思いました。というのは、従来の裁判官は、天皇を頂点とする官僚組織の中におかれ、そこで育ち、官僚精神を身につけている。そういう裁判官は、いや私は、人権擁護を大使命とする新時代の裁判官には適しないのじゃないか。その任務に応えられないのじゃないか、という反省をしたわけです。」（ジュリスト編集部『裁判批判』有斐閣・ジュリスト選書、一九五七年）。

戦後、木村亨は、『横浜事件の人びと』の著者中村智子とともに、第一東京弁護士会館にて弁護士になっていたかつての予審判事石川勲蔵に面会し、「わたくしは石川予審判事さんに、党再建はウソだと申し上げたでしょう。拷問ででっちあげられたんだと。そうしたら、石川さんは怒っておられた。木村君、もうたいがいにしろ。そして敗戦後には、泊会議のことは消すから妥協しろ、とおっしゃった……」。この質問に対し石川は、「調書があればあれですが、もう三十何年も前のことですから記憶にありませんが……」とぼかした答弁しかできなかった（中村智子『横浜事件の人びと　増補二版』田畑書店、二八〇頁）。また、木村亨に有罪判決を下した裁判長八並達雄が同じ弁護士会の会員で、木村らが面接を申し入れて八並弁護士が顧問をしていた会社の応接室で会うことができて、かつての横浜事件について語り合ったところ、八並も、「横浜事件が特高の拷問によるでっちあげ事件だったのは今日では明らかだが、どう思うか」の質問に対して、「あとになってそんなことを言ったって、神様でなければわかるわけがないですよ。本人がそうですと、みんな認めたんだから。特高の拷問なんて、いちどもきかされたことはありませんよ。人間のやることだから、真実かどうかはわからん。わしだって知らんですよ。書類や証拠によってやるより仕方ない……」（同書、二八三頁）という答えであった。

敗戦後、人権尊重の新しい憲法が制定され、日本の国家組織が大きく変えられた。しかし、治安維持法を運用したいわゆる思想検事の一部は連合国軍総司令部により公職追放になったが、裁判官の地位には影響がなかった。治安維持法を拡大解釈して運用し、特高刑事の非人道的拷問捜査を知りつつ見すごしてきた裁判官に公職追放はなかった。

よく比べられることであるが、ナチスドイツの裁判官は全員失格したが、日本の裁判官は敗戦後も居座り続けた。このことが戦後の司法の性格に大きく影響したと思われる。憲法は変わっても、裁判官は変わらなかった。そのため、新しく憲法がせっかく与えた裁判所の違憲立法審査権の行使も極めて消極的で、とくに政治的性質の問題については、「統治行為」であるとして審査を避け、司法権自らが権限を縮小してきてしまったのであった。同時に大戦中の司法に対する責任感に乏しく、反省の色が見えにくい。この司法の体質が免訴に執着した横浜事件の再審裁判にも反映していると見ることができるのではないか。

（三）残された課題

再審裁判は、最高裁の上告棄却（免訴確定）で終わりを告げた。しかし、「裁判所よ、免訴判決で逃げるな。無罪判決をせよ！」と叫んでいる今は亡き横浜事件の被害者の木村亨や板井庄作の声が聞こえてくる。獄中で拷問により事実上虐殺された浅石晴世や和田喜太郎らを始め横浜事件被害者の思いも同じであろう。裁判所が、必ずしも果たすべき責任を果たさない今、残された課題が私達の目の前にある。それは、多面的な形で、国家による権力犯罪としての横浜事件の真相を歴史に残す努力であり、司法の責任を引き続き追及することである。

大逆事件の再審請求の場合、東京高裁が請求を棄却したあと、関係者は、あえて司法に頼ることをやめ、「大逆事件の真実をあきらかにする会」を起ち上げ真相の追究の調査研究と名誉回復の努力を続け、幾多の成果を生み、各地の冤罪被害者の名誉回復の措置が各地方自治体により、また宗教者の場合、各宗派により行われてきている。

夥しい調査研究成果の中で、とくに近年の成果として図書では田中伸尚著『大逆事件―生と死の群像』（岩波書店二〇一〇年五月）および映画として「一〇〇年の谺――大逆事件は生きている」（藤原智子脚本、田中啓演出。九〇分。二〇一二年。製作イメージブレーン）などが挙げられる。

横浜事件もまた、同種事件の再来を防ぐためにも歴史的真実の探求、不法な権力犯罪の実体を歴史に残す努力や司法の責任追及が引き続き今後の課題として残されている。亡くなった冤罪被害者の人たちもそれを痛切に願っているはずである。

そのための努力の一つが、国に対する国家賠償請求訴訟の形で、二〇一二年一二月二一日、木村まき、平舘道子によって東京地方裁判所へ提訴された。

これは、横浜事件の被害者木村亨、平舘利雄の蒙った深刻、甚大な被害が無罪判決でない免訴判決では償なわれてはいないため、名誉回復を求めて妻、娘から提起されたものである。
この裁判の行方をわれわれは支援しつつ見守っていきたい。

「横浜事件」の現代的意義

弁護士・森川文人

恐慌の時代、資本と政府は、国内の不満を抑圧し、戦争による危機の突破を企てる。近年の日本、そして世界で起こっていることは、まさしく「戦前」が再び近づいていることを示している。九九%の庶民を置き去りにする「アベノミクス」という経済政策は、貧困と格差を拡大させるだけであり、政権は、戦争放棄の憲法を無視し、世界中に軍隊を派遣し、国内の声は封殺する軍事体制の確立に躍起である。

横浜事件は、かつての治安維持法による弾圧事件であるが、治安維持法による弾圧は、戦前・戦時下の激化する階級的対立の中で民衆の「思想」への攻撃として行われた。今再び、治安維持法の時代と同じく世界経済の危機の時代が到来し、世界中の国々において排外主義ナショナリズムと国内的な思想弾圧が強化されつつある。

横浜事件とその再審事件の教訓は、国家権力と我々は今も昔も非和解的に対立しているということ、そして司法はどれほど公平・中立性を装っても抑圧機関であるという国家権力機関としての本質は何ら変わりがない、ということである。

国は、決して司法の責任を正面から認めない。この国家及び司法の姿勢は、過去も現在も変わらないのである。

私たちは、横浜事件及び再審過程から見えてきた国家・司法の本質を暴露し、弾圧体制が確立する前に、現政府の支配体制を倒さなければ、新たな時代が「戦前」となることは避けられない。横浜事件と再審過程の教訓はそこにある。

第1◉過去と現在　体制の危機の時代再び

横浜事件の時代は、治安維持法の時代（一九二五年〜一九四五年）であり、まさに戦時体制の時代である。あの時代は酷かった……。こう記すとき、あの時代＝過去は間違っていた、しかし、今はそのようなことはなくなったという感慨が含まれる。少なくとも、過去の、あの忌まわしい時代の教訓を得た現在は、あのような「暗黒の時代」が再び来ないよう警戒を怠っていないはずだと。

しかし、いまや、その「暗黒の時代」は過去のことではない。二一世紀の世界は「イスラム世界」から九・一一のアメリカ「帝国」への反撃から始まった。そして、サブプライム・ローン破綻、二〇〇八年のリーマン・ショックを経て、恐慌の深化、失業の拡大、そして、二〇一一年の北アフリカ・中東各地での革命的情勢、アメリカでのオキュパイ運動、ギリシャのゼネスト状況、日本でも二〇一一年三・一一を発端とする原発反対の二〇万人のデモ等々、民衆の不満と怒りが爆発しようとしている。

恐慌情勢は、現実に戦争の危機を本格化させ、二〇一四年初頭には、ウクライナ・クリミア半島のロシアによる併合を巡り、ＥＵ諸国、そしてアメリカとの軍事的激突の危機を高めている。東アジア情勢も危機が高まっている。日韓・日中それぞれ独島・釣魚台を巡る領土問題を持ち上げることにより、其々の国の国内問題への不満をナショナリズムで「回収」し、戦争による突破を画策しているのである。

日本の第二次安倍政権は、二〇一四年七・一閣議決定により「集団的自衛権」行使容認の名の下に「戦争をする国」としての姿勢を明確に宣言した。同年四月には三八年ぶりに「武器輸出三原則」が見直され、武器輸出が原則解禁となった。

既に特定秘密保護法や「通信傍受（国家による盗聴）」の合法範囲の拡大により、情報を徹底的に統制しようという策動は始まっている。

「暗黒の時代」は過去ではなく、二〇一五年の今、私たちの眼前に差し迫る危機である。

第2● 「排外主義」キャンペーンの今

近年、東京のコリアンタウン・新大久保等では「よい韓国人も悪い韓国人も殺せ」などというプラカード、日の丸の旗、旭日旗等を掲げた数百人のデモが「在日特権を許さない市民の会（在特会）」という団体が中心になって行われている。

内閣府の世論調査によると、韓国に親しみを感じる者の割合は二〇一一年一〇月の六二・二％から二〇一二年四月には三五・二％に急激に下がっている。「愛国心」が強いという人の割合も五八％と過去三〇年の中でも最も高い割合を示している。

排外主義ナショナリズムは、見えそうになってきた「階級」を見えなくさせる効果があった。人々の生活の不満を、そこで「回収」し、それを「外国」に向ける。これまで何度も「成功」し、戦争や虐殺が引き起こされている。これが歴史の真実である。

第3●二〇一四年情勢=世界的な恐慌情勢の継続

二〇〇八年九月一五日のリーマン・ブラザーズの破綻(いわゆる「リーマン・ショック」)に始まった金融危機は世界に波及し、一九世紀末大不況、一九二九年恐慌に続く、三番目の「大恐慌」と指摘されている。新自由主義政策のもと累積された過剰資本・過剰生産力の矛盾が金融政策の暴走と破綻によって露わになったのである。

二〇一二年前半は、欧米経済崩壊の煽りで超円高になり、ただでさえ三・一一の震災で自動車や電機等ハイテク部品の供給網が寸断され、生産・輸出は下落、その後円安に転じるも、二〇一三年四月には一九八〇年以来約三〇年ぶりの貿易赤字に陥った。さらにインフレが中国、ブラジル等の新興国を中心に爆発し、あふれるドルの流通により原油、穀物は高騰し、中国では豚肉が六割も暴騰、低賃金、生活物資高騰の矛盾は、庶民の生活を直撃した。

二〇一三年六月には、米日を初めとした株高騰から「世界経済危機はのりこえられた」とアナウンスされたが、FRB(米連邦準備制度理事会)、日銀、ECB(欧州中央銀行)などの各中央銀行が競って超金融緩和政策(米国は一〇年間で一〇回債務上限引き上げ)を展開するという、国公債の無期限・無制限の購入、余剰マネーの金融市場への流し込みによるものであり、株式「バブル」、資産「バブル」に過ぎないことは、近日の歴史的乱高下(二〇一四年五月下旬)により明らかである。

インフレと国債の暴落が不可避であると同時に、そもそも、私たち民衆・労働者の置かれた状況の改善には全く繋がらないどころか、失業率はEU一七カ国で一二%(一月)に達し、アメリカでは完全失業率は七・五%前後で高止まりし、日本でも被災により二〇万人が失職したと推定されており、失業率五%が実勢と言われ、抜本的改善の見通しはない。そもそも実質賃金は下がり続けており、失業率の改善では何も解決しない。各国の経済政策が、大資本・金融を一時的に救済するための政策にすぎないことは明らかである。

二〇一一年は、チュニジア蜂起に始まり、エジプト革命等北アフリカ地域の民衆の決起であり、ロンドンを中心に暴動が拡大し、イスラエルでも低賃金と物価高騰への不満が爆発し三〇万人のデモが起こった。さらにオキュパイ・ウォールストリートに始まり、全世界に「九九%」の闘いが拡大した。日本でも今や、一〇万人を超す集会、デモは当たり前であり、民衆の鬱積は拡大する一方である。

ロンドンの暴動も、イスラエルや中国のデモも、そして、二〇一四年サッカーのワールドカップにぶつけられたブラジルの警察官のストライキをも含む民衆の闘いは、ベースに低賃金と物価高騰への不満、このままでは生きられない!という切実な怒りから行われている。

日本でも「一億総中流キャンペーン時代」は完全に終わりを告げ、その時代には見えにくかったclass=階級はくっきりと姿を表してきた。生活保護受給者二一六万人以上、非正規労働者三八・二%(二〇一三・七)、そして人口減少・少子高齢化の時代、貧困は、まず、若年層から直撃している。

トマ・ピケティが指摘する通り(『二一世紀の資本』)、格差拡大は現体制(資本主義)の本質であることは、今世紀より明確に私たちの前に姿を現している。

第4●現在の民衆(若者)の実像

今日の大学キャンパスでは、無許可集会、張り紙、ビラまき、飲酒、夜間入構禁止は珍しくなく、民間警備会社のセキュリティーシステムにより、夜一〇時以降、部室・サークルボックスはロックアウトされる。

在学中の早期段階で就職活動、いわゆる「就活」が急かされるが、大学卒業者のうち、二二・九%（一二万八〇〇〇人）は安定した雇用に就くことが出来ていない（二〇一二年）。

一九七五年から二〇〇九年の間に、私立大学の授業料は約四・六倍の八四万八一七八円（平均）となり、国立大学においては約一五倍の五三万五八〇〇円となっている。

二〇一四年度の大学昼間部の奨学金受給者は五二・五%（ちなみに一九九八年度は二八・七%）であり、二人に一人が奨学金に頼っている。日本学生支援機構の奨学金は貸付であり、延滞者は三三万人にのぼり、延滞者=学生に対する訴訟も激増している。

第5●弾圧政策としての新自由主義——民営化・外注化・非正規化

一九七〇年代以降、過剰資本・過剰生産による資本主義の末期的状況を突破するべく刹那的な延命政策として「新自由主義」が登場した。レーガン、サッチャー、中曽根の時代である。具体的には民営化、外注化、そして非正規化である。

これらが、効率化・コスト削減等、資本側の都合のために労働者に対する責任を最小化し、かつ、「個人化され相対的に無力にされた労働者」（デヴィッド・ハーヴェイ）が連帯し労働組合に結集し団結して闘うことを阻止すること自体が狙いであることは、今日明らかである。

つまり、企業にとっても「最も重要な課題」（ピーター・F・ドラッガー）である人材の育成も放棄し、労働者の雇用状況への責任（社会保障、安全性、労働法規の遵守等）一切を投げ出すことが第一の目的である。

そして、労働組合への結集を困難にさせ、あるいは、労働組合を分断・解体に追い込むこと、さらに、スト破り等を容易にすること、それにより、まさに「流動化」し孤立した労働者の労働力だけを徹底的に搾取することこそ第二の重要な目的なのである。

これが、資本にとっての新しい「自由」であり、二一世紀の新自由主義も、民衆・労働者を分断し、暴力的に弾圧し、無力化させようとしているのである。

安倍首相が目指す「世界で一番企業が活躍しやすい国」とはこのことである。

第6●新自由主義としての改憲――戦争か革命かの時代の現実性

改憲策動＝戦争国家化は、新自由主義と連動している。一九八七年四月、国鉄を分割民営化した当時の首相中曽根康弘は「国鉄労働組合っていうのは総評の中心だから、いずれこれを崩壊させなきゃいかんと。それを総理大臣になった時に、今度は国鉄の民営化ということを真剣にやった。皆さんのおかげでこれができた。で、国鉄の民営化ができたら、一番反対していた国鉄労働組合は崩壊したんですよ」。そして、「行革でお座敷をきれいにして、床の間に新憲法を安置する」と明言している。

民営化・外注化・非正規化による新自由主義的延命策と連動して、破滅的な改憲策動の発端・発想がここにある。安倍政権は今、憲法の改悪に支配階級としての生き残りをかけている。安倍首相は「憲法改正は自分の歴史的使命（二〇一三・八・一二）」とまで言い切った。その上での日本版国家安全保障会議の創設、武器輸出解禁や集団的自衛権の行使容認、日米安保ガイドラインの再改定である。

政府は、世界各地で起こっている民衆の蜂起や革命情勢への発展が国内で作り出されることに恐怖しており、それ故に分断と弾圧強化の徹底化を急いでいる。つまり、外での侵略戦争、内での階級戦争が仕かけられているのだ。私たち民衆には、まさに、戦争か革命かの時代の選択が突きつけられている。

第7●改憲策動の具体的背景と現実化

二〇一二年八月一五日の「アーミテージ・ナイレポート」では、二〇一一年三・一一時の「トモダチ作戦」をとりあげ「集団的自衛権の禁止は、日米同盟にとって障害物である」と突きつけてきた。これは対中対峙の新軍事戦略が根底にあった。

バーナンキFRB議長（当時）のQE3延長（量的緩和第三弾）によっても実体経済の回復も失業率の改善も出来ない没落段階にあるアメリカ資本は、ここからの「脱出」をアジア市場の制圧に賭けている。オスプレイの沖縄配備や辺野古基地移設、TPPへの日帝の引き込みも、対中・対朝鮮侵略戦争への具体的準備である。

日本政府は、この日米同盟の圧力のなか、独自のあがきとして戦争国家化をあらゆる形で目論んでいる。自民党改憲草案の核心は、憲法九条の解体であった。第二章のタイトルを「戦争の放棄」から「安全保障」へ、九条二項の「戦力不保持」「交戦権否認」を削除し、「自衛権の発動」に変える。この自衛権には当然に集団的自衛権を含む。そして、さらに「国防軍」の創設に伴い「軍人の」「審判所」つまり軍法会議を設立し、「領土、領海、領空の保全、資源の確保、在外国民の保護」の名の下に侵略戦争を遂行する体制を創設する。

憲法尊重擁護の義務の負担者として、天皇をはずし、国民に入れ替え、「天皇は日本国の元首とする」という規定も、天皇をして排外主義、帝国主義的な勢力の結集軸に据えようということである。在特会等のヘイトスピーチ・デモが行われるような現状を見据える限り、この点も注視する必要がある。

そして、「緊急事態」条項、すなわち、戒厳令規定であり、麻生副総理の「ナチス憲法」発言に垣間見える「授権法」の発想であり、まさに、憲法の停止を目論むものであった。

しかし、安倍政権は二〇一四年七月一日に明文改憲さえ経ず、軍事国家へ突き進むという集団的自衛権行使容認の閣議決定に踏み切ったのである。

第8●新たな弾圧体制

政府は、盗聴の拡大をはじめ、司法取引や匿名証人の導入などの新捜査手法を盛り込んだ法案提出を予定している（二〇一五年一月現在）。全国の警察施設で警察官が立会人なしでの盗聴可能になり、盗聴対象も飛躍的に拡大され、人々の活動の監視が合法的に行われる。電話やメールの盗聴のみならず、盗聴器設置による室内盗聴も狙われている。「実行行為」以前の段階で弾圧する「共謀罪」新設策動と一体の治安立法である。

司法取引とは、自分が助かるために他人を売り渡すこと、つまり密告を奨励する仕組みであり、人々を分断し、デッチ上げ弾圧を促進する。匿名証人制度も、スパイが身分を隠して犯罪を作り上げることにつながる。

第9●国家の秘密主義——歴史は焼却され秘密は隠される

二〇一三年一二月六日「秘密保護法（特定秘密の保護に関する法律）」が成立している。この秘密保護法では、①防衛、②外交、③安全脅威活動、④テロ活動の分野で「外に漏れると国の安全保障に著しく支障を与えるおそれがあると行政のトップが判断した場合」に「特定秘密」として指定され、それを洩すと、民間人を含め最長一〇年の懲役刑である。

基本的には「安全保障」、つまり戦争・軍事の分野が秘密、ということである。そして、秘密にされたことも秘密にされたまま、軍事国家化していくのである。

そもそも、敗戦前でも裁判記録は保存義務があるにも関わらず、横浜事件の判決・訴訟記録は、国家の保身のため、違法に焼却された。

国家にとっての最大の秘密は、責任追及される事項であり、つまり秘密にすることの目的は国家の保身にある。そのためには、なりふり構わず法を破ってでも秘密にする＝焼却までやってしまったのだ。

第10●横浜事件の本質＝国家と対峙する思想

「無辜の死」という認識を超え、亡くなった元被告人らの生きた意思と怒りと思想に向き合い、現在にたぐり寄せる。これが「横浜事件」を忘れずに、考え続ける意義であると思う。元被告人たちを治安維持法という悪法の「犠牲者」としての客体に置くのではなく、生きた彼らの主体を措定する。もっと端的に言えば、今を生きる私たちの「仲間」と考える、ということである。

現実に「共産党再建会議」であったとしたらどうなのだろうか。元被告人らは体制を転覆させる革命思想の持ち主であったとしたら横浜事件の意味は異なってくるのだろうか。彼らが現在の「常識」に沿う「民主主義者」でなければ、許されないのか。私たちは、今、既に「思想」や「自由」がコントロールされているのではないかと自らを疑うべきではないだろうか。

体制は、どの時代も「安全な」思想と「危険な」思想を分断する。現在も同じである。危機の時代になればなるほど、体制に異議を唱える自由な思想を許さない。どのような時代でも、考えること、思想を持つということは「抵抗」である。

現在、既に、私たちは、「普通に」生きることが困難な時代に直面している。普通に働きたくても、非正規の仕事が拡大するばかりである。普通に呼吸をしたり水を飲みたくても、大気も海も放射能に汚染されている。TPPに参加をすれば、関税障壁となりうる「産地表示」は許されなくなり、どこの何を食べさせられるかわからなくなる（既に、アメリカの大豆は九〇%以上が遺伝子組換作物である）。さらに、「国防軍」化も、「緊急事態」条項の制定も「現実」の課題であり、徴兵制すら議論が始まっている。私たちの子どもたちは、軍事国家に動員される現実的可能性の中にいる。

これらの方向、すべてにつき、考え直し、反対することは、国家にとって「危険」な思想である。「横浜事件」は過去のことなのか。二度と起こらないのか。私たちは、自由に考え、自由に発言が出来ているのか。

この時代、横浜事件を考えることは、極めて重要である。国家と民衆は利害は対立し、時に国家権力は民衆にとんでもないことをする、という教訓を忘れてはならない。

第11●「判決の焼却」という司法の自殺行為——歴史と証拠の隠滅

そもそも「戦後」は、国家の秘密隠蔽の閣議決定から始まった。

ポツダム宣言一〇項では「吾等ハ日本人ヲ民族トシテ奴隷化セントシ又ハ国民トシテ滅亡セシメントスルノ意図ヲ有スルモノニ非サルモ吾等ノ俘虜ヲ虐待セル者ヲ含ム一切ノ戦争犯罪人ニ対シテハ厳重ナル処罰加ヘラルヘシ日本国政府ハ日本国国民ノ間ニ於ケル民主主義的傾向ノ復活強化ニ対スル一切ノ障礙ヲ除去スヘシ言論、宗教及思想ノ自由並ニ基本的人権ノ尊重ハ確立セラルヘシ」と規定している。このポツダム宣言を受諾せざるを得ないが故、日本の政府機関や軍隊は「戦犯処罰」への対処として大量の機密重要資料を焼却・隠滅したのである。

ポツダム宣言受諾前に、「閣議決定」で公文書の焼却方針が出された。そして、横浜地裁では上記ポツダム宣言受諾（八月一四日）後、連合軍の上陸（八月二八日）までの間に拙速・粗雑な手続きにより横浜事件の審理・判決を行い、重ねてその記録を隠滅したのである。むろん、判決等の記録の焼却は当時でも違法であり、このような国家的な違法行為があったが故に、長きにわたり横浜事件の再審開始の道が閉ざされたのである。

むしろ、ここで明確に断言出来るのは、当時の裁判所が既に、横浜事件の被告人たちを審理すること自体、自らの戦争犯罪となり得る行為であることを理解していた。それが故にその責任を免れるために違法であることなどお構いなしに隠滅したということである。あまりにも醜い司法の実態である。

被告人らに対する有罪判決の言い渡し自体、焼却・隠滅行為の一環として、最初から仕組まれていたということである。この点、海野晋吉弁護士によると、横浜地裁の八並達雄裁判長は一九四五年八月二八日に「ひどくあわてた様子で『即日言い渡しをするから私に任せて下さい。決して悪いようには計らわないから』と押し付けるように言って、私に公判準備の時間を与えないで、即刻公判を開きましょうとせきたて、暗に全員を執行猶予で釈放することをにおわせた」（『横浜事件を弁護して』）と記しており、裁判所の拙速な判決手続は、自己保身のためであったこと、つまり、ともかく執行猶予判決で元被告人を釈放した上で、当該訴訟記録は焼却するという「隠滅計画」の一環として遂行されていたのである。訴訟記録の違法な隠滅は、北海道で治安維持法事件の弁護を担当した高田富与弁護士によると「司法省の指示であるとして……焼却してもらいたいと裁判所から口頭で求められた」（『札幌弁護士会百年史』）とのことであるが、いずれにせよ裁判所が違法な指示に従う義務はなく、焼却・隠滅自体の犯罪性は否定できない。

そして、重要なのは、このような司法として到底あるまじき「有罪判決→隠滅」行為があったため、それが「功を奏した」ため、元被告人らの戦後の苦闘が現実化したということである。

第12●「地獄への道は善意に敷き詰められている」のか？　変わらない司法の姿勢

第三次再審請求人のうち木村まきさんと平舘道子さんを原告とし、二〇一二年一二月二一日、国を被告として、横浜事件そして再審請求事件を廻る一連の国家行為に対する国家賠償を求める訴訟を提訴した。代理人は筆者及び河村建夫弁護士・山本志都弁護士である。拷問によるでっち上げに基づく有罪判決、訴訟記録の焼却による再審請求の妨害、名誉回復なき免訴判決等、元被告人の遺族は全く納得していない。

しかし、この国賠裁判は、提訴から二年近く経過し、今現在、東京地裁に係属中だが、被告国は、拷問の事実も、裁判所による横浜事件の判決の焼却隠滅行為も正面から認めようとしない。司法は、司法自身によるこれらの一連の行為を反省する姿勢を示さないまま今日に至っているのである。

治安維持法に基づき、裁判を行い判決を下した裁判所・裁判官は当時の法に従い職務を果たしただけといえるだろう。その時その時の「役割」に従って職務を果たすこと、そのような「役割」「立場」「職務」を全うするという、その意味での一人一人の「善意」の行い……それが、結局は、治安維持法体制を維持し、戦時体制を補完する結果となったことは明らかである。「地獄への道は善意で敷き詰められている」。

しかし、当時でも国に保管義務のあった判決をなりふり構わず焼却したことの意味は、それ以上のものがある。自ら下した判決を自ら燃やした裁判所には、自らの職務が本質的には裁かれるべき「悪」であること、つまり、「地獄への道」を敷きつめるものであることをわかっていた、その意味で「悪意」だったのである。

当時は、治安維持法が合法であったから仕方がない、責任がなかったのだという言い逃れは出来ない。そう言い逃れができるのであれば、裁判所が判決を自ら焼却するなどという本質的な自己矛盾を犯す必要はなかったはずである。「地獄」へ至ることをわかっていながら粛々と職務を果たした上での証拠隠滅行為、それが、横浜事件の判決及び訴訟記録焼却の意味である。

今、再び戦時法の合法化による「地獄への道」が開かれようとしている。ポツダム宣言受諾前の閣議決定により自己（国家・天皇）への責任追及を回避することにより始まった「戦後」の歴史が、安倍内閣の七・一閣議決定により、新たな「戦前」を迎えそうな危機に直面させられている。

私たちは、その道を進むわけにはいかない。私たちが、横浜事件そしてその後の再審請求の長く険しい闘いから学ぶべきことは、自分たちで考え、選択し、行動することの決定的な重要性である。時代の空気に忠実な「善意」は地獄への道なのだ。

現在の司法が、またしても形式的に自らの職務を全うし、決して責任を取らないのであれば、私たちがそれを許してはならない。それが、今、私たちができる選択と行動である。

裁判所は何故、自ら判決を燃やしたのか

横浜事件国家賠償請求弁護団

横浜事件の再審の経緯は、本書に詳しく述べられているが、一九八六年に開始された横浜事件の再審請求は、当初、「判決等の記録の不存在」を理由として棄却された。その後、九八年に提訴した第三次再審請求において、二〇〇三年についに再審開始決定の扉をこじ開けた。二〇〇五年に東京高裁で再審開始決定が確定。横浜地裁で再審公判が開始。しかし、地裁は免訴判決。そして東京高裁は我々の控訴を棄却し、最高裁で免訴判決が確定した（二〇〇八年三月一四日）。その後、刑事補償を請求し、請求どおり決定が出た。

無罪判決ではなく、国家ないし司法の明確な責任が明らかになっていないが故に、とうてい納得出来ない元被告人の遺族木村まきと平舘道子が原告となり、国家賠償請求事件を提訴した。現在も係属中である（二〇一四年一二月時点）。

前章でも指摘した通り、そもそも「判決等の記録」を焼却・隠滅したのは法的に保管義務のある裁判所自身である。この横浜事件における判決記録等の焼却については、いわば「公知の事実」であるようでいて、これまで国がこの事実を正面から認めたことはない。

しかし、以下に見る通り、判決等を含む公文書の焼却が、責任追及を逃れるために国家的・組織的になされたことは明らかである。

戦時中、治安維持法下で行われた「合法的な」国家行為を敗戦を迎えるにあたり自己否定をし、自らと天皇の責任を免れようとして、なりふりかまわずどさくさに紛れて秘密裏に証拠隠滅に奔走するむごたらしい姿が浮かび上がる。

判決を出すそばから判決を焼却する裁判所、違法であろうが何であろうが自己の存在意義を自ら否定する国家権力及び司法の姿が浮き彫りにされる。

二〇一二年一二月二一日に東京地裁に提訴した横浜事件国家賠償訴訟において、原告側から提出した準備書面（五）及び（六）から抜粋しながら、その実態を述べる。木村まきが、改めて文献等の調査をし、平舘道子が英文の翻訳をするなどして蒐集した資料に基づき、代理人弁護士山本志都がまとめ上げたものである。（森川文人）

敗戦前後における組織的な公文書の焼却

連合国が一九四五年七月二六日に発表したポツダム宣言について、日本政府は二度の原爆投下、ソ連の参戦などの事情をふまえ、八月一〇日、これを受諾することとし、連合国側に通知した。同月一二日のアメリカの回答を経て、同月一四日夜、ポツダム宣言受諾を連合国に通告した。

同宣言を受諾することにした一〇日以降、公文書の焼却は始まったのである。政府や軍の公文書の焼却は、ポツダム宣言で「あらゆる戦争犯罪の処罰」が予定されていることに対応するものであったが、政府機関、軍のすみずみにまでわたって組織的・徹底的に「戦争犯罪」の痕跡を抹消するために行われたものだった。

1　閣議決定による焼却指示

このような公文書の焼却は、明確に政府の決定に基づき行われたもので、決して公文書を管理する立場にあった官吏や軍人などが各自の判断で行ったものではない。それは、焼却された公文書が、到底個々人の判断での湮滅が許されるような性格のものではなかったこと、その範囲がまさに「焼き尽くす」と言える程度の広範なものであったことからも明らかである。公文書焼却が閣議決定によって行われたものであることについては、数多くの信頼性の高い証言が存在する。その一例をあげる。

「鈴木貫太郎内閣の蔵相であった広瀬豊作が、『私もご承知のとおり終戦直後、資料は焼いてしまえという方針に従って焼きました。これはわれわれが閣議で決めたことですから、われわれの共同責任のわけです』と回想しているし、元陸軍法務中将の大山文雄が、法務省の調査に対して、『書類の湮滅は政府の命令に基づいてなされた』と回答しているのも、このことを裏づけている。この焼却命令は、広瀬と大山の回想が示唆しているように、明らかに戦後に予想される戦犯裁判を強く意識しての措置であった」（吉田裕『現代歴史学と戦争責任』青木書店、一九九七年・一二七頁）。

ここに引用されている広瀬豊作の回想は、大蔵省大臣官房調査企画課が編集した『聞書　戦時財政金融史――昭和財政史史談会記録』（大蔵財務協会、一九七八年）に掲載されているものだが、「内閣の中でやることも、ほとんど新聞に発表しないことが多く、記録に残らず、実行して闇から闇に葬られることも相当あったと思う。私もご承知のとおり終戦直後、資料は焼いてしまえという方針に従って焼きました。これはわれわれが閣議で決めたことですから、われわれの共同責任のわけですが、あの当時、当然アメリカだけが来て今日のような態度でやってくれるということがわかっておれば問題はなかった。……中略……中国が来たら相当の仕返しをするだろうということを一番懸念していた。そういうことが一番の恐れであった。そういうわけで資料は全部焼くという大方針が決まったわけであるが、閣僚各自、自分の持っておるものを焼こう。軍の関係あるいは各省関係の書類についても同様の措置を採ろうというので、それぞれ所管大臣から命令を出して、できるだけ早く焼いてしまえと通達したわけですから、残ったものはあまりないであろうと思う」というものである（同書一四〇頁）。

さらに、内務省が中心になって内政関係についての通知をしたということについては、敗戦当時内務省地方局財政課事務官だった奥野誠亮及び内務省地方局長だった入江誠一郎が、一九六〇年に行われた山崎巌内務大臣（東久邇宮内閣時）を囲む座談会で以下のように述べている（自治大学校史料編集室作成「山崎内務大臣時代を語る座談会」）。

奥野　僕が思いのは《ママ》、十五日の何日か前に、終戦処理の方針をきめなければいけないので……これは入江さんから伺つたのです、終戦になるのだと。だからどう処理するかということで、内務省で各省の総務局長会議を入江さんが主宰されてやつたと思う。そのときいろいろなことが議論になつたが、軍の持つている物資は、交戦の相手方の所有に属するものだから、これはすぐ没収されてしまう。個人の所有になつていれば没収されないから、はやく個人に分配して終おう。その時間的余裕がない場合も少なくとも府県段階、市町村段階にまで所有権を移しておこう。国民は今まで耐乏生活をやつてきたのだから、折角の物資は国民に与えて生活をうるおす処置をとるべきだということになつた。その外公文書は焼却するとかといつた事柄が決定になり、これらの趣旨を陸軍は陸軍の系統を通じて下部に通知する、海軍は海軍の系統を通じて下部に通知する。内政関係は地方総監、府県知事、市町村の系統で通知するということになりました。これは表向きには出せない事項だから、それとこれとは別ですが、とにかく総務局長会議で内容をきめて、陸海軍にいつて、さらに陸海軍と最後の打ち合わせをして、それをまとめて地方総監に指示することにした。十五日以後は、いつ米軍が上陸してくるかもしれないので、その際にそういう文書を見られてもまづいから、一部は文書に記載しておくがその他は口頭連絡にしようということで、小林さん【小林与三次　敗戦当時内務省行政課事務官】と原文兵衛さん、三輪良雄さん、それに私の四人が地域を分担して出かけたのです。それが何日に出発したかは覚えていないのですが……。

入江　十六日だと思います。

奥野　そのときわざわざ運輸省からパスまでもらつて、上陸してきたのとぶつかつたらこうこうしろということまで話し合いをして各人が地域を分担して出かけていつた。その結果軍の持つている物資が流され、文書は焼いてしまうということになつた。

このように、閣議決定は、全国津々浦々まで、内務省及び軍の系統を用いて伝える態勢がとられた。

2　司法に関する書類の焼却について

(1) 司法省の支配のもとにあった裁判所・検察庁

大日本帝国憲法においては、建前上は三権分立の原則が謳われ、「司法の独立」は尊重されるべきものとされていたが、実際には、行政機関である司法省が、裁判所規則の制定権、判事を含めた裁判所職員の人事権を行使するための司法行政、弁護士および弁護士会の監督権などを掌握していた。このため、具体的に司法省の中枢部に所属していた検事たちが日本国内の全ての判事の人事権を掌握する形となり、司法省という行政機関が判事を統括していて、実際には行政が司法に対して自由に干渉を行うことが可能となっており、実際にも司法大臣による訓示などの形で判事たちへの干渉が公然と行われていた(戦後、日本国憲法および裁判所法の施行に伴って、司法行政権を有する行政機関である司法省は廃止され、最高裁事務総局が司法行政を担うこととなった)。裁判所や検察庁の書類管理については当然司法省の管轄下にある事項であったから、裁判記録や判決書の保管についても、当然に司法省が権限を有していた。

(2) 司法省における焼却命令

一九三六年から一九四六年まで検事で、敗戦当時はいわゆる「思想検事」であり、その後弁護士に転身した向江璋悦の『法曹漫歩』(一九七一年・法学書院)では、司法省検事局でも他省庁と同様に書類の焼却が行われたことについて言及している。

「政府から、米軍進駐までに一切の機密書類を焼却してしまえとの命令が出ました。各省庁各官庁では、機密書類どころか何でもかんでも焼いてしまいました。司法省検事局とて例外ではありません。連日どこかで何かが焼かれていました。米軍進駐直後、その命令により思想犯は全部釈放されました。大赦と同じようになったわけです。間もなく武谷君は私を訪れ、証拠物として押収された書物を返してくれ、というのです。もっともだと思って早速還付しようとして証拠品係のところへ行きますと、思想事件の証拠品は全部焼却してしまった、というのです。証拠品が機密書類ではないじゃないか、と怒ってみても仕方がありません。私は武谷君に事情を話して謝罪をしました。武谷君は、さも残念そうな顔をしていましたが、それでも私を深く追及することなく『仕方がありません』といって帰ってくれました。終戦後発刊された雑誌『世界』の創刊号であったか、あるいは二、三号であったか『特高調書』と題する武谷君の論文を見ました。実に正確に特高警察官の作った調書を再現していました。それからの武谷君の活躍は目覚ましいものがありました」とある。

ここに「武谷君」とあるのは、物理学者で、敗戦当時、治安維持法違反で拘禁されていた武谷三男をさすが、実際に敗戦直後に治安維持法違反の裁判資料が焼却され、そのことを実際に事件に関わった思想検事自体が確認していたことが分かる。

横浜でも同じである。実際に、敗戦前後の時期に、横浜事件を担当した海野晋吉弁護士は、後記の通り横浜地裁での書類の焼却を実際に目撃している。

（3）焼却指令の事実の隠蔽

上記のような公文書の徹底した焼却により、東京裁判を統轄する立場にあったGHQも、めぼしい公文書が存在しないという状況に苦慮し、再三にわたって公文書の提供を日本政府に要求した。

「四六年一月三日付覚書では、他の場所に移動させた公文書の原保管場所への復帰、公文書を焼却した場合の写しの作成を命じ、続いて七月二四日付指令では、『昭和一六年六月一日から同年一二月八日までの間に開催されたすべての閣議、連絡会議及び御前会議の議事録の確証された写しを一通』提出するよう命令があった。さらに、一〇月三日付指令では、『一九四一年七月一日以降同年一二月三一日に至るまでの期間における閣議決定事項全部に関する報告書をGHQ国際検事局（IPS）に提出するやう』命令があり、『右報告書提出不可能の場合はその理由を附してその旨報告し、また関係書類がすでに焼棄済の場合は焼棄の日付及び焼棄を命じた責任者の氏名を報告しなければならぬ』と釘をさしている」（『現代歴史学と戦争責任』一三五頁）。

敗戦時、内務省地方局の事務官であった奥野誠亮（前出）は、内務省中央の焼却命令を伝達するために地方を巡回したが、その目的について、「十五日以後は、いつ米軍が上陸してくるかもしれないので、その際にそういう文書をみられてもまづいから、一部は文書に記載しておくがその他は口頭連絡にしようということで、……地域を分担して出かけたのです」と、命令自体を文書に残さなかった理由を明らかにしている。

同氏は、「私は当時、地方局戦時業務課にいました。『戦力増強指針』というような名前で情報を地方庁に送っていましたが、すでに戦争終結が決まりかかった頃、終戦処理についての地方への指令を起案しました。はっきり覚えていませんが、まだ最後の決定のある前で、外からは閣議がもめているのだというような噂が伝わる中でやっていたことを記憶しています。そのとき、地方へ出した指令は数項目に及んでいましたが、覚えているのは公文書を焼却せよということ。軍の持っている物資はすぐに民間に渡してしまえ、その暇がなかったら市町村へ、さらにその暇がなかったら府県へ渡せということでした。婦女子を逃がすかどうかということは決定せず、地方の情勢でしかるべくということでした。この指令は極秘でありますし、急ぎますので、手紙や電報では駄目で、私のほか、原文兵衛、小林与三次、三輪良雄の四人で手分けして地方総監府まで届けることにしたのです。しかし、途中すでに敵が上陸していて真っ直ぐには行けないところがあることを予想して、鉄道に交渉して、どこでも行けるパスを発行させたことを覚えています」とも語っている。

国立国会図書館憲政資料室の元研究員で歴史学者の広瀬順晧は、敗戦時の文書類の処理の命令書が残っていない事情について、「マイナスになるわけだから、基本的には残るものではないと思います。昔、ある内務官僚のインタビューをしたことがあって、それは、当時、県の地方課長といったレベルの人だったのですが、彼は、兵役名簿などの焼却を命令して歩いていたそうなんですが、電話と自転車だったと言っていました」、「まず文書で『焼却せよ』なんていうことはあまりやらなかったはずです。私が知っている例では、東京の東村山市の市史を読んでいたら、そういう文書がありました。それはメモなんです」、「でもこういうのは非常に珍しい例だと思います。それから防衛省防衛研究所（防研）に大陸令（大本営陸軍部命令）、大海令（大本営海軍部命令）がありますけれども、あれはなぜ焼かなかったかというと、天皇のサインがあるから隠匿したんですね」、「文書の焼却は外務省もやっています。それも昭和二〇年八月の早い段階でやっている」、「省議決定で在外公館に機密文書を焼却しろという命令を出したというのを外交史料館にいらした外交史家の臼井勝美さんが回想で書いています。それから陸軍が資料を焼いたというのは、物的な証拠としては、市ヶ谷の新築工事をするときに焼け焦げた公文書が出て来て、私の知人がそれを補修したという経験があるから、焼いたのは間違いない（笑）」と語っている（保阪正康、広瀬順晧『昭和史の一級史料を読む』平凡社新書、二〇〇八年・一〇九頁）。

東京裁判に提出された、第一復員局文書課長美山要蔵（敗戦当時高級副官であった）の作成文書（法廷証二〇〇〇番）には、「本官は茲《ここ》に昭和二〇年八月一四日陸軍大臣の命令に依り高級副官の名を以て全陸軍部隊に対し『各部隊の保有する機密書類は速やかに焼却』すべき旨を指令されたことを証明する。右は在京部隊に対しては電話に依り其の他に対しては電報を以て伝達された此の電報及び原稿は共に焼却された」とあるように、口頭連絡が用いられ、電報が用いられた場合でも、それらは焼却され、隠滅工作が図られていた。

このような事情からすれば、指示命令を下した文書が明示に残っていなくても、当然のことである。

3 「進駐軍」と横浜事件

（1）横浜への進駐

一九四五年八月二八日厚木飛行場に先遣隊が降り立ったのが、進駐軍による本土進駐の第一歩だった。同月三〇日には、マッカーサー総司令官と共に第一一空挺師団が厚木飛行場に到着し、その日の内に横浜に入った。そして九月二日からは、進駐軍の横浜港への上陸が始まり、その後続々と横浜を経由して全国各地へと向かっていった。

神奈川県から進駐が始まったのは、東京への直接進駐は、治安の面や、空襲の被害で多くの施設が破壊されていることから避けられたためだった。

当面の進駐場所を厚木飛行場と横須賀港にするとの通告があったのは、八月一九日、二〇日にマニラで行われた「マニラ会議」の時であり、二一日にマニラ使節団が日本に戻ると翌二二日には報道された。神奈川県から進駐が始まることはこの段階で周知の事実となった（「横浜における進駐・占領」『横浜市史資料室紀要』第二号、二〇一二年三月号・九七頁）。

進駐軍の本土上陸は当然予定されていたものだった（だからこそ書類の焼却が閣議で決せられたのである）が、特に横浜については、すでに一九四五年八月二二日の段階で、進駐軍が先遣してくることが知られていた。進駐までに、機密書類の焼却が急ピッチで進められたのは明らかである。また、その後も、地方裁判所の建物が米軍により接収・使用されるなどの事情があったため、進駐後にも、裁判所で機密書類の焼却が行われたのである。

（2）　横浜地方裁判所における文書焼却

横浜事件の弁護人であった弁護士の海野晋吉は、一九四五年八月二八日、横浜地方裁判所の裏庭で、「山のような書類」が燃やされているのを目撃している。

「二〇年八月二八日、私が笹下《ささげ》の横浜拘置所で改造社の諸君と翌日の公判の打合せをすましての帰途、裁判所に寄ってみると、その裏庭で山のような書類を燃やしているのを目撃した。そのなかには膨大な量に達する横浜事件関係の書類があるはずであった。法律によって一定の保存期間の定められている裁判書類を、いったい何ものの指図によって、かくも無謀に焼却するというような処置をとったのであろうか。私はこのような裁判所の処置に対する批評の言葉を知らないばかりか、法曹界の一人としてまことに遺憾千万であり、憤慨にたえない」（海野晋吉「横浜事件を弁護して」『総合ジャーナリズム研究』一九六六年一一月号）。

一九四五年八月二八日は、連合国軍最高司令官マッカーサーが神奈川・厚木飛行場に降り立つ同月三〇日の二日前であった。

また、同じ経験が、『ある弁護士の歩み』（日本評論社、一九六八年）という、海野弁護士の体験の聞書きをまとめた書籍でも語られている。

「裁判所の裏に行きますと、いまの事務官（その直前に裁判の話をしていた裁判所事務官をさす）が、たくさんの書類をポンポン燃やしているのです。ぼくがなんの書類ですかといったら、苦い顔して答えませんでした。思うに、警察の聴取書とか押収してきた変な証拠のようなものを焼いていたのだと思われます」（同書・一五一頁）。

横浜事件の被害者、西尾忠四郎さんの妻、西尾須和も、この時期、横浜地裁に行き、書類を焼く煙を見たと証言している。

「書類を燃やしている煙が、廊下にまで流れてきていました。一生忘れられないことです」（中村智子『横浜事件の人びと　増補二版』田畑書店、一九八九年五月・二六二～二六三頁）。

横浜事件国家賠償請求弁護団

（森川文人、河村健夫、山本志都）

横浜事件第三次再審弁護団
その活動の軌跡

弁護士・岡山未央子

第1●序

「横浜事件」といわれる一連の具体的事実と、その事実の真相を追及し意味を問い直すため被害者らをはじめ多くの方々が関わり営々と続けられている作業の歴史は長い。その発端（一九四二年九月の川田寿・定子夫妻の逮捕）から現在までの間には、すでに七〇年を超える歳月が流れている。

戦後ときをおいて始まった「再審裁判」という舞台に絞って、この再審に関わる年月の流れだけをみても、スタートは一九八六年七月のことであるから、すでに四半世紀を超えるときが流れた。

さらに、その再審裁判にもいわゆる第一次請求から第四次請求までが存在し、それぞれが独自の歴史をもつ（もっとも第一次請求と第三次請求は明白な連続線上にあり、それとは別に第二次請求と第四次請求もこれまた独自の連続線上にあるらしい)。

それぞれの歴史は、それぞれの局面で、幾重にも重なる複数の問題点を内包してきた。そこでは、法的な観点のみならず、政治、社会、現代史、思想、心理、哲学等あらゆる分野における問題点を指摘することが可能であろうし、またそのなかに、それぞれの立場から横浜事件に関わった人びと一人ひとりの貴重な個人史がいくつも息づいている。

そのさまざまな歴史の中で、筆者が関わったのは第三次再審裁判のみ。それも全部ではない。第三次再審請求(一九九八年八月)から数カ月経った一九九九年一月から、免訴判決確定(二〇〇八年三月)を経て刑事補償請求(二〇一〇年二月)までの間の概ね一〇年程度にすぎない。

横浜事件全体に照らせば、それはほんの一部にすぎないのであるが、個人的なことを言えば、その年月は、筆者が弁護士登録して二年目からの一〇年余にあたる。登録まもない雛《ひよこ》弁護士は、弁護団会議にはじめて参加したときから、ただ唖然として大先輩諸兄の議論に必死で耳を傾けるほかできることは何もなかった。しかたなしに、議論の内容を一端でも理解しようとひたすらメモをとりまくった。それが気付くと一〇年を経て膨大な量に上っている。

今、それらを読み返しながら、あの飽くことなく繰り返された息の長い議論の数々、ときに同じところをぐるぐる巡っているかの様相を呈しながらいつしか飛翔していく展開の不思議、年齢に不相応と思えるほど(失礼。)既成概念や過去の判例にとらわれない斬新な論理構成に挑戦するラディカルな空気、を思い起こす。会議室での議論は、一〇年間途切れることなく、毎月一回以上のペースで続けられていた。裁判の進行につれて、我々の前には次々と新たな障壁が訪れたから、決して安堵する暇はなかった。複数のテーマを同時に検討し、さらに先読みをして準備しながら、繰り返し繰り返し、今日もまた我々の前に現れた新たな問題を乗り越えるべく、終わりなき議論が交わされた。誰かの検討結果には、さらに他のメンバーの検討が加えられた。

会議には常に一〇人程度の参加者がいた。誰か一人がスターなのではなく全員がそこで輝いていた。中折れ帽をかぶりステッキをついて登場する長身の弁護団長、故森川金寿先生。つづいてこれまたシャッポとステッキを欠かさないジェントルマン環直彌主任弁護人、……横浜事件の被害者のお一人故木村亨さんの夫人木村まきさん、……最も若輩の弁護団員である筆者に及ぶまで、立場を問わず誰彼区別なく平等に発言することを許された。そして誰の発言も無視されることなく丁寧に議論が重ねられた。ときに学者を招き、貴重なご意見に耳を傾けて皆で勉強した。

なんと言ってもその会議が一〇年以上途切れずに続けられていたのである。その間に論じられたテーマは数限りない。しかし、目指す方向は変わりがなかった。横浜事件のような歴史的出来事は忘れられてはならない、このような国家的犯罪の被害者はきちんと法的に救済されなければならない、同じようなことは繰り返されてはならない、そのためにも司法は過去の誤判をまっすぐに認め、自らの手で改めねばならない。

筆者は、倦まず弛まずこつこつと積み重ねられる議論を目の当たりにしながら、この先輩諸兄がこれまで弁護士として歩んでこられた永い時間に想いを馳せた。おそらくお一人お一人が皆それぞれに、これまでもいろいろな事件のなかで同じようにこつこつと歩んでこられたのであろう。なんと貴重で透明な時間がそこに流れていたことか。

この第三次再審の関係者に限っても幾人もの方が鬼籍に入られてしまった今、せめて、この弁護団会議で生み出された議論の数々を、筆者自身が体験した事実に沿って、多少なりとも記録しておきたい（以下、弁護団員については敬称略）。

第2●弁護団メンバー

まず、第三次再審弁護団を構成した弁護士の氏名を挙げておく。うち何名かは途中からの参加であるが、その時期等の詳細はそれぞれの該当箇所で本文中に記す。氏名記載順は司法修習期の先後による。

森川金寿（故人）二〇〇六・一〇・一六逝去
環　直彌
竹澤哲夫（故人）二〇一二・四・二四逝去
斉藤一好（故人）二〇〇八・一・二七逝去
新井　章
内田剛弘
兵頭　進（故人）二〇〇一・六・二五逝去
向　武男（故人）二〇一二・八・一逝去
吉永満夫
阿部泰雄
大島久明
森川文人
岡山未央子

第3●再審請求（一九九八・八・一四）から再審開始決定（二〇〇三・四・一五）まで

筆者の弁護団参加は、第三次再審請求が行われて五カ月あまりが経った頃のことである。したがって、再審請求書作成までの経過は残念ながら不明。しかし、第三次再審請求までの間に、環直彌主任弁護人が、法曹三界を跨ぐキャリアで培われた英知の限りを尽くし（環は、裁判官、検察官、弁護士の何れも務められたまことに稀有かつ貴重なキャリアの持ち主である）、緻密な調査と検証作業を重ね、「なくなった」とされる判決及び判決挙示の証拠を復元し、あらゆる論点を盛り込んだ再審請求書を作成されたことに、第三次再審請求の始まりがあることは言うまでもない。この判決の復元が、その後の再審開始に大きく影響した。第一次再審請求では、判決書が存在せず添付不能だったことをもって門前払いされたことを思えば、まずは判決の復元で審理の対象を特定したことの成果は大きい。

1――ポツダム宣言受諾が国内法に及ぼす効力（再審理由補充書二〇〇〇・四・二〇付）

さて、実際に筆者が弁護団会議に参加しはじめた一九九九年一月頃、弁護団会議の論議の中心は、ポツダム宣言受諾による治安維持法失効論が新井章を中心に展開されていた。再審請求書に挙げられたいくつかの理由のうち、その論点に焦点を絞り、主張を補強して補充書を提出することが予定されていた。

当初、「国際法学的な観点」「憲法学的な観点」両方の観点から考察が加えられていたが、新井研究の成果をふまえて、議論は徐々に憲法学的な観点に絞られていく。憲法学者宮澤俊義のいわゆる「八月革命説」、英米法学者田中英夫の学説（『憲法制定過程覚書』〈有斐閣〉）を参照しつつ、ポツダム宣言受諾＝治安維持法失効論を検討し、ポツダム宣言受諾が国家・国法体制に及ぼした致命的な影響を直視する議論である。この議論は、判決時にすでに治安維持法は効力を失っていたという主張に収斂していく。

ただし、この時点においても、治安維持法失効論の主張が「実質無罪を勝ち取る」目的との間で矛盾を生じないか、裁判所は免訴で判断できればそれに乗っかり実体判断を避けるのでは？という疑問が、弁護団の中で呈されていた。しかし、とにかく「再審の土俵にのせねばならない」。一次請求でのあつい壁を思い起こすと、再審開始決定を勝ち取り再審の扉を開けるのは非常に厳しい。なんとしてもその扉を開けるために、どんな手段が有効か。

●板井庄作氏

彼らの戦争犯罪を断罪したい。裁判所及び捜査機関が誤った裁判で我々を有罪に追い込んだ、その誤りをただせればいい。（一九九九・四・二一会議での発言）

●森川金寿

治安維持法の効力の問題で免訴が認められても再審の目的が充分に達せられるとは思わない。あれだけの思いを三年間させられたことに対する国家による補償をさせたい。刑事補償は、実質的に無罪であるという証拠があるときだけ対象となるという。そこまでもっていきたい。（一九九九・九・二一会議での発言）

なお、この時期（一九九九・一〇・二八の会議）に、この流れの中で、竹澤哲夫が、〃治安維持法失効論の「新証拠」

とは何か?〟という問題提起をしていたことが注目される。これは、後の鑑定請求をにらんだ提起であった。こうした諸々の議論を内包しながら、まずは新井を中心に、二〇〇〇年四月二〇日付補充書(補充書第一弾・・ポツダム宣言受諾による治安維持法失効論を中心に)を作成、提出と相成った。

このとき同時に提出したのが、板井庄作氏(事件を自身で体験された被害者の最後の生証人として)の上申書、弁護団作成の審理促進の上申書である。

この時点では、この再審請求が長期間棚上げにされる危険性を皆が感じていた。提出された再審請求にすぐに姿勢を正して正面から向き合う、というのが裁判所に求められるあるべき姿であろうが、それが期待できないという残念な共通認識があったのだ。

弁護団は、大島久明(事務局長)が労を厭わず熱心に裁判所に連絡を取り、補充書提出に合わせて裁判官に面会を求め、これを実現させる(板井氏一部同席)。同日中に記者会見も行った。以後、主張書面・主張補充書面等をどんどん裁判所に提出する、折に触れ裁判官に直接面会する機会を求める、同時に横浜記者クラブでの会見を実施して社会に状況を伝える、というアプローチが定着していく。それを支えたのが、事務局長大島であった。

●板井庄作氏

日本国憲法は第三二条で「裁判を受ける権利」を保障しています。しかし、もしも裁判所の無為無策のために、或は多忙さを口実にして、裁判の最終決定が得られず、訴訟人本人が世を去るような羽目に陥ったとすれば、それで果して憲法の言う権利が保障されたといえるでしょうか。三二条は空文に帰したとしか言いようがないでしょう。憲法を守ると称する裁判所が自ら憲法破りをしていることになりませんか。

司法部は戦後その戦前・戦中に犯した誤り・国家犯罪を自ら進んで解明することをせず、それに基づき当然行われるべき司法の民主的改革を徹底的にサボタージュしてきました。（二〇〇〇年四月二〇日付「上申書」から）

再審請求（一九九八年八月一四日）から、この補充書第一弾の提出（二〇〇〇年四月二〇日）までの間に、横浜事件の被害者である川田定子さんが逝去され（一九九九年六月一四日）、つづいて同年八月二八日には勝部元さんが逝去された。

2――再審制度の理念を再確認

（一）再審理由補充書（2）二〇〇一年二月八日付

最初の補充書を提出後、弁護団の活動はいよいよ活性化していった。なんとしても再審の扉を開くべく「できることは何でもやろう」「議論を重ねては、積極的、勇猛果敢に補充書を作成して裁判所に提出していこう」という方針が確認され、それに向かう空気が醸成されてきたと言ってもよい。

そのような空気の中、二〇〇〇年七月六日の弁護団会議では、刑事再審の経験豊かな（永年に亘って日弁連人権擁護委員会の中心メンバーとして種々の再審事件を担当されてきた）竹澤哲夫によるレクチャー「財田川決定と横浜事件再審」が行われた。財田川事件の最高裁決定を中心に据えて「無辜の救済」という再審理念を再確認し、形式的条件はあくまでその理念に照らして考えるべきという視点から、本件における、①判決書の不存在、②新証拠、という問題点のクリアが検討された。

まずは、①「判決書の不存在」に焦点を当て、再審一般の根本的理念から導かれる議論と同時に、「刑の廃止による免訴再審の場合、必要となる手続的要件は？」という視点を加えて、竹澤を中心に再審理由補充書（2）作成へ向かうことになる（なお、②の新証拠の問題点に対しては、次なる補充書（4）、さらには鑑定請求が用意されていた）。

再審理由補充書（2）では、記録の不存在で門前払いとならないことを目的に据え、これまでの最高裁判断を具体的に挙げ、そこで述べられている再審の理念に焦点を当てて、「裁判所を励ます書面」の作成が目指されたといえる。

二〇〇一年二月八日、再審理由補充書（2）を裁判所に提出。同日、再び裁判官と面談してその内容を説明、前回（二〇〇〇年四月二〇日）同様、横浜記者クラブにおいて記者会見を実施した。

（二）再審理由補充書（3）　二〇〇一年五月九日付

再審理由補充書（2）と並行して、吉永満夫により補充書（3）が作成された。記録保存が不十分であった過去の再審事件において、裁判所が、再審の理念に則り、あるいは白鳥・財田川最高裁決定に依拠して、無辜の救済のために惜しまず打ち出した努力の具体例（加藤老事件、榎井村事件、松尾事件）を挙げ、本件裁判所の奮起を促す書面である。

（三）再審理由補充書（4）　二〇〇一年五月九日付

つづけて、再審理由の論点を絞って整理し裁判所の行くべき道をさらに明確にして導くことを目指して、竹澤を中心に第四の補充書が作成された。これは簡潔に、①本件再審請求の「骨子」として再審理由を整理し、ポツダム宣言受諾による治安維持法失効論に拠って立ち、罪とならず無罪または刑の廃止による免訴を求めるものであることを明確化した。また、②新証拠に関し鑑定請求と記録取り寄せ等について言及したものである。

二〇〇一年五月九日、再審理由補充書（3）、同（4）を同時提出。同月二四日には三たび裁判官と面会し、補充書の説明をすると同時に、鑑定請求をする予定であることを伝えた。裁判所は、この席で、争点を治安維持法失効論に絞るか否かという点につき強い関心を示した。その後も、改めて電話で、その他の請求理由を取り下げる趣旨かどうか確認があった。

さて、このように論点が絞られていく（治安維持法失効論の強化と、その立証準備としての鑑定請求）なかで、弁護団会議では次の二点がテーマとなって議論の応酬が行われていた。

一つは、主張内容自体の議論である。「ポツダム宣言受諾によって憲法状態はどうなったのか」という論点は、かつてほとんどまともに論じられたことはない。「罪とならず無罪」「刑の廃止免訴」何れも再審では前例がない。刑事司法として解決すべき、かつこの事件でしか提起できない問題点として、この機により検討を深めることの重要性が確認された。参考にすべき事例として、講和条約発効による占領法規の効力（当時の最高裁は数十件全て弁論を開いたのち結論を免訴に統一している）についての研究も進められた。また、このころから、憲法学者奥平康弘氏、刑事訴訟法学者小田中聰樹氏等研究者のご意見を傾聴する機会を設けるなど、視点を広げての研究が始まっていく。

もう一つは、主張方針の議論である。弁護団のなかに、鑑定請求を進めることについての異論はなかったものの、再審請求における争点自体を絞り込むことには疑問も呈された。しかし、最後に残された唯一のご本人である板井氏が入院されたこともあり、この機に一気に再審開始実現に向けて働きかけようということで意見が集約されていった。ただし、「他の争点を取り下げることはしない」と、二〇〇一年九月一八日の弁護団会議で確認されている。

3――鑑定請求

二〇〇一年五月二九日付で裁判所に対し、鑑定請求書を提出した。この請求書の中では憲法学者奥平康弘氏を鑑定人として推薦している。鑑定事項はつぎのとおり。

鑑定事項：ポツダム宣言受諾（一九四五・八・一四）が、
①国内法秩序に与えた影響、効果。
②大日本帝国憲法の存在ないし効力に生じた法的影響、効果。
③治安維持法、国防保安法その他思想関連法規の存在ないし効力に与えた法的影響、効果。特に治安維持法第一条「国体」に対する法的影響、効果如何。

請求がそのまま放置されることを懸念し、続けて「鑑定請求に対する決定促進を要望する上申書」を同年七月二五日に提出。

これを受けて、同年一〇月二日、裁判所は鑑定決定を出した。鑑定人は京都大学教授大石眞。鑑定着手に先立って、同年一一月一四日、京都地裁で鑑定人尋問が行われ、弁護団から竹澤、大島が出席した。

二〇〇一年六月二五日、弁護団メンバーだった兵頭進先生が逝去された。病気療養のため二〇〇〇年一〇月一三日の弁護団会議から欠席されていた後の哀しいニュースであった。

4――立証準備―板井庄作氏の陳述書作成

さて鑑定請求が採用されたものの、弁護団員のなかには鑑定人大石教授と公私いずれにおいても何らかの交流・接触のあるものは皆無。これまでどんな研究をされてきたのか直接明確に知るものはいない。情報収集に努めても、結局はどのような鑑定結果が出るのか予測がつくわけもなく、不安と期待をともに抱きながら（こういうときは往々にして不安のほうが大きくなりがちだが）ひたすら見守るしかない。

一方で、この時期、請求人の板井庄作氏がたびたび体調を崩された。弁護団は、鑑定のことは一旦ペンディングして、板井庄作氏の証言を証拠化する作業に乗り出した。歴史的な意味でも貴重なご本人の肉声を形に残さなければならない。それは我々の責務であろう。

二〇〇一年八月及び九月、弁護団で板井氏の話を集中して傾聴する機会を設け、それを陳述書（二〇〇二年二月一九日付）として完成させていった。

●板井庄作氏

この横浜事件を含めて、裁判官とかその他司法関係の人で戦前のむちゃくちゃなことをやってきた人のちゃんとした自己批判が必要ですよ。

司法、あるいは世界に通じるような正義とは、あるべき姿とは何か、ということなんだ。何をしたわけでもない、ビラを配ったわけでもない、ただ頭の中で考えたことを有罪とした、そういうことを未来永劫やらないという基準を、過去をきちんと反省して作るべきだ。

昔のことを言っている再審請求だが、これをどう処理するかが、未来の有り様を変えていくのだよね。

（二〇〇一年九月一八日談話）

一方、二〇〇一年九月二五日付で検察官から意見書が提出された。新井章を中心に検討の結果、弁護団としては特に反論書を独立して出す必要なしと判断。弁護団の反論は、鑑定が出された後の最終的な意見書に盛り込むに留めることとする。

このころ、『法律時報』二〇〇二年七四巻六号で小特集「横浜事件第三次再審請求」が組まれた。弁護団から環、竹澤、新井が、また学者諸氏からは、古川純専修大学教授、荻野富士夫小樽商科大学教授、小田中聰樹専修大学教授がそれぞれ原稿を執筆された（肩書きは執筆当時のもの）。

各人の執筆テーマは次のとおり。

環直彌「拷問によるゆがんだ事実認定・誤判」
竹澤哲夫「横浜事件第三次再審請求審の意義と経過」
新井章「横浜事件第三次再審請求の主要争点」
古川純「ポツダム宣言受諾と治安維持法」
荻野富士夫「敗戦と治安体制」
小田中聰樹「横浜事件第三次再審請求における刑事訴訟法上の新論点の検討」

5——大石鑑定意見書（二〇〇二・五・二七提出）を受けて

二〇〇二年五月二七日、遅れに遅れていた大石鑑定意見書がついに横浜地裁に提出された。その内容は、弁護団の不安を一掃し、意を強くするものであった。

鑑定意見書は、ポツダム宣言受諾によって、連合国の占領管理体制下におかれることになったことにより、わが国内法秩序は直ちに重大な影響・効果が生じたものと解されるのであり、ポツダム宣言が標榜する国民主権・民主主義等の原則に適合しない旧憲法の諸条項は、天皇自らが同宣言を受諾したことによって法規性を失い、神権天皇制の「国体」の保持を法益とした治安維持法もまた同日以降失効したものと結論している。

弁護団には安堵の笑みがひろがった。同日付で、「(大石鑑定意見書の)結論および理由とも全面的に支持できるもので、同教授の研鑽と見識に敬意を表したい」と弁護団発表を行った。

この頃の弁護団会議では、今後の検討課題として、「検察官の非常上告論に対する反論補強」「刑事訴訟法的観点からの鑑定請求の要否」などが話題となっていた。

さらには、同年五月七日に裁判官面会に赴き、事実の取調請求書(早急に板井氏本人の証拠調べをして欲しいと要望)を提出してきた経緯もあり、迅速な審理・板井氏の証拠調べを、再度、裁判所に求めた(二〇〇二年六月二五日にも裁判所を訪問)。

しかし、大石鑑定を見て検察官沖本浩が独自の鑑定意見書を付して反論したいと申し出ており、それを待たねばならないという裁判所の対応であった。

6――最終意見書(二〇〇三年二月五日付)

高齢な板井氏の健康状態を心配し、弁護団は先を急いでいた。しかし、検察側鑑定はそうすぐには出そうもない。であるならば、検察主張を待つ間、こちらは最終意見書をしっかり準備しようと活動方針を決定。検察官意見に対する反論も含めて準備作業に入ることにする。二〇〇二年七月八日の会議で各自の大まかな担当が決まり、具体的準備作業が始まった。

準備作業の中で交わされた議論として、「免訴」「罪とならず無罪」に関する弁護団の理論構成整理の必要性が指摘され、「罪とならず無罪」の一次的主張が必要と強調された。判決言渡時において、保護法益と違法性が消滅している法状態は、すなわち「罪とならず無罪」であって、刑の廃止という概念を超えるのではないか、という議論である。

最終意見書の準備が進む中で、二〇〇二年一二月二〇日、検察側独自の鑑定意見書（鑑定人：早稲田大学教授浅古弘）が提出された。

その意見書も検討の上、結局、最終意見書の中心論点は、大石鑑定意見書、浅古鑑定意見書をふまえたポツダム宣言受諾による治安維持法の失効論を展開。同時に、その他、検察官意見書における全論点に言及、再反論を展開する。また、再審理由（旧刑訴法第四八五条第六号）は一次的に「罪とならず無罪」の主張であることを明確化。二次的に「免訴」主張という構成となった。

二〇〇三年二月五日付で最終意見書は提出される。

横浜地裁矢村コートによって再審開始決定が出されたのは、二〇〇三年四月一五日であった。

決定は次のように述べる。ポツダム宣言受諾とそれに続いて発せられた天皇の詔により、国内法的効力が発生。治安維持法第一条、同第一〇条は実質的に失効した。これは、旧刑訴法第三六三条第二号が免訴事由として定める「犯罪後ノ法令ニ因リ刑ノ廃止アリタルトキ」にあたり、大石鑑定書はその明確な新証拠であるから、免訴を言い渡すべき明確なる証拠を新たに発見したる場合にあたり、再審理由が認められる。よって再審を開始する。

この開始決定に先立つことわずか一五日、同年三月三一日に、この朗報を聞くことなく、犠牲者ご本人の最後のお一人であった板井庄作氏が旅立っていかれた。「無念」の一語に尽きる。

二〇〇〇年四月二〇日付の上申書で、「もしも裁判所の無為無策のために、或は多忙さを口実にして、裁判の最終決定が得られず、訴訟人本人が世を去るような羽目に陥ったとすれば、それで果して憲法の言う権利が保障されたといえるでしょうか。〔憲法〕三二条は空文に帰したとしか言いようがないでしょう。憲法を守ると称する裁判所が自ら憲法破りをしていることになりませんか」と語っておられたことを思う。

第4●開始決定（二〇〇三・四・一五）から即時抗告棄却決定（二〇〇五・三・一〇）まで

矢村決定をうけて弁護団は即日、「数次にわたる再審請求を重ねてきた横浜事件被害者である元〈被告人〉達に対する初めての再審開始決定である点で画期的な裁判であり、再審無罪への展望を大きく切り拓くものと言える」と評価し、同時に「検察側は本日の決定に服して速やかに再審開始を確定させるべき」と強く要求し、かつ「再審公判において横浜事件の真相と獄死まで招いた暴虐な拷問捜査の実態を明らかにするため全力を尽くしたい」と決意表明する声明を発表した。

二日後の四月一七日の弁護団会議では、早くも矢村決定の内容分析と旧刑事訴訟法及び応急措置法（日本国憲法の施行に伴う刑事訴訟法の応急的措置に関する法律〈昭和二二年法律第七六号〉）による再審公判手続に関する調査研究に着手している。

検察官（鈴木和宏）は、同年四月一八日付で即時抗告を行った。

開始決定が出された後、木村まきさん（木村さんは最初から最後まで弁護団会議に皆勤）以外の請求人に対し、大島事務局長を中心に改めて積極的参加の呼びかけをはじめる。こうして、同年五月一日に開かれた弁護団会議には、初めて、請求人の髙木晋さん（故髙木健次郎さんの長男）、請求人小林貞子さん（故小林英三郎さんの妻）の代理として長男の小林佳一郎さん、そして遠路はるばる金沢からも請求人平舘道子さん（故平舘利雄さんの長女）が出席された（但し、木村さん以外の請求人の方々は、この後またしばらく参加されなかった。みなさんの出席が本格化するのは、再審開始決定確定後の二〇〇五年春以降のことになる）。

一方で、同日朝、それまで市民団体「横浜事件の再審を実現しよう！全国ネットワーク」代表として、手弁当で、精力的に弁護団活動を支えてくださった木下信男さん（明治大学名誉教授）逝去の報がもたらされる。相次ぐ残念な訃報を断腸の想いで聞く。

1——意見書（二〇〇三年七月一〇日付　即時抗告理由書に対する反論）

さて、ステージが即時抗告審に移り、弁護団はまず、検察官から二〇〇三年四月一八日付で提出された即時抗告申立書の内容を検討し、これに対する反論の準備に入った。反論等をまとめた意見書を早期に裁判所に提出する方針を固め、五月一五日には高裁の担当裁判官らに挨拶かたがた面会に赴き、即時抗告の早期棄却を求めると同時に、すみやかに意見書を提出予定である旨伝えた。

一方では、再審公判手続の調査研究を始めていたことは前述のとおりである。なんと言っても、再審請求の即時抗告審というステージの希少さに加え、応急措置法によって変容された旧刑事訴訟法適用事案であること等、経験の蓄積されていないケースであり、それだけに進行についての予断を許さない。公判が開かれずに結論が出てしまうため、綿密に準備している間に逆転決定などが出てはたまらない。また、その可能性もある。であるから、逆にこちらから、裁判官の正面に迫り、こちらの要望、方針を明確に伝え、裁判所が審理に正対するよう密に関わっていこうという気概が弁護団全体に漲ってくる。

検察官は、即時抗告申立書において、原決定は、①治安維持法の適用法条は天皇が終戦の詔書を発したことで実質的に失効したと判断し、②（再審の対象とはならず非常上告のみが是正方法であるはずの）同法の法的効果について再審事由にあたるとし、③大石鑑定を明確な新証拠とした、以上三点において誤った判断をしたという。

この主張にどう反論するか、またそもそも反論が必要なのか、意見が交わされた。

もっとも、①については、原審における検察官主張の繰り返しであり、その形式主義、文理解釈主義的な論理展開をすでに原決定で明確に批判されているにもかかわらず再度持ち出してきたものであり、新井曰く「形式を見て実質を顧みない検察官の文理主義は、ここに極まれりの観」。②非常上告論は、実定法的根拠がなく、そもそも再審制度の根本理念に反する主張である。さらに、③については、大石鑑定を新証拠とすることは、過去の再審事件の中で論議されてきたことと何ら矛盾しない。

これら検察官主張の瑕疵を指摘しておくことは無駄ではない。特に、再審理由は事実誤認に限る、刑の廃止等は非常上告のみが問題となるという議論（非常上告論）への反論をかためることは必要ではないか。結局、二〇〇三年七月までには、新井、竹澤を中心に意見書が作成され、同年七月一〇日に完成、提出をみる。

一方、吉永満夫は独自に検察官の非常上告論に対する分析反論を試み、その成果が、二〇〇三年九月一〇日付意見書（2）に結実した。同日提出。

2――再審公判に関する理論的問題点研究

ステージは即時抗告審であったが、開始決定後の弁護団の関心は、じつは、検察官の即時抗告理由に対する反論よりもむしろその先の方向に向いていた。会議の記録も、以下の事柄について明らかに多くが費やされている。

すなわち、意見書提出後の弁護団は、いよいよ来るべき再審公判に備えてその手続に関する理論的問題点の研究に集中していったのである。これから進む未知の道程にどのような障害が潜んでいるのか分からない。いざ新たな問題点が登場してくれば、その分析を行い弁護団としての理論構築をしていくには、どうしても時を要する。ことを見越して事前に遺漏なく準備を進めようと諸先輩に励まされ、若手が中心となって、まず具体的問題点の洗い出し、調査研究、報告を行い、弁護団全体として議論を深めていった。

- 死後再審に関する旧刑事訴訟法第五一二条「死亡者ノ利益ノ為ニ再審ノ請求ヲ為シタル事件ニ付テハ公判ヲ開カス検事及弁護人ノ意見ヲ聴キ判決ヲ為スヘシ」に対する対策。および死後再審における請求人の地位如何。
- 再審開始決定の効力は、原確定有罪判決の効力にいかなる影響をもたらすか。
- 再審開始決定の再審公判における拘束力（本件固有の問題として、再審開始決定が実体判断にふれていない故の問題点）。

・再審公判における検察官の地位——「二重の危険の法理」による制約。
・記録が存在しない本件で訴因はそもそも特定できるのか？　弁護団の復元した判決を審理対象とすることは可能か？　また、そのための方途は？

このころ、今後の問題点として、竹澤が繰り返し、「免訴での再審開始決定で、無罪主張はできるのか」「再審公判で免訴となったとき、無罪を主張して上訴できるか（プラカード事件最高裁判決に注目）」という議論を提起していたことが記録されている。

「開始決定の拘束力云々の議論で自ら足かせを設けるのではなく、当然の如く事実審理に引き込んで行くべきである。」「ただし裁判所が安直に免訴に進むことは大いに予測される、そこを封じて実体判断に向かわせるために理論構築する必要性は大きい。」

数多のテーマに沿ってさまざまな意見交換が行われたが、目的に据えられていたのは「裁判所をして実体審理に入らせ、無罪判決を勝ち取ること」。

一方で、矢村決定の内容に鑑みると（矢村決定は再審請求理由一〈治安維持法失効論〉についてのみ判断しており、またそれだからこそ再審開始決定が出たのであるから）、無罪再審請求にこだわり、実体審理・判断を求めるのは困難では?という意見も存在した。

しかし、開始決定で取り上げられた理由についてしか議論ができないのはおかしい。開始決定で明確に排斥された理由であれば格別、いや仮に排斥された理由であっても再審が開始された以上関係なく主張してよいはず、という考え方に全体の議論はまとまっていく。

尚、この時期に、向武男が弁護団に参加した（二〇〇三年九月三〇日の会議から出席）。

3——即時抗告審の進行を待つ

二〇〇三年末になっても、裁判所には何の動きもなかった。大島事務局長が相変わらず裁判所に働きかけを続けていたが、東京高裁中川武隆コートにおいては二〇〇四年春になっても合議開始すらなされていない様子であった。

二〇〇四年四月一九日、弁護団は「即時抗告に対する決定促進を要望する上申書」を裁判所に提出。審理の促進を直接求めるべく裁判官との面会実現を試みたが、裁判所多忙につき「後日日程調整」となり、結局実現をみたのは、約半年後の同年一〇月一五日のことだった。ようやく実現した面会で、弁護団は早期決定を求め、見通しを尋ねたが、裁判所は「鋭意検討中」としか応えない。

同年一二月九日、再度「早期決定を求める上申書」を裁判所に提出。

東京高裁第三刑事部に事件が預けられたまま、ずるずると時が経過していった。

その間、弁護団は、一カ月ないし一カ月半程度の間隔で定期的に会議を続け、小田中聰樹氏をはじめとする研究者の意見をも傾聴しながら前項記載の諸問題点について研究を重ね、同時に再審段階での記録謄写や書証整理なども進めていった。

また、再審公判手続関連の論点以外にも検討課題は多々あった。新井、吉永は各々原決定の内容を詳細に再検討のうえ会議で報告(問題点の指摘と、それに対するフォローの提案を含む)を行ったし、来るべき公判での実体審理のため主張・立証準備(資料検証、事実関係の整理等)、検察官の非常上告論に対する反論整理、治安維持法の悪法性に関する調査研究などが、それぞれの担当者によって始められていく。新しく弁護団に加わった向は、厖大な治安維持法関連の資料と奮闘を繰り広げていた。

このころの弁護団内部には、全くと言ってよいほど楽観的な空気はなかった。残念ながら、それまでの高裁とのやりとりに漂う空気から、中川コートに対する期待感は薄かった。楽観せず、あらゆる可能性（予想される障害）に備えて万全を尽くすことに邁進していたと言ってよい。

二〇〇五年三月八日、裁判所から大島事務局長のもとに連絡が入り、同月一〇日に決定が出されることが知らされた。弁護団は、逆転敗訴の可能性にも備え、合計三通りの声明を用意し、当日に臨んだ。

そして、二〇〇五年三月一〇日、東京高裁第三刑事部書記官室に赴いた弁護団の面々は、その場で、即時抗告棄却決定を受領した。各々が即座に開いた決定書の〝棄却〟の文字に、思わず驚きの表情がひろがる。更に読み進むと、意外にも拷問の事実を正面から認め、それによって得られた自白の証明力を問題とし、拷問に関する被害者らの口述書等を「無罪を言い渡すべき、新たに発見した明確な証拠」であると判断したものであることが分かってくる。思わず、団員同士の顔と顔が見合わせられる。語弊を恐れずに言えば、意外にもというのが、少なくとも私にとっては、当時の率直な感想だったように記憶している。

直後に開かれた会議では、団員の間に一様に喜びの表情がひろがった。この一連の裁判の流れの中で、一番ストレートな喜びを共有できたのがこのときだったように思う。

●森川金寿

実質的な内容に踏み込み、あのように詳しく判断されるとは期待していなかった。あれから六〇年になる今、ここまで来たことを環先生を始めみなさんに感謝申し上げます。（二〇〇五・三・一〇会議での発言）

同月一五日、東京高検は特別抗告断念を発表。再審開始決定は確定した。

第5●即時抗告棄却決定（二〇〇五・三・一〇）から再審公判一審判決（二〇〇六・二・九）まで

再審開始決定確定後、いよいよ再審公判に向けて準備が本格化した。応急措置法により修正された旧刑事訴訟法というレアな適用法令の問題、開始決定の拘束力の問題等をにらみつつ、公判で事件の全貌・実体を暴き、治安維持法の悪法性までをもつまびらかにするためにはいかなる戦略が必要か。どのような主張・立証が有効か。会議は以前にも増して頻繁に開かれるようになり、活動も熱を帯びていく。

●木村まき氏

ご本人が全員亡くなられた現時点まで来たら、もはや一日も早くということではなく、むしろ横浜事件の全貌を明らかにする、内容に踏み込んだ裁判をしたい。（二〇〇五・三・二〇会議での発言）

また、開始決定確定後、弁護団や木村まきさんからの働きかけの甲斐あって、二〇〇五年四月の会議には故小林英三郎さんの妻貞子さん・長男佳一郎さんが出席、五月には故平舘利雄さんの長女道子さんが金沢から上京参加、そして九月には故高木健次郎さんの長男晋さんも出席される。以後、みなさん熱心に会議に加わるようになっていった。

1——再審公判に備えた準備、手続研究

旧刑事訴訟法・応急措置法による再審公判手続の調査研究はすでに即時抗告審決定以前から始められてい

たが、目前に迫った今、現実味を帯びて具体化していく。

まずは旧刑事訴訟法第五一二条第一項（死後再審に関する規定）をのりこえて、何としても公判を開かせたい。また、公訴事実の特定には弁護団の復元による判決内容の尊重を求め、審理の冒頭でつまずくことなく、事件の実体を明らかにすることに突き進み、無罪獲得に向けた充分な主張立証の機会（冒頭陳述、弁論）を確保したい。さらに請求人に当事者としての位置づけを求めたい。それらのための理論構成が検討された。

同時に、審理方法について具体的に協議すべく、裁判官に面会を求めていった。

二〇〇五年四月二六日には、審理方法に関する裁判所（松尾昭一、竹下雄、上原恵美子）・検察官（沖本浩、粟田知穂）・弁護団の三者協議が実現。裁判所は、旧刑事訴訟法および応急措置法下の再審公判手続について未だ不勉強と自認、公判を開くかどうかまだ結論が出ていない、と言う。検察・弁護側双方に対し、審理方法についての意見書提出を求めた（提出期限五月末）。それを見た上、更に勉強を進めて六月末には結論を出したいという。

2――再審公判審理方法に関する意見書（二〇〇五・五・三〇付）、補充意見書（二〇〇五・六・二二付）

早速、弁護団は再審公判審理方法に関する意見書の作成に取りかかった。それまで同問題点について調査を続けてきた岡山がドラフトし、それを俎上に載せて弁護団会議で討議する形で完成。中心は、旧刑事訴訟法第五一二条第一項に則り公判を開かずに判決することは、憲法改正後にその本質を「無辜の救済」に変じた再審制度の中では違憲・違法であるとの主張を展開し、さらにあるべき公判手続について若干の具体的提案を示したものである。同意見書は五月三〇日に提出された。

一方、検察官（粟田知穂）は、予想通り、旧刑事訴訟法第五一二条第一項を根拠として公判不要論を展開

（二〇〇五・五・一四付）。更に、弁護団の意見書に反論書面（二〇〇五・六・一三付）を出してきたが、先の意見書と同趣旨の形式論に止まるものだった。しかし、弁護団は一応六月二二日付で反論書面（再審審理の方法に関する補充意見書）を提出したうえ、再度、裁判官との面会を求めた。

二〇〇五年七月一四日、再度の三者協議が実現。裁判所は公判を開くかどうか現在なお検討中として、双方から立証計画を聞くに留めた。

三回目の三者協議（二〇〇五・七・二九）において、ようやく裁判所から「憲法上の要請とは考えていないが、弁護人らの強い要請などに鑑み、公開の法廷において双方の意見を聴くことにする」と注釈付きながら「公判を開く」という結論が示された。具体的には、旧刑事訴訟法に則り厳格に手続を進行させるのは不可能なので、検察官・弁護人の意見や請求人の証言を聴くことを中心とした柔軟な手続としたいという。公判は二開廷程度、審理対象は即時抗告棄却決定の趣旨に沿ってその合理性が認められた弁護団復元に対応する事実により（この点、検察官異議なし）、冒頭には双方の意見陳述を認め、第三次再審請求事件記録は全て職権で取り調べ（要旨の告知は省略）、新たな証拠請求は旧刑事訴訟法に沿う形で事前に提出することとなった（この時点で、すでに立証計画として弁護団から裁判所にあげていた小田中聰樹、森川金寿、環直彌の証人尋問は「行うつもりはない」とされた）。

柔軟な手続ということであったが、今振り返れば、処分性を有しない裁判所のソフトな意見開示に暗に従わせられたという側面を指摘することも可能かもしれない。しかし、当時、「公判を開く」という重要命題のクリアが喫緊の課題として大きく立ちふさがっていたという現実もあった。

第一回公判は二〇〇五年一〇月一七日に決まった。

3――公判準備

さて、いよいよ公判である。弁護団は、先の審理方法に関する意見書作成と並行して、早々に、公判で主張立証すべきことの整理をし、骨子を話し合い、担当者を定めて、具体的準備を始めていた。

(一) 弁護人冒頭意見陳述、立証準備

第一回公判で予定される弁護人冒頭意見陳述において事件の全貌について遺漏なく主張すべく、綿密な作業が各人に課された。意見陳述全体の骨子に沿った各人の担当部分が決まると同時に、事件毎の担当者も決まり、立証準備(人証、書証)もそれぞれに進められていく。以前から相当程度準備が始められていたとはいえ、公判までは二カ月半余り。平均年齢が優に七〇歳を超える弁護団の面々は、各人の起案作業に加えて、夏の暑さにもめげず一～二週おきには弁護団会議に参集し、相互に熱心な意見交換を行った。この夏の暑さは特に厳しかった。しかし、当時すでに九二歳を迎えられていた森川金寿団長は、それらの会議にほぼ皆勤されている。

ときに熱の入りすぎた原稿には、他のメンバーから率直な疑問が投げかけられることもあった。端的な矛盾の指摘もあった。各論考相互の調整を図られることもあり、幾多の議論を重ねた後、一〇月三日の会議では、約三時間半にわたる冒頭意見陳述と証拠調べ請求の内容がほぼ具体的にまとまった。もっとも、冒頭意見陳述の内容については、その後も各人の最終稿がギリギリまで詰められたのち、大島事務局長のもとに集められて、大島のとりまとめ作業を経たのちに最終稿として完成していく。大島を中心としたその作業は公判の直前まで続いていった。

(二) 検察官免訴論への反論準備

また、この時点で弁護団が懸念したのは、検察側が実体審理に入る前に免訴判決を求め、それに裁判所が呼応して、結局実体審理を行うまえに免訴判決で門前払いとされる可能性である。その道筋を封じるため、予想される検察官の免訴主張に対する反論の検討も開始された。何としても公判のなかで事件の実体を明らかにしなければならない。

検察官の主張が予測される、昭和二〇年一〇月一五日公布・施行の勅令「治安維持法廃止等ノ件」による治安維持法廃止（弁護団が主張した原確定判決言渡日以前の失効とは異なることに注目）と、同月一七日公布・施行の大赦令による大赦を根拠とした免訴判決は、過去の誤った有罪判決を完全に失効させるものとはなり得ず、理論的には誤判と両立して存在し得るものであって、誤判からの無辜の救済という再審の根本原理とまったく相反するものである。

反論書の準備は、刑訴法学者小田中聰樹氏からも参考意見を頂きつつ慎重に進められていった。

公判期日に先立つ一〇月七日、再度、裁判所・検察官・弁護人の三者協議が行われ、公判の進め方、タイムテーブル等について協議、一定の合意が調った。

4――公判

(一) 第一回公判

二〇〇五年一〇月一七日(月)午前一一時〇〇分乃至午後四時一〇分、横浜地裁第一〇一号法廷において、第一回の再審公判が開かれた。傍聴券を求める人びとは列を作り、傍聴席は、報道陣と傍聴人で埋め尽くされた。その最前列に請求人の方々が並ぶ。

公判のおおよその流れは次のとおりであった。

・冒頭に、書記官が事件番号・被告人名・事件名を読み上げ、その読み上げられた事件について再審開始決定に基づき審理することを松尾昭一裁判長が宣言。

・検察官（沖本浩、粟田知穂）が「当公判は、旧刑事訴訟法第五一二条第一項前段に違反するものと考える」と意見表明。但し、裁判長の求釈明に対し「意見の域を出るものではない」と応え、裁判長は「裁判所は、本件について公判廷で双方の意見を聴き、証拠調べをする」と宣言。

・審理の対象につき、裁判長は検察官に対し、弁護人によって復元され抗告審がその復元過程を認めたものを起訴状記載の事実に対応するものと考えることについて求釈明。検察官は「異議なし」と回答。

・検察官意見陳述。刑の廃止、大赦に基づき免訴判決を求める。

・弁護人意見陳述。まず検察官意見に反論（大島）。続いて「冒頭意見陳述」。

・請求審で弁護人から提出された書証はすべて職権で証拠調べ。

・弁護人・検察官から証拠調べ請求。裁判所はすべて採用。

当日公判で行われた弁護人冒頭意見陳述の項目とその担当者は次のとおりである（四と五については実際の陳述は書面とは逆順に行った）。

一、はじめに　　森川金寿

二、横浜事件再審公判の意義と課題（総論）　　竹澤哲夫

三、横浜事件とは（事件の全体像、横浜事件と治安維持法）　向武男
四、被告人らは無罪である（本件の証拠構造、拷問の事実）　吉永満夫
五、確定審の実態と公判の意義（司法の責任）　岡山未央子
六、本件再審開始に至る訴訟経過と再審公判の課題（本件横浜地裁決定と東京高裁決定の意義に触れて）　新井章
七、本件における被告人ら及び家族の損害（木村亨の場合）　内田剛弘、斉藤一好
八、おわりに　環直彌

三時間半に及ぶ冒頭意見陳述に弁護団は文字どおり心血を注ぎ込んだ。公判終了直後、ようやくにして公判の場で事件の全体像について主張を試み得た達成感と疲労感が、弁護団員一人ひとりを包み込んでいた。木村まきさんを始めとする請求人の方々に感謝の言葉を頂き素直に嬉しかった。公判後の弁護団会議には、それまでの会議では経験したことのない、少し緩やかな感触を伴う空気が流れていたように記憶している。しかし、そうしてばかりはいられない。第二回目の公判期日は迫っていた。今度は、請求人の方々に想いの丈を陳述して頂けるよう準備しなければならない。また、検察官意見（免訴論）に対する反論という重い課題も残されていた。

すでに準備はほぼ終わっていたが、第二回公判までの間にも弁護団会議は二回ほど開かれている。その会議では、主として、立証準備の確認と、免訴論に対する反論について協議された。

（二）第二回公判

二〇〇五年一二月一二日（月）午前一一時〇〇分乃至午後五時〇七分、横浜地裁第一〇一号法廷で第二回期日が開かれた。開廷に先立ち、法廷にはモニター計五台（裁判官用に二台、検察官・弁護人用に各一台、傍聴

者用大型モニター一台）がセットされた。
当日の大まかな流れは次のとおりである。

・すでに採用された証拠調べとして、ビデオ「横浜事件を生きて」の再生（五八分）
・同じく、ビデオ「板井庄作氏インタビュー」の再生（六〇分）
・弁護団から以下四名の証人申請。検察官が「不要と考えるが然るべく」と意見を述べたのち、裁判所は採用決定。ただちに証人尋問が実施された。
請求人　平舘道子
請求人小林貞子の長男（小林英三郎長男）　小林佳一郎
請求人　髙木晋
請求人　木村まき
・検察官補充意見陳述
・弁護人から検察官意見に対する再反論（岡山）
・弁護人最終弁論（竹澤）
・裁判所、判決言渡期日を二〇〇六年二月九日と指定

こうして公判を終えた後開かれた弁護団会議では、検察官意見に対する反論の要否が論じられたが、更なる反論は不要と結論を出し、二月九日の判決言渡を待つことになる。

この年（二〇〇五年）の秋、当弁護団の活動が、東京弁護士会の人権賞を受賞することが決まり、年明け二〇〇六年一月一〇日の東京弁護士会新年会において表彰されることになった。永年に亘って黙々と関わってこられた森川団長を始め諸先輩にはきわめて相応しい場であった。新年の弁護士会館で矍鑠と挨拶された森川団長の姿が忘れられない。

余談になるが、筆者はその年始ミャンマーに旅行しており成田から直行したが表彰式に遅参した。それを聞いた森川団長は即座に「ほお、スーチーさん（当時、軍事政権によって自宅軟禁状態におかれていた）には会えましたか？　お元気でしたか？」と筆者に尋ねられた（残念ながら筆者のそれは単なる観光旅行であったが）。その質問の発せられ方があまりにも自然で、森川団長が永年に亘り日本国内外を問わず人権擁護のために闘ってこられたこと、それが氏にとっては呼吸をするように自然なことであることが、しみじみ感じられたひとこまであった。まさに人権賞にふさわしい。

●森川金寿

再審の判決では、単に無罪というだけではなく、六〇年前に治安維持法という悪法の適用について、何らの慎重さを払わず、警察や検察と一体となって、次から次へと安易な有罪判決を下していった裁判所の行動にどのような反省が述べられるか、そこに注目しています。（二〇〇六・一・一〇　東弁人権賞授賞式でのスピーチ）

（三）第三回公判　判決言渡

二〇〇六年二月九日、横浜地方裁判所第二刑事部は「免訴」を言い渡した。

この日も傍聴券を求める人は列を作り、運良く籤をひき当てた傍聴人らとマスコミで傍聴席は満席だった。

判決はいう。

「公判裁判所が公訴について実体的審理をして有罪無罪の裁判をすることができるのは、当該事件に対する具体的公訴権が発生し、かつ、これが存続することを条件とするのであり、免訴事由の存在により公訴権が消滅した場合には、裁判所は実体上の審理をすすめることも、有罪無罪の裁判をすることも許されない。この理は、再審開始決定に基づいて審理が開始される場合においても異なるものではない。」

「旧刑事訴訟法は、再審請求に対する審判と再審開始決定後の再審の審判とを明確に区別しており、前者は再審請求が適法であることを前提として、再審請求理由の有無を審判することを目的とするのに対し、後者は本案事件について審級に従い再度審理、裁判を行うものであって、原裁判の当否を審査し、これを是正することを目的とするものではないことは明らかである。」

「旧刑事訴訟法は、再審開始決定後の再審の審判は、法自ら除外している事由がある時を除いて、通常の公判審理と同様の手続に従い、それぞれの審級における一般原則に従って公訴事実に対する審判を行うことを当然のこととして予定しており、再審公判について、通常の公判手続の規定を除外し、免訴事由が存するにもかかわらず、無罪の実体判決をすることを予定した規定をおいていないことは明らかであるから、再審開始決定後の再審の審判においても旧刑事訴訟法三六三条の適用がある。」

弁護団は、判決言渡の翌日二〇〇六年二月一〇日、東京高等裁判所に対し控訴を申し立てた。

第6●再審公判一審判決（二〇〇六・二・九）から控訴棄却判決（二〇〇七・一・一九）まで

判決言渡後の弁護団会議（二〇〇六・二・一三）では、地裁免訴判決の内容に対する怒りの声が口々に発せられた。

そして、直ちに環から今後の検討課題が提案され、それをベースに論点を抽出し尽くすべく各自が検討に入っていった。会議は約二週毎に開かれ、また会議とは別に若手中心のドラフト作成グループのミーティングも頻繁に行われ、論点が矢継ぎ早に整理されていく。

なお、この段階から森川金寿団長の子息、森川文人の若いエネルギーが弁護団に加わった。父から子へ闘争スピリットを引き継いで親子二代にわたる参加となる。

一方、それまで名前を連ねておられた仙台弁護士会の阿部泰雄は、遠路ゆえ弁護団会議への出席が叶わずこの時点で退かれた。

●森川金寿

よくわからんところもあるが、こちらが要求したこととは全く違う方向に行った気がする。これは判決といえば判決かも知れないけれど、心の琴線に触れるものが全くない。今後、控訴段階でできるだけ裁判所を非難し、我々が納得できるようなものを作り上げて欲しいと思う。このような判決のような決定のような訳のわからないようなものは今まで見たこともない。放っておくわけにはいかない。亡くなった人の恨みを晴らしたい。日本の裁判官の姿勢がこれではわからない。我々としては全力を挙げてやるだけはやろうではないか。先の長い話でしょうけれども、みなさんによろしくご協力いただいて最善を

尽くすということでやって頂きたい。私もそのつもりです。（二〇〇六・一一・一三会議での発言）

1――控訴審の審理方法を巡る三者協議前の準備

控訴申立後、弁護団で主に議論されていた論点は次のとおりである。

なにぶんにも再審公判における控訴という経験値の少ないステージであることに加え、旧刑事訴訟法での手続である。公判を開かずに控訴棄却判決が出される等不測の事態に急襲されないよう万全の対策を講じたい。まずは、早期に裁判所との進行協議をもつ必要性が語られた。

そして、その事前協議前から我々が準備しておく論点として、次の諸点が検討された。

① 旧刑事訴訟法下の控訴審手続（現行法との差異）
② 「およそ免訴に対する控訴には控訴の利益なし」とする理論への反論――プラカード事件最高裁判決の射程範囲
③ 旧刑事訴訟法下での免訴（実体裁判説）
④ 再審公判と訴訟条件（再審公判では、訴訟条件の先決性に合理的理由なし）
⑤ 原判決確定後の免訴事由による再審での免訴判決の適法性――再審公判裁判所の役割論

また当然のことながら、並行して、原免訴判決の詳細な検討が行われ、昭和二三年五月二六日最高裁大法廷プラカード事件判決、昭和四〇年一二月一日東京高裁大逆事件決定等との関係性が探られた。各自がそれぞれにまとめたレポートが次々と積み重ねられていく。仙台から小田中教授にも頻繁に会議への参加を頂き、貴重な意見を伺いながら議論が深められ、徐々に控訴理由の輪郭が調っていった。二〇〇六年六月二七日の会議では、予定される冒頭意見陳述の骨子と各項の担当者が決まり、各人具体的な準備に着手していった。

このころ、議論を重ねるにつれ、今さらながら再審というものが持つ特殊性、その理念を全員が再認識せざるを得なかったのではないか。ここで免訴はあり得ない。法律家としての、いや、それ以前に人間としての直感が揺るぎなく「それは違う」と告げている。なぜここで免訴であってはならないのか。それは誤判からの救済とは何を意味するのか、という再審の本質論と分かち難く結びついている。横浜地裁松尾コートが駆使した形式論理では決して出口は見えてこない。この直感を、法律家としての論理的整合性を持って裁判所に対し説得的に展開するにはどうしたらよいのか。この裁判は何のための裁判なのか。繰り返し何度も、刑事再審の「原点」に立ち戻らされていたように思う。

二〇〇六年四月中旬、ようやく記録が横浜地裁第二刑事部から東京高裁に移動。控訴審の担当部（第八刑事部、阿部文洋コート）、事件番号が決定した。

二〇〇六年七月六日、かねてから弁護団が裁判所に対し働きかけていた裁判官（阿部文洋、高梨雅夫、森浩史）、検察官（大野重國）、弁護団による三者協議がようやく実現する。この席で、阿部文洋裁判長は、「本件は控訴の利益があるかどうかが第一のハードルであり、それについての双方の意見を公判を開いて聞いた上、裁判所が判断したい。ついては、まずは事前に書面で双方の主張を出して欲しい」とリード。弁護団は、控訴の利益を争う検察官が先行して意見を出すべしと主張したが容れられず、双方からの書面提出期限（反論の機会を含めて二回）、書面提出後の三者協議日程、公判日程まで、この日に定められた。

書面提出期限（双方）　第一回目：九月八日、第二回目：一〇月一一日
第二回目の三者協議日程　一〇月一一日
公判日程　第一回：一一月九日、第二回：一二月七日

印象として、裁判所はこの時点ですでにおよそ方針を決定しており、単に形の上で主張の機会を保障しておくという対応であるかのように、当方には響いた。裁判所の語る言葉は予め用意されており、相手の言葉には全く呼応することがない。それまでの担当裁判所の中で最も杓子定規な、体温の感じられない協議、というのが率直な感想である。

2――冒頭意見書作成（二〇〇六・九・八付）

三者協議を経て、早速弁護団では、最初の締切に向けた書面作成の準備にかかった。

今回提出の書面について裁判所から求められたテーマは、あくまで控訴の利益。しかし、控訴の適法性を説くには、結局は一審免訴判決の違法性を論じざるを得ず、その前提として再審制度の目的・理念を説く必要もあろう。またプラカード事件最高裁判決の射程等諸論点に言及せざるを得ない。三者協議の空気に照らすと、入口の形式論で一気に判断する危険性が高い。言うべきことは最初にすべて言わねばならぬ。そのことが会議で確認され、これまで冒頭意見陳述の準備としてすすめてきたものをベースに、具体的論述の準備に入っていった。

・「およそ免訴判決に対しては控訴の利益なし」という通常審に関する通説は再審事件には該当しない。

・再審における特殊性：再審制度の目的理念と再審公判のあり方――再審における実体判断優先論。
・原審は最高裁プラカード事件判例の射程を誤り、全くケースの異なる本件にそのまま適用した。有罪判決確定「後」に起きた刑の廃止、大赦を理由として再審公判のステージにおいて免訴判決をすることは許されない。
・再審の理念を忘れ、安易に通常審と同様に扱って、旧刑事訴訟法第三六三条第二号、第三号を適用するのは誤った法適用であり、原審の免訴判決は違法である。
・法適用及び判例適用を誤ってなされた再審免訴判決に対して控訴が許されることは再審制度の制度趣旨からみても当然である。

裁判所から提出期限と指定された二〇〇六年九月八日、弁護団は東京高裁第八刑事部に「冒頭意見一」を提出した。同日、検察官（大野重國）からも同日付「意見書」が提出された。

3――第一回公判に向けて
――検察官意見書旧刑訴法第五一二条第三項論に対する反論（二〇〇六・一〇・五提出）を含む

検察官の二〇〇六年九月八日付意見書は、最高裁プラカード事件判決を引いてきわめて簡略に控訴の利益を否定するものであったが、同時に旧刑事訴訟法第五一二条第三項（公判を開かずになされた死後再審等における判決に対しては上訴はなしえず、とした規定）を根拠として控訴の利益を否定するものでもあった。

そこで、討議の結果、旧刑事訴訟法第五一二条第三項論に関しては、改めて反論書面を用意することになり、「平成一八年九月八日付検察官意見書に対する反論書」として同年一〇月五日に提出された。

要旨は次の通りである。検察官の主張は、旧刑事訴訟法第五一二条第三項の文理に照らしても不当であり（同条項は公判を開かずになされた死後再審における判決を対象としたものである）、また応急措置法による修正の趣旨（＝憲法の制定趣旨に適合しない規定は有効たり得ない）に照らせば、単純に同条項に基づき上訴を不可とすることは許されない。


また、あくまで控訴の利益論に限定して公判を開くという裁判所の思惑をこえて、やはり公判では、本件の実体を明らかにして裁判所の判断を待ちたい。無罪を求める弁論を第一回公判の場でどこまでどのようにやるべきか、というテーマについて、盛んに意見が交わされた。

そのなかで、免訴判決言渡後の社会の率直な反応を証拠化して出す、という竹澤提案に基づき立証準備もなされた。たしかに原審判決後、ひろく社会のあちこちで、この分かりにくい「免訴判決」に対する疑問が呈されていた。特に新聞の社説欄では、全国紙・地方紙を問わず、過去の誤判にきちんと向き合わなかった形式的な一審判決を批判する論説が多数発表された。その事実自体が、司法界の一歩外側から見れば、責任の直視を避ける裁判所の姿勢が如何に不自然で理不尽なものとして映るかを明らかにしている。免訴判決の不自然さが周囲から照らされることで露呈していると言えようか。結局、一六紙の社説が集められ証拠として提出された。


二〇〇六年一〇月一一日、予定された第二回目の三者協議が行われた。

弁護団は、実体審理をしなければ控訴の利益の有無は判断できないとして、実体審理に踏み込むことを強く求めたが、裁判所はあくまで控訴の利益についての判断のみを先行させることを強調する。この協議では弁護団が求める審理の具体的内容を聴き、それをもとに裁判所が再度合議を行ったうえ、公判前の一〇月二七日に、進行について再度三者協議を行うこととなった。

控訴審第一回公判まで一カ月を切った二〇〇六年一〇月一六日、森川金寿団長が逝去された。いつもボルサリーノの中折れ帽をやわらかに被り、ステッキをかるく携えて、愛妻の美穂さんとともに歩く長身の森川金寿先生が、体調不良から弁護団会議に姿をお見せにならなくなって数カ月が経過していた。背筋をまっすぐに伸ばされて歩み、人権のために刻まれた九三年間の見事な年月には驚嘆を禁じ得ない。この横浜事件再審弁護は、被害者のお一人である故木村亨氏に出会った森川金寿一人によって、その第一歩を踏み出したのだ。我々はその志を継がねばならない。

この年の二月に再審公判第一審の免訴判決を受けて、氏は「このような判決のような決定のような訳のわからないようなものは今まで見たこともない。放っておくわけにはいかない」とおっしゃったのであった。

二〇〇六年一〇月二七日、第三回目の三者協議が開かれた。裁判所は、合議の結果、あくまで控訴の利益の有無に関する証拠を調べ、控訴の利益の有無を判断する、と方針を開示した。ただし、弁護団が予め提出した証拠については採否を検討し採用したものは取り調べる、という。弁護団からは、あくまで実体審理を先行させ、控訴の利益に関する判断は終局的な段階で行って欲しい旨主張するが、形式論に終始する裁判所とは話がかみ合わない。

しかしながら、公判の第一回期日の進行方法の具体的内容については一応の合意を見た。もっとも、その「具体的内容」が有する意味に対する裁判所の認識が、弁護団のそれとおよそかみ合っていないことについては、この時点で皆が気づいていたように思う。

この三回目の三者協議をはさんで、弁護団では、公判でのたたかい方について議論が沸騰していた。

竹澤は、再審開始決定の拘束力について力説すべしという。上級審である抗告審において再審理由の修正を受けて、しかも検察官が不服申立を行わずに確定した開始決定を無視し、再審決定に基づいて判決すべきところを、あえてその趣旨に反した原審判決に対し、控訴の利益があるのは当然のことだと主張すべきだという（このころ竹澤が作成した草稿はそのまま公判廷に現出することはなかったものの、今読み返してみて、再審の趣旨を全く没却した進行を冷徹にすすめようとする裁判所とそれに追随する検察官への怒り、裁判所の理不尽なペースに巻き込まれずに弁護団の主張を展開しようとする意気込みが、ストレートに伝わってきて今さらながらに改めて圧倒される）。

また、吉永は、元被告人らが有する無罪実体判決請求権あるいは無罪実体判決期待権と呼ぶに相応しい訴訟法上の権利ないし利益、という観点から控訴の利益を主張すべきと提案した。

全体での協議の結果、他の主張内容との微妙な整合性が問題となり、どちらも最終的にはそのまま弁護団の主張とはならなかったが、どの段階でも弁護団員の一人ひとりが真正面から事態に取り組みベストを尽くしていたこと、また、その内容が極めて高レベルであったことの一例である。

また、裁判所が実体審理に入らず早々に「控訴の利益なし」と判断して公判を打ち切ることへの懸念は払拭しきれない。その対策として、「審理の進行に関する意見書」の準備が進められた。

結局、第一回公判の三日前まで弁護団会議を幾度も重ね、最終的に公判に臨む方針が固められていった。

4——第一回公判（二〇〇六・一一・九）

二〇〇六年一一月九日（木）午後一時三〇分乃至午後四時〇二分、東京高等裁判所第一〇二号法廷において控訴審第一回公判が開かれた。

・裁判長が「原審が認めたとおり、再審請求の段階において弁護人が復元し、抗告審においてその復元過程の合理性が認められた各被告人に対する判決書の内容と同じ事実を審判の対象とすることでよいか」と検察官・弁護人の双方に確認。「異議なし」との意見を得て審判に入る。

・①復元された判決書、②再審開始決定書、③即時抗告棄却決定書、④検察官の報告書（刑の廃止、大赦の事実）を職権証拠調べ。

・控訴の利益の有無について弁護人の弁論（森川文人、新井）。

・控訴の利益の有無について検察官の弁論。

・検察官意見に対する弁護人の反論（岡山）。

・弁護人からの証拠調べ請求　（ア）証拠調請求書記載の新たな証拠、（イ）原審で調べた全証拠。

・検察官の証拠調べに関する意見　（ア）は異議なし、（イ）は異議あり。

・休廷して、裁判所合議。

・合議後再開し、上記（ア）のみ採用決定。

・進行に関する弁護人の意見陳述（大島）と検察官の意見陳述。

・「これで結審するが、その前に双方に意見はあるか」と裁判所から双方に尋ねる。

・休廷して、弁護団協議。
・弁護団から、最終意見陳述のために次回期日で時間が欲しいと要望。
・次回期日（一二月七日）に、弁護人の最終意見陳述の機会を設けることを決めて閉廷。

公判翌日に開かれた弁護団会議では、控訴利益論に終始せんとする裁判所の訴訟指揮を前にして、最終意見陳述を巡る議論が沸騰した。

あるいは抗議の意味をこめて、あるいは裁判所の翻意を期待して、あるいは故人の想いを考えてもこのままでは引き下がれない、訴訟指揮に対しNOという姿勢を記録にも残そうとの想いから、あるいは訴訟技術に矮小化したままここで終わっては多くの支援の期待に添えない、訴訟手続の中に埋没させてはならない重大な意味があることを述べておきたいと主張して、弁論を強く希望する弁護人が一方におり、また一方では、これほど拙劣かつ弁護団を愚弄する訴訟指揮による進行に弁護団が乗り、法的には訴訟行為として何ら意味を持ち得ない意見陳述を行うことは無意味であると反対する弁護人もいる。

意見陳述をするとしても、議論の上整理して弁護団として統一した意見を述べようとする意見もあれば、各人の責任で各々が準備して語るべきという意見もある。

これまでにも増して、議論は熱く交わされた。

その前提として、始めから形式論に終始し控訴の利益なしと決め込んでいる裁判所の訴訟指揮に怒りを禁じ得ない気持ちが、全員に共通しているのだ。弁護団のなかに怒りと苛立ちの空気が蔓延している。心なしか互いに交わす各人の言葉が刺を帯びている。なぜ、裁判所はあのような進行をしたのか、今でも疑問である。

結局、第二回公判の三日前の段階で、竹澤、斉藤、内田、向、吉永、新井、森川文人の面々が各々弁論を行うことに相成った。

同時に、意見陳述を希望する請求人ご本人（木村さん、平舘さん）のそれも裁判所に対し求めることになった。この意見陳述の申立を事前に行うかどうかも議論があったが、これまでの再審事件史のなかで、本人ではない請求人の立場については「特別弁護人」とすることが裁判所側の最大限の譲歩であった実情に鑑みて、当日いきなり申し立てても実現可能性が低いと見込まれたため、事前申立の手順がとられた。しかし、裁判所からは理由も告げずに口頭で「認められない」と結論だけが伝達されてきた。結局、決着は公判の場に持ち越されたが、認められなかった場合に備え、予め用意した書面を、弁護人の意見陳述の中に引用する方法が用意された。

5――第二回公判（二〇〇六・一二・七）

かくして、二〇〇六年一二月七日（木）午後一時三〇分乃至四時過ぎ東京高等裁判所第一〇二号法廷において第二回公判が開かれた。

・裁判長が「弁護人から請求人木村まきに最終意見陳述の機会を与えるべきとの申立があったが、再審請求人と被告人とを同様に扱うべきではないから、機会を与えることはできない」と言明。
・弁護団は、吉永、斉藤、竹澤、向、内田、新井、森川文人、岡山の順に、途中一五分程度の休憩を挟んで、合計二時間半の最終陳述を行った。

吉永は、無罪判決期待権という観点から控訴の利益を訴え、常識と矛盾しない社会的妥当性を有する判断を求めた。

斉藤は、端的に、原審判決は判断の対象と時機を誤っていると指摘した。

竹澤は、その陳述の前半では、無罪判決の正当性を訴えると同時に、その後半を割いて、亡き板井庄作氏の陳述書に基づいて、故人が法廷で裁判所に聴いてもらいたかったであろうことを代わりに述べた。

●板井庄作氏

私の裁判であるならば、少なくとも裁判官が私に質問し、私の言い分を聞いてくれたはずです。しかし、この時、私は全く発言していないのです。私が行ったという犯罪について、検察官、弁護人そして裁判官がやり取りをしたということもありませんでした。

裁判官らしい人が、私に対して、懲役二年、執行猶予三年と述べ、それでお終いだったのです。

私は、昭和一八年九月九日に検挙され、約三ヶ月の間磯子警察署で留置され、峻烈な暴虐を受ける拷問の下で取調を受けましたが、拘置所に移されていた約一年九ヶ月の間は殆ど放りっぱなしにされていました。それからこの裁判まで一度も裁判官から私の言い分を聞いて貰ったことはないのです。それが、日本が敗戦となるや慌てて裁判の形だけ整えて私に有罪の烙印を押したということなのです。

（中略）

私が裁判所に望むのは、裁判官に、法廷で、私の言い分を聞いて貰いたいということです。

果たして、私が治安維持法で有罪であるに値したのかどうか、また、日本の敗戦により天皇制が崩壊したにもかかわらず天皇制を護持するための法律によって私を有罪と出来るのか、この点を明らかにするのが裁判所の役目と思いますが、さらに、日本の裁判所が私に対して、一度も私の言い分を聞かずに裁判したという事実を糺すためにも、この再審裁判で私の話を聞いて頂きたいと考えるのです。
私は、全ての司法関係者が、この横浜事件を含めて、戦前の無法な司法について、自己批判することが必要と考えています。（二〇〇二・二・一九付陳述書の言葉から）

そして、竹澤は最後に「このような確定審の審理をそのままにして、事後的大赦令等による免訴論に導くとすれば、それこそ問題の本質をそらし、すりかえるべく法理を弄ぶものと言わなければならない」と結んだ。

向は、請求人平舘道子の意見を引用すると同時に、元大審院判事三宅正太郎氏の言葉を引いて「裁判の根本は訴訟法の上にはなくして、我々の持つ心の上にあるのだ」と訴えた。

内田は、プラカード事件最高裁判決が具体的にどのような内容を持っていたのか、当時の最高裁判事の個別の意見を精査分析し、「まさに百家争鳴の状態であり、この事態を収拾するためには多数意見（一五名中九名）が採った形式裁判としての免訴判決しかなかった」ものであることを明らかにする。その最高裁判決の結論部分だけを、杓子定規に、しかも全く異なる法的段階にある本件に適用することの不合理性を指摘した。

新井は、裁判所が結論を出す場合、何段階にもわたって法的価値判断の岐路に立たされ、その都度複数選択肢のなかから自ら宜しとする価値選択（法解釈）を行っていくことを分析し、その際に、再審制度の理念である「無辜の救済」を実現するのに最も役立つ法解釈は何かという観点にたって価値判断を行い、大局的な見地から解決に当たるよう求めた。

森川文人は、民衆の司法に対する信頼を裏切るな、司法の独立に基づき裁判所としての役割を果たすべきと訴えた。

岡山は、請求人木村まきさんに代わり、彼女が用意した言葉「横浜事件の被害者に無罪判決を」をそのまま伝えた。そこには、亡き木村亨さんとの生活、事件の被害者の一人故川田定子さんとの交流等を通して、もはや彼女自身の血肉となった経験が綴られていた。

●木村まき氏

人の人生を、命を奪っておいて、それに荷担した司法はこのまま放置するのでしょうか。永久に蓋をしてしまうのでしょうか。

（中略）

横浜事件の被害者は、いわれのないことで有罪判決を言い渡され、汚名を着せられたまま、次々と死んでいきました。あの世でも罪の衣は着せられたままです。横浜事件から、六〇年以上も経ちました。司法は被害者に謝罪し、無罪の判決を言い渡し、司法が着せた黒い着物を脱がせて、真っ白な着物を着せてください。

（中略）

間違っていた裁判を正してください。免訴などということで逃げないで、真正面から取り組み、横浜事件の実体審理をして無罪の判決を出し、被害者に謝罪してください。司法の良心、そして被害者への深い想像力を持ってください。無罪にできないはずはありません。（法廷で直接は語れなかった意見陳述の言葉から）

最後に、弁護団は、請求人平舘道子さんの意見書の提出を求めたが、裁判所は「被告人と再審請求人が同等の立場にあるとは認められないので、請求人の最終陳述は書面の提出でも認められない」と退けた。

この最終意見陳述を裁判所はどう聞いていたのか。むしろ不自然なほど淡々と結審し、判決言渡期日として二〇〇七年一月一九日午後一時三〇分が指定され閉廷した。

今改めて最終意見陳述の全文に目を通してみると、諸先輩それぞれが永年に亘り弁護士としてどう立ち歩んでこられたのかがひしひしと伝わってくる。それは、法曹の先達として、後輩である裁判所に対し、裁判とは本来如何なる役割を果たすべきものなのか、裁判とは一体どうやってやるものなのかを教示するものであったのか。何ゆえか物事の本質から目をそらし、事件の背後に拡がる社会的な重要事実に直面することをひたすら避けて、皮相な形式論に終始しようとする現実の裁判所に対する、それはむしろ差し伸べられた「救いの手」であったようにも見える。

しかし、阿部コートはこれらの意見に一切耳を傾けようとしなかった。法壇の上だけが不自然なほどに温度が低い不思議な法廷の空気自体が、その事実を明らかに物語っていた。なぜなのだろう。それは、目の前に生身の人がいるのに、殊更その生身の人間が存在しないかのように各人が手の中の携帯をいじっている近頃の街中の風景にも似た、異様な冷たさだ。これは、なんなのだろう。

皮肉にも、筆者は、司法修習生時代、この控訴審の担当コートを率いる阿部文洋裁判長の下で刑事裁判修習を行ったのだ。しっかりと証拠を調べて事実認定をし、判例調査を行い、破綻のない緻密な判決起案をすることを仕込まれた三カ月間だった。ちょうど地下鉄サリン事件で社会が騒然としていた頃のこと、阿部コートは主犯とされる松本智津夫被告の事件等を担当して極めて多忙なピリピリした空気にあったが、そんななかでも非常に丁寧な指導を頂いたのだ。司法のあり方、司法教育のあり方をめぐり想いは尽きない。

6――控訴審判決言渡（二〇〇七・一・一九）

二〇〇七年一月一九日午後一時三〇分、東京高等裁判所第七二五号法廷において判決が言い渡された。控訴棄却。当事者の表示・主文を含めて全部で六頁、開廷から閉廷まで所要時間はおよそ一三分程度であった。

判決は、「およそ免訴の判決は、被告人に対する公訴権が後の事情で消滅したとして被告人を刑事裁判手続から解放するものであり、これによって被告人はもはや処罰されることがなくなるのであるから、免訴の判決に対し、被告人の側から、免訴の判決自体の誤りを主張し、あるいは無罪の判決を求めて上訴の申立てをするのはその利益を欠き、不適法である」とプラカード事件最高裁判決を引用し、被告人が死亡している場合でもこの理は変わらず、また、免訴制度・免訴判決の趣旨をも併せ考えると、再審公判において通常の公判の場合と別個に解することはできない、という。さらに、再審公判は確定した有罪判決の当否を審査しこれを是正することを目的とするものではなく、再審公判で判決が確定すれば、当初の確定有罪判決は当然に失効するのだから、有罪判決確定後に刑の廃止・大赦があった場合も、「結局は」判決言渡前の刑罰権の成否未定の間に刑の廃止・大赦があった場合と同様の状態になるのであって、刑の廃止・大赦の時期と刑罰権の成立の先後に応じて免訴判決に対して被告人の側に控訴の利益があるか否かの結論に差を認めるべき理由は見出し難いという。

同日、弁護団は直ちに東京高裁に上告状を提出した。

第7●控訴棄却判決（二〇〇七・一・一九）から上告棄却判決（二〇〇八・三・一四）まで

1――上告趣意書準備（二〇〇七・九・一一）

控訴棄却判決を受けて直ちに上告した弁護団は、上告趣意書の準備にとりかかった。

プラカード事件最高裁判決の引用は誤りであり消極的判例違反に当たらないか。憲法違反としては、第三一条（適正手続）、第三二条（裁判を受ける権利）が中心となろうが、第一四条（平等原則）は論じられないか（当事者が関わり得ない一方的な国家の作為によって全く異なる結果が生じることは不合理、不平等ではないか）。判断遺漏の指摘はできないか。確定判決の正誤判断の基準時に関する指摘は可能か。白鳥事件最高裁決定を持ち出す等再審についての大局的な議論も必要ではないか等々。二〇〇七年一月三一日に開かれた弁護団会議ではさまざまな論点・法律構成のアイディアが出される。会議毎に各人が持ち帰って更に調査検討を深め、再度持ち寄り、徐々に憲法違反、判例違反、法令違反（刑事訴訟法第四一一条）という枠組みに沿って整理がすすめられていくことになる。

判決言渡から一カ月も経たない二〇〇七年二月一六日の会議のころから、すでに吉永、大島、内田、森川文人、斉藤、岡山がそれぞれの上告趣意書案を持ち寄り、一方、新井は原判決を精査し、その論理的弱点をまさに論理的に衝こうと問題点をまとめ上げていた。その後の討議を経て弁護団として統一された上告趣意書を作成する過程で、それらは消化吸収されていくわけであり、原形を留めて書面化されるものではないが、それらの原案を今改めて読んでみると、それぞれの角度から控訴審判決の粗さを衝いていて興味深い。

とりわけ内田案は、控訴審が安易にプラカード事件最高裁判決を引用した誤りを取り上げて、「判例」のratio decidendaiについて慎重・厳密な検討の形跡がないことから指摘し、「判例の拘束性の根源は、判例それ自体にあるのではなく、あるべき法解釈こそが問題なのであり、判例はその推測資料として意味を持つ」とする中野次雄判事の言を引用したうえで、控訴審の誤った判例引用がつまるところ判例違反にあたると説いていたことを記しておきたい。

それまでの裁判の経緯から、いきおい免訴論、公訴権論、訴訟要件論、再審公判性質論と、どうしても議論は手続論に向かって流れやすく、検討を重ねれば重ねるほど理屈の隘路にはまりこむ危険が増してくる。竹澤は、「国民的には通用しえない免訴論という手続論や上訴の利益論のみに引きずられることなく、事件の本質である治安維持法（憲法第二一条違反）、拷問（憲法第三六条違反）に言及するべき」と主張する。曰く「プラカード事件の弁護団の主張には免訴論の片鱗もない。〝事件の本質を見よ〟という論旨に一貫している。免訴論について一言もふれていない事実には何らかの意味があったのではないか。我々の主張を免訴論に引きずられることなく貫くというのが本件の上告趣意ではないか。免訴論を避けて通ることはできなくとも、第三次再審の最終審であると同時に、治安維持法違反被告事件の最後の事件として、法律論を多少離れても、我々が言いたいことを凝縮したものを出すことが大事」。

環は「論点を絞るべき」と主張する。曰く「再審事件であり、かつ無罪であることが明らかだという理由で再審開始となった事件である本件においては、原審判断は憲法違反に当たることを主張すべき」。

歴史的、社会的な議論を積み重ねてここまで来たはずなのに、なぜここに至って裁判所の求める議論が技術的・手続的な矮小化したものに終始するのか。我々のほうもそこに取り込まれていないかという反省と共に、厳しい検証が必要であることは間違いない。事件の本質的なところに裁判所の立ち位置をぐいっと引き戻したいのだ。その願いは共通していた。しかし、原審の誤謬は指摘しなければならない。そのバランスが難しい。議論は回を重ねる毎に複雑化していった。時折、隘路に填りそうな議論には他の弁護団員やゲストの研究者が別の視点から水をかける。弁護団会議での議論は、幾重にもそれを繰り返しつつ螺旋階段を上っていく。

二〇〇七年三月九日、事件が最高裁第二小法廷（島田仁郎〈長官〉、津野修、今井功、中川了滋、古田佑紀）に係属することが決定した。

同年四月六日、最高裁刑事上席調査官井上氏と大島、岡山が面談のうえ今後の進行について協議。その後まもなく上告趣意書の提出期限が二〇〇七年九月一一日と指定された。

この段階では、上告趣意書は、すでに（一）法令違反論、（二）判例違反論、（三）憲法論を大きな柱として、各担当者（大島、森川文人、岡山）により起案が始められていた。

二〇〇七年六月六日には、弁護団会議に新屋達之大宮法科大学教授を招いての勉強会が開かれ、貴重なレクチャーと意見交換が行われた（新屋教授は、『法律時報』二〇〇七年七九巻八号に「再審公判と訴訟条件――横浜事件再審判決の問題点」という論考を寄せられていた）。学者諸氏の説に耳を傾けながらも、弁護団独自の議論が重ねられ、六月下旬には趣意書の骨格がおおかた定まった。さらに七月、八月と暑いなか何度も会議が開かれ、法令違反論、憲法論、判例違反論に加え、それらを外側から支える総論的論述（横浜事件の特徴と意義、上告審の課題など）をも盛り込んだ内容及び構成が再三再四に亘って練り直され、再構築されていく。

特に竹澤から、独自の上告趣意案が繰り返し提案されていた。全体の書面との関係が何度も話題となった。最終的に環の助言によって全体を一本にまとめることになる。

上告趣意書は九月初めに完成、九月一〇日に最高裁に提出された。

上訴趣意書のおおよその完成を見たあたりから、刑事訴訟法学者小田中氏による「意見書」の執筆も始まっていた。弁護団は最高裁に研究者意見書の提出期限を二〇〇七年一〇月一〇日とされるべく上申書を提出したうえ、同日付で最高裁第二小法廷に「意見書」提出、受領された。

この夏、請求人の髙木晋さんが急に体調を崩された。二〇〇七年七月三一日の弁護団会議まで元気に会議に参加されていたにもかかわらず、八月には体調を崩されたという話を聞き、翌九月二日(享年六五歳)に逝去される。あまりに突然のことに言葉もない。

上告趣意書を出し終えた弁護団は、さすがに一息ついた。後は最高裁判所が司法の良心を見せてくれることを信じて待つのみ。本当に久しぶりに弁護団会議の開催が間遠になった。二〇〇七年最後の弁護団会議が開かれたのは一二月七日。体調がすぐれずに欠席した向武男を除き環以下全員が顔を揃えて、一年間の活動を振り返り、会議後珍しく一献傾けた。

明けて二〇〇八年一月二七日、今度は斉藤一好先生が逝去された。一二月七日の会議まではお元気で、酒席にも参加されていた。非常に残念である。「不戦兵士の会」結成・運営に深く関わってこられた斉藤先生は、潜水艦の水雷長として洋上におられ、ウルシー環礁への特攻攻撃直前に敗戦を迎えられたという。平和憲法を守り不戦を貫くため、生き証人として悲惨な戦争について語りつぐことを決意し、その会の活動を熱心に推進され、戦中の生の事実を、語り部として自身伝え続けてこられた。弁護団会議においても時折「不戦兵士の会」の活動について言及されていた。しかし、目前の議題に追われる会議の席では、なかなかそのお話を傾聴する機会を持ち得なかった。戦争を知らない世代の筆者は、なにか別にお話を傾聴する機会を持てばよかったのだと、今にして気づく。こうした気づきはいつも遅れてやってくる。

遅まきながら、先生が代表理事を務めておられた「不戦兵士の会」創立趣旨を、同会の公式サイトから引用しておく。

「……私どもはただ一つ悲惨な戦争を体験し、からくも生きながらえ、極限に追いつめられた人間がどのような行動をしたか、生き地獄絵図を見てきた数少ない生き証人として共通の地盤にたっていると思います。それゆえに、私どもの出来ることといえば、かつての戦争はいかにして起こったのか、戦争というものが、いかに非人間的なものであったか、そして国家の指導者たちのエゴから終戦の決断が遅れて、その結果、いかに多くの国民が犠牲に供されたか等々について、歴史の生き証人として後世に伝える事ではないでしょうか。そしてそのことが間接的に、軍縮平和への道に通ずるのであれば、この際、重い腰を上げて機会をつかんで世に訴える努力を致したいと存じ、この度「不戦兵士の会」を結成することに致しました。……」（「不戦兵士の会」公式サイト http://home.f01.itscom.net/fusen/）

二〇〇八年二月二八日、荻野富士夫（小樽商科大学教授）、奥平康弘（東京大学名誉教授）、小田中聰樹（東北大学名誉教授）、村井敏邦（龍谷大学法科大学院教授）の四名を発起人とする法学者五三名が、最高裁に対し、形式的な判断にとどまることなく、口頭弁論の実施を通じて請求人の主張を直接受け止め、それを踏まえて原判決を破棄することを求めて「横浜事件第三次再審最高裁審理に関する法学者声明」を発表し、これを大島事務局長とともに最高裁判所に提出した。

2——最高裁判決

二〇〇八年三月はじめ、最高裁第二小法廷は、弁論を開くことなく同月一四日に判決を言い渡すと知らせてきた。弁護団は三月七日付で、期日指定を一旦取り消して事件を大法廷に回付し改めて弁論期日を指定することを求める上申書を提出した。

しかし、最高裁第二小法廷は、当初の指定どおり二〇〇八年三月一四日に判決を言い渡した。上告棄却。上告棄却の理由は、

「同（再審）制度は、所定の事由が認められる場合に、当該審級の審判を改めて行うものであって、その審判は再審が開始された理由に拘束されるものではないことなどに照らすと、（再審開始決定が確定した後の事件の）審判手続は、原則として、通常の審判手続によるべきものと解されるところ、本件に適用される旧刑訴法等の諸規定が、再審の審判手続において、免訴事由が存する場合に、免訴に関する規定の適用を排除して実体判決をすることを予定しているとは解されない。これを、本件に即していえば、原確定判決後に刑の廃止又は大赦が行われた場合に、旧刑訴法三六三条二号及び三号の適用がないということはできない。」

「通常の審判手続において、免訴判決に対し被告人が無罪を主張して上訴できないことは、当裁判所の確定した判例であるところ、再審の審判手続につき、これと別異に解すべき理由はない。」

たったそれだけであった。

判決言渡の直後に開かれた弁護団会議で、平舘道子さんから「唖然」という言葉が出た。皆その気持ちを共有していたように思う。肩すかしというか、尻すぼみというか。いや、それほど何かを期待していたわけではない。弁論期日が開かれず言渡日が指定された時点でこの結末は見えていた。しかし、それにしても。地裁、高裁のあまりの形式論に対し、何ら付け加えることもないのか。

この日の会議には、故由田浩さんのご遺族である請求人由田道子さん、お嬢さんの今枝あこさんが初めて顔を見せてくださった。うれしい。しかし、出来うることなら皆揃って共にこれまでの成果を分かち合い、あるいは少なくとも、事件の本質を確かめ合いたかったのだ。なんとも切ない。

3――最高裁判決を受けて

月が明けて二〇〇八年四月三日、改めて弁護団会議が開かれた。仙台から小田中教授も参加してくださった。再度皆であの判決を振り返る。虚脱感は否めない。しかし長い道のりを走り終えた一種の達成感が全くないといえば、それはそれで嘘になる。

会議の話題は、最高裁判決を振り返ると同時に、今後の作業として、刑事補償請求、国家賠償請求を見据え、同時にこれまでの活動の記録をまとめること。その前提としてこれまでの活動全体をそれぞれが振り返り言語化し、それについて弁護団全体で意見交換していく必要があろう、ということ。急ぐことはないが、なるべく速やかにしっかりとまとめたい。そのことを確認し合って終わりとなった。

環団長は、高齢を理由にこの日をもって主任弁護人を退かれ、以後の会議への出席は見合わせられることになった。たしかに八十代半ばを超えて、毎回千葉県佐倉市からのご出席はどれだけ大変なことであっただろうと思う。これまでの皆勤に感謝である。

また、長期間にわたって事務局長を務めた大島に代わり、以後、森川文人がその任を任されることになった。

この弁護団会議の記録を最後に、一九九九年一月から続いてきた筆者の弁護団会議録も途絶えている。一九九九年一月二六日の会議から参加し、この二〇〇八年四月三日まで、記録に残るだけでじつに一一六回に及ぶ弁護団会議の記録であった。

第8●むすびにかえて

1――最高裁判決以後

最高裁判決からすでに六年の年月が流れた。その後の大まかな流れをいえば次のとおりだ。

二〇〇八年九月八日、横浜地裁に対して裁判費用補償請求をし、二〇一〇年三月四日付で横浜地裁第二刑事部（裁判長大島隆明）から請求棄却決定が出された。

二〇〇九年五月二九日、同じく横浜地裁に対し、刑事補償請求を提訴した。二〇一〇年二月四日付で、同じく同地裁同部（裁判長大島隆明）から、最高額の刑事補償金の支払を認める決定が出された。同年七月一五日には、官報と朝日・読売・日経の各紙に刑事補償決定が公示された。

二〇〇九年一〇月二四日には、弁護団の主催により、奥平康弘氏、斎藤貴男氏らをゲスト講演者として招き、永田町の星陵会館において横浜事件第三次再審請求報告集会「『横浜事件』から考える」を開催した。

その後も、第三次弁護団のメンバーは毎月のように集まり、これまでの活動を振り返り記録にまとめるための作業を続けてきた。

残念なことに、二〇一二年四月二四日に竹澤哲夫先生が、同年八月一日に向武男先生が、相次いで逝去された。お二人の「まとめ」を是非伺いたかった。今ここにおられたら、残された弁護団員が今あれこれ議論を交わしている中身について、どのように聴き、どのように導いてくださっただろうか。永きにわたる誠実な、そして真摯な活動に敬意を表し、心からご冥福を祈りたい。

2――違和感の源を探る

さて、こうして流れを眺めてくると、筆者の頭の中でいくつもの想念がぐるぐる回りはじめる。

ひとつは、ステージが再審公判に来て、全体の流れがなにやら事件の本質とどんどん離れてしまった（ように思える）ことへの違和感。どうしても何度もそこに戻ってしまう。

再審請求の即時抗告審で東京高裁は明確に「無罪を言い渡すべき、新たに発見した明確な証拠」があると言った。それなのに、再審公判では、事後の大赦・刑の廃止を理由として免訴という。裁判所のとる理屈に即してごく大雑把にまとめてみれば、再審請求を認める理由は「無罪を言い渡すべき新証拠の存在」にあり、しかし、再審公判では、その段階で「当該審級の審判を改めて行う」のみだから、たとえ事後のものであれその段階で免訴事由の存在が認められれば、判決は免訴にならざるを得ない、ということなのだろう。

それでは、再審とはなんのための制度なのか。

改めて考えてみる。

思うに、本件の再審開始は、もちろん判決確定後に刑の廃止や大赦があったことを理由とする再審開始ではない。確定後の刑の廃止や大赦は確定した有罪判決になんの法的影響も及ぼさない。だから、事後的な刑の廃止や大赦があってもそれだけでは再審開始にはならないはずであり、それらが再審開始の理由とされることはない。

本件はあくまで「有罪ノ言渡ヲ受ケタル者ニ対シ無罪ヲ言渡スヘキ明確ナル証拠ヲ新ニ発見シタルトキ」（旧刑訴法第四八五条第六号）と認められての再審開始だ。

再審公判一審、二審が用いた論理によれば、そういうことで再審は開始したけれど、事後的免訴事由の存在で公訴権が消滅したから、実体上の審理には入れない、という。しかし、それならなぜ再審を開始したのか？（また、再審公判に「公訴権」概念が登場する余地はそもそもないだろう。）それに対する裁判所の付言は、あたかも公訴権が消滅しているから再審公判は維持できないけれど、そこで免訴判決をもらえれば刑事補償が受けられる、と言っているかのようだ。

もっとも、時代背景を振り返れば、本件の刑の廃止や大赦は、単なる一個の刑の廃止や大赦ではない。体制の激変。改憲。大幅な法改正。その前後では社会的事象の中に大きな断絶がある。かつて違法であったものが違法性を失う。旧体制の中で誤って違法とされていたものが復権する。そうした事実関係のなかでは、たしかに違法性を問うこと自体が誤りなのであり、免訴が当然であり、免訴しかない、というのは非常によく理解できる。

しかし、ここで問題なのは、そういうことではなくて、それ以前に、旧体制においても彼らは有罪ではなかった、確定有罪判決は間違った裁判、誤判であった、ということなのだ。官権による事件自体のねつ造、違法な検挙、残虐なる拷問に加え、違法な司法手続によって誤った有罪判決を受けた冤罪の被害者を、裁判所が責任をもって救済すべし、ということなのだ。

裁判所は、結局、今になって振り返ると、我々と違う土俵に乗っていたのだ。

裁判所の立ち位置、そこで並べられる理屈を、形式的にはなんとか理解し得ても、人としてどうにも釈然としないのは、そのせいなのか。

今の段階でこうして書いていても、筆者自身が自分で理屈の回転に苛立ちを覚える。個人的には論理的思考力の力不足かとも思うのだけれど、どうやらそれだけではないらしい。控訴理由書を準備している段階から、同様の感覚を抱いていた。つまり、私たちは事件の本質を離れて、裁判所の形式論理に手足を縛られてしまってはいないか、という疑問。

もちろん、訴訟のステージに応じて展開すべき不可欠の議論はあり、例えば控訴理由書・上告理由書の準備に原審・原原審の理屈に対応した論述は欠かせない。

しかし、大枠の中で、事件の本質を突き得たか、という疑問、反省が常に我が身を刺す。

裁判所をこちらの土俵に、緩やかに招き入れる、あるいは無理矢理にでも引きずり込む手だてはなかったのか？　地裁・高裁・最高裁と一貫して続く形式論理を見ると、それは難しいことなのだと実感するのだが。

敢えて再度、確認する。

確定有罪判決は再審開始決定で限りなく動揺したとはいえ、それでも尚、効力を保ちつつ存在している。有罪判決の確定から再審公判までの間に免訴事由が生じていても、それは確定有罪判決には何にも影響しないのだ。影響力のない、そんな事実の存在を改めて再審公判で確認してみたところで一体どうなるというのか。

無罪判決でしか、確定有罪判決の息の根を止めることはできない。

確定有罪判決の息の根を止めなければ、再審の意味はない。

3——横浜地裁刑事補償決定（二〇一〇・二・四付）

ここで、二〇一〇年二月四日付横浜地裁刑事補償決定（大島隆明裁判長）の内容にも触れておきたい。

この決定は、理由の中で、拷問の事実とそれによって強いられた自白を明確に認めている。そして、「大赦及び刑の廃止という事実がなく、再審公判において裁判所が実体判断をすることが可能であったならば、被告人四名とも無罪の裁判を受けたであろうことは明らかである」として、刑事補償法第二五条第一項の「無罪の判決を受けるべきものと認められる充分な事由」があったとする。

さらに補償額の検討においては、「財産上の損失は、現在の時点に引き直せば、平均給与に身柄拘束日数を乗じた金額を相当に上回るものと考えられる」とし、「その被った肉体的苦痛は計り知れ」ず、「その屈辱感などの精神的な苦痛は計り知れず、被った精神的被害は甚大である」「永い身柄拘束が健康に及ぼしたであろう影響も無視することは出来ない」と認定。あわせて「被告人四名に対する有罪判決は、特高警察による暴力的な捜査から始まり、司法関係者による事件の追認によって完結したものと評価することができるのであって、警察、検察及び裁判の各機関の関係者の故意・過失等は総じて見ると重大である」として、警察、検察及び裁判の各機関の故意・過失を認め、一方で被告人の側には落ち度は認められないと論じた。

ここでは事件の実体にしっかりと踏み込んだ事実認定があり、「再審公判において実体判断をすることが可能であったならば無罪だった」のだと断言しているのだ。

その決定中の丁寧な事実認定と実質的な無罪宣言に敬意を表したい。

4――国家賠償請求

なお、二〇一二年になって、木村まきさんと平舘道子さんが国家賠償請求を提訴された。それを支えるのは第三次弁護団から引き続いて森川文人が率いるところの、新たに結成された若い弁護団である。その道のりは今なおつづいている。

それから先は

それから先は
こころで送っていった
「いいよ」と言ったひとを
こころで送っていった

こころには
お別れはない

(木村まき『空にまんまるの月』西田書店　二〇〇八年より)

第20回東京弁護士会人権賞を受賞して

横浜事件第三次再審請求弁護団・環　直彌

第二〇回東弁人権賞は、戦時下最大の言論弾圧事件「横浜事件」の第三次再審請求弁護団に贈られた。一月一〇日の受賞式の後に、環直彌主任弁護人にインタビューをした。受賞式の謝辞で森川金寿弁護団長が「再審の判決では、単に無罪というだけではなく、六〇年前に治安維持法という悪法の適用について、何らの慎重さを払わず、警察や検察と一体となって、次から次へと安易な有罪判決を下していった裁判所の行動にどのような反省が述べられるか、そこに注目しています」と述べられた。しかし、横浜地裁は二月九日に免訴の判決をし、有罪・無罪の実体判断には踏み込まなかった。

——人権賞の受賞、おめでとうございます。早速ですが、横浜事件第三次再審請求弁護団に参加された経緯を教えてください。

環●一九九四（平成六）年、第一次の再審請求事件が終わったころに、弁護団長の森川金寿弁護士と知り合い、横浜事件のご相談を受けたのが直接のきっかけです。

拷問を受けた元被告人からも、「どうしても」と言われ、その人権を守るべきだという情熱に心を動かされました。また、私は、一九四五（昭和二〇）年当時、横浜地裁の検事局に在籍しており、心に引っかかるものがあったので、お引き受けしました（ちなみに、私は、いわゆる「経済検事」であったため、横浜事件には全く関与していません）。

——二〇〇五年三月一五日東京高裁再審開始決定（検察官が上告を断念し、そのまま確定）が横浜事件の節目だと思いますが、その社会的な意義を教えてください。

環●思想・言論の自由の重要性が再確認されたということです。つまり、「ゆえなく有罪判決を受けた元被告人の名誉を回復する」ということが第一次的な意義ではありますが、それにとどまりません。国民の良識的な思想・良心の自由が残虐な弾圧（権力）によって抑圧されたという事実が明らかにされたことに大きな意義があります。

――横浜事件は何度もマスコミに取り上げられていますが、本件がマスコミに取り上げられたメリットと配慮した点を教えてください。

環●横浜事件は、戦争中における言論の弾圧という特殊な性格を持っています。マスコミを通じて、表現の自由がいかに重大であるかということと、表現の抑圧が現代の世の中全体にいかに悪い影響を与えるのかを国民全体に訴えることができたことがメリットです。

もっとも、マスコミを含め、若い人たちにとって本件は歴史上の出来事になっていますから、問題意識を持ってもらえるよう、マスコミの方を集めたレクチャーを何度も開きました。

――横浜事件で主張された再審事由を教えてください。

環●①日本国がポツダム宣言を受諾したことにより治安維持法一条、一〇条が実質的に失効し、これが旧刑事訴訟法四八五条六号に当たる、②本判決の認定事実当時、構成要件事実である「日本共産党の存在」は既になくなっていた、③元被告人らの自白は、警察官の拷問によりまたはその影響下において作成されたものだから、信用性がない、および、④「公訴ノ提起モシクハソノ基礎トナリタル捜査ニ関与シタル検察官被告事件ニ付キ職務ニ関スル罪ヲ犯シタコト確定判決ニ因リ証明セラレタルトキ」（旧刑事訴訟法四八五条七号）に当たる、の四つです。

――まず、③の拷問について。再審請求といいますと、通常、「新証拠」の収集が活動のメインになるかと思いますが、③の「新証拠」としてどのような証拠を提出されたのですか。

環●元被告人が現判決後に雑誌など公刊物に寄せた手記、特高警察の中心人物三名が同じ事件の別の被疑者に対する拷問を認定した特別公務員暴行凌虐事件にあたって元被告人らが作成した口述書、その事件の判決などです。

――次に、①の点について、この主張をした経緯およびその立証方法を教えてください。

環●弁護団としては、③拷問による捜査が再審事由の本筋だと考えていました（今もそうです）。ところが、第一次の再審請求において①の再審事由が簡単に退けられたので、第三次請求では③に加えて①など三つの再審事由を追加しました。

新証拠としては、弁護団の請求した京都大学の憲法担当の大石眞教授の鑑定が全面的にこちらの主張を認める内容であったことが大きかったと思います。

――その他、横浜事件の特殊性を教えてください。

環●横浜事件の特殊性は、判決原本も訴訟記録も喪失してしまっていたため、確定判決の内容を明らかにすることから始めなければならなかったことです。そこで、横浜事件のわずかに残った記録と特高警察作成の特高月報などを参考にして確定判決を復元し、認定事実および証拠を特定させました。なお、適用法令は治安維持法一条、一〇条で特定できていました。

――横浜事件の今後の流れ・見通しを教えてください。

環●検察官は、刑の廃止などによる免訴判決をすべきであると主張していますが、弁護団は、免訴という形式的な判決ではなく、あくまでも無罪判決を求めています。しかも、判決の理由に着目しています。治安維持法という悪法に基づき安易な捜査、公判および判決が重ねられたこと、いわば司法による人権侵害がなされたことに対して、再審の判決において、率直な謝罪がなされるべきであると考えています。

横浜地裁の判決は、来る二月九日に出ます。（＊免訴判決であった）

――最後の質問です。検察官も裁判官も弁護士もご経験なさった期前の環弁護士から、ＬＩＢＲＡの読者、とりわけ若い弁護士や法科大学院の学生など若者に対して、なにかメッセージをお願いします。

環●「思想・良心の自由、表現の自由を司法の面でいかに扱っていくべきか」が、私の法律家としての人生の中心であったように思います。若い方たちは、過去、立法・行政・司法という三権が思想を抑圧し、日本の行方を害したという事実があったことに深い思いを致していないのではないでしょうか。多くの若い方に、人権活動に心から取り組んでいただきたいと思います。

――どうもありがとうございました。

（聞き手・構成：臼井一廣）

LIBRA Vol.6 No3 2006/3 16-17頁より

写真構成

横浜事件 第三次 再審請求弁護団のメンバー

◀横浜地方裁判所前にて
2000年4月20日

＊木村まき撮影。

森川金寿弁護団長 ①左端／環 直彌主任弁護人 ①左から2人目／竹澤哲夫 ⑧右／斉藤一好 ②左端／新井 章 ⑨右端／内田剛弘 ⑥左端／向 武男 ⑪／吉永満夫 ⑤右から2人目／大島久明 ⑨左端／岡山未央子 ⑬／森川文人 ⑮

II

再審請求人として

横浜事件再審をたたかって

再審請求人・平舘道子

I●再審代理請求人として

私が横浜事件再審の代理請求人になったのは、他界した父の代理として、蹂躙された尊厳の回復を求めることにあるのは言うまでもないが、横浜事件という公権力によって行われた犯罪の子細な実情について知りたいこと、そして、先輩たちが苦しんだ過去の経験が真摯に記憶され、継承されて、私たちの将来の指針となることができるか、それを見極めたいという思いがあった。

この裁判で私が果たせるかも知れない役割について考えたとき、それは、第一次請求人である元被告の方々がみな鬼籍に入られたいま、私が実際に体験したという点にあり、まだ幼かったとは言え、また、ごく一部分でしかないとは言え、実際に体験したことを出来る限り正確に、またヴィヴィッドに証言することだと考えた。実情がどのようなものであったかは、現憲法下で育った人たちにはなかなか実感しにくいだろうことは止むを得ない。たとえ少しでも実際に体験した者が伝えて、同様な過ちを繰り返すことのないよう、微力でも務める義務があると思ったのである。まして現在のように、言論の自由の将来に楽観できない状況が迫っている時、もう一度、歴史に学ぶことの重要性を出来るだけ多くの人に思い起こしていただきたい、と切望しないではいられない。

一九八六年七月に再審請求が開始されてから、第三次請求の結果二〇〇五年一〇月に再審公判が開始されるまでに一九年が経ってしまい、請求人となった六名の元被告人はすべて他界してしまわれた。さらに、横浜地裁、東京高裁において、十分な理由があるものとして再審開始決定が行われたにも拘わらず、検察官は、実際の再審の冒頭、審理の方法に関して、公判を開くことなく検察官と弁護人の意見を聞いた上で判決すべきものとの主張を行った。その上、免訴判決をすべきとの主張を早々に行ったのである。悪い予感はあった。しかし、正当な権利として公判開始を請求した結果、第一審では、代理請求人の証言、ビデオによる故被告人の訴えなどの機会が与えられ、さらに弁護団による説得力のある優れた弁論が展開されて、一条の光がさしたような希望を持った。しかし、この請求人、弁護団と支持者の並々ならぬ努力にも拘らず、判決は検察官の冒頭の主張の通りであった。裁判所は結局のところ、私たちの意見には全く聴く耳を持たなかったという外ない。

免訴判決について、裁判官は、再審開始という裁判所の判断、および、刑事補償法上の救済規定とあいまって、被告人たちの名誉の回復につながることが期待される、というようなことを縷々述べて、再審のための公判を特に開いた上、弁護人らの主張に謙虚に耳をかたむけ、その主張を十分に吟味した、等と弁解している。

この判決はとても受け入れることの出来ないもの

である。治安維持法という稀代の悪法に対して、司法当局はその清算に正面から取り組んで、元被告人たちの尊厳の回復に努めようとするのではなく、法理論のうちにうやむやに埋もれさせようとしている。これでは戦前の体質をそのまま持ち続けているのではないかと疑わざるを得ない。これでは、司法当局は、主権者である日本国民の思想信条の自由と人権、尊厳を守るという最も重要な責務を真摯に果たしているとは言えまい。特定秘密保護法のような危険な法が実際に施行されることになってしまったいま、もっとも必要な砦になるべきであるというのに。

ここには、再審公判の一審、控訴審の各段階で、代理請求人として法廷に提出した意見書（Ⅱ、Ⅴ）と第一審における証言（Ⅲ）、および、第一審免訴判決への見解（Ⅳ）を時系列にまとめてみた。内容的には重複する部分も多いが、司法当局に少しは耳を傾けてほしいとの思いから、繰り返し意見を述べた軌跡の一部となっている。

Ⅱ●横浜事件再審公判請求人意見

二〇〇五年一〇月一日

代理請求人　平舘　道子

1――はじめに

これまで再審請求を行ってきた平舘利雄は一九九一年四月に死去し、また、共に実際に辛酸をなめたその妻平舘登志子も一九九五年一月に死去してしまったので、長女道子が代理として請求した。

横浜事件で平舘利雄が検挙された一九四三年五月には道子は国民学校三年生であり、その頃の状況について細部まで記憶しているわけではないが、我が家にとって大事件が起こったという切迫した認識は持ったし、また実際に生活は大きく暗いものに変化した。三歳の弟と誕生間もない妹を抱え、苦労する母の手助けを少しはしたものの、翌年の夏には学童疎開で家族と別れなければならなくなり、一九四五年五月の横浜大空襲で互いに音信不通となり、孤児になったと覚悟するまでに至った。しかし、その年の八月の終戦を奇跡的にも皆なんとか無事に迎えた。父利雄と再会したのは、同年の一〇月である。道子は長じて統計学を専攻し、金沢大学で教育研究を行い、二〇〇〇年三月に定年ののち、金沢星稜大学で教壇に立ち、本年三月に定年退職した。

2——記憶している状況

上で述べたように、一九四三年五月に利雄は検挙されたが、当時国民学校三年生であった道子は学校から帰宅して、異変が起こったことを知った。その時、母から説明され、「盗みをしたとか、人を殺したとかいうことではなく、お父さんが研究したり、書いたことを咎められたのだから、少しも卑屈になることはない」と言い聞かされた。まだ状況をよく理解したわけではなかったが、父がいつも夜おそくまで書物を読んだり、書いたりしていた書斎にあった沢山の書籍がほとんどなくなり、雑誌などが散乱しているのを見て、父はもういないのだという底知れぬ恐ろしさを感じた。それまでけっこう多くの人が出入りしていたのだが、刑事が家の周りに張り込んでいて、訪れる人が殆んどなくなり、ごく近しい人たちは夜遅くこっそり来たりしていた。

そんな中で、名前は記憶していないが、一人の警官が私服で時々小さな子供をつれたりして来ていた。あとで聞いたところでは、便宜をはかるからといって、日用品などを要求したということである。既に調達困難になっていた物資などを渡さざるをえなかった、と母は言っていた。たまたまはっきり記憶しているのは、雨上がりで蝉がさかんに鳴いている日であった。

母は苦労して食糧などを調達し差し入れにいったが、妹が生まれて間もなかったので、代わりに道子が寿署と後には笹下刑務所に何度か行った。食料や衣料などの調達はもうきわめて困難になっていたが、そのように苦労して差し入れても、父の手元に実際に届くのは一割か二割だと聞かされ、理不尽さを感じないではいられなかった。幼かったので権力などという言葉は知らなかったが、ものすごく凶暴なものが立ちはだかっているように感じた。笹下刑務所では差入れ屋に持っていけばよいので、それほどではなかったが、寿署の場合は、刑事か特高かは知らないが、実際にそういう人たちがいる部屋に行かなければならないのでとても怖かった。いつも数人の男（穏やかとはとても言えない）がいて、何であったかは忘れたが、質問されたりしてすぐには帰してもらえなかった。寿署に行った或る時、寿署の二階だったと思うが、廊下で父とすれ違ったことがある。腰に縄を打たれて足元もおぼつかなく歩いてきたが、よれよれの和服を着て、汚れて憔悴しきった姿は見慣れた父とはとても思えず、ショックを受けた。もちろんこの時言葉は交わしていない。その後父が笹下刑務所に移されてから、学童疎開に行く直前に面会することができた。もう再び父と会うことは出来ないだろうと、母から言われた状況下であったが、何を話したかは記憶していない。

　疎開してから、本土空襲が激しくなり、一九四五年の五月二九日には横浜大空襲があり、ただ一度の空襲で横浜の主要部分は焼失した。そのため音信不通になり、孤児になってしまったと覚悟せざるを得なかったが、家族は辛うじて生き残り、幼児を抱えた母はそれ以上横浜に留まれず、愛知県の実家に疎開した。途中空襲に遭いながらもなんとか疎開はできたが、妹は栄養失調で医者から望みはないと宣告された。しかし辛うじて命を取り留めた。あとで聞いたところでは、父も炎上する市街地を見ながら、死を覚悟したそうである。終戦の年の一〇月に父と再会し、家族がようやく一緒になった。

　父の左手の親指と人差し指との間には大きな傷跡があった。これは拷問によるものと聞いているが、生涯消えることはなかった。また父の母、祖母まつは終戦の日の後三日経った八月一八日に福島県の平市（当時）で死亡したが、これで利雄も帰って来られる、と言って息をひきとったと聞いている。七二歳であった。

3——再審公判に求めること

一、元被告人たちの無実を認め、無罪判決と名誉回復を求める。平舘利雄はその後この事件の経験についてあまり書いていないし、子供たちにも話していない。しかし、一九四五年九月につけた結着について、生涯の汚点として意識し続け、死亡時まで回復を願い努力していたことは間違いない。第一次請求で棄却された再審を請求し続けただけでなく、ほかの冤罪事件の支援を懸命に行った。生存中にその望みが実現せず、死亡の前日に故木村亨氏に後事を託した心情を思うと、子として胸が痛くなるのを止めることができない。

二、治安維持法の悪法性と歴史的役割について裁判所としての見解を示していただきたい。その当時、非国民という言葉が何かと言うとすぐ口にされ、それを言われたら身をすくめて生きるしかなかった。この言葉とともに個人の生活、服装の規制などはもちろん、心の中まで土足で踏み込み、思想信条の自由を踏みにじることが許される、その恐ろしさを今日では知っている人は多くないであろう。治安維持法はそれを奨励し、社会を金縛りにして窒息させ、戦争遂行の主役を果たし、さらに日本の学問、芸術、教育の発展を著しく阻害した、と思う。司法界がこれについて何か述べたか、寡聞にして知らないが、総括する責任はあると思うのである。日本の司法界が民主主義国のものとして信頼出来ることを示して頂きたい。

三、再審請求を拒否し続け、元被告人全員が死亡するまで六〇年間も放置した司法の責任について見解を明らかにしていただきたい。再審請求棄却の主な理由は一件書類が存在しないこととされたが、それは終戦処理時に官憲によって意図的に隠滅されたことは明らかであり、元被告人たちには何の責任もない。人権の重大な侵害の法的救済が急がれなければならなかった筈であるのに、あまりにも鈍感で、むしろ拒絶的であると感じざるを得ない。法は国民一人一人が個性を発揮して心豊かな生活を選択できることを保証するためのものであるべきで、法が国民の上にあるのではないことを銘記したい。

以上

Ⅲ●第一審における証言：向武男弁護士の問いにたいして

二〇〇五年一〇月一七日

一、請求人と平舘利雄との続柄と職業（略）

二、平舘利雄が検挙されたときのこと

国民学校三年生のときのことで、昼ごろ学校から帰って異変に気づいた。家の中が荒らされており、父の書斎では書籍や雑誌が散乱していた。父はもう居なかった。母から、父が警察に連れていかれたこと、しかし、盗みや人殺しをしたわけではなく、研究したことや書いたものを咎められたのだから、卑屈になることはない、と言われた。大変なことが家族に降りかかったことは理解できた。

三、家族の状態

生活は一変して暗く、厳しいものになった。母は毎日警察に行き、疲れた様子で戻ってきた。妹は誕生間もなかったが、心労のため母乳が出なくなり、当時は粉ミルクのようなものは庶民には入手困難だったため、母は養育に苦労した。そのようなことが長く続いたため、妹は消化不良、栄養失調で状態が悪くなり、ついには医師から覚悟するように言われるまでになったが、辛うじて死を免れた。

また、家は張り込みされ、訪れる人もほとんどなくなった。

四、平舘利雄の日常生活

当時父は満鉄調査部に勤務していた。ときには大連などに出張したが、大体は虎ノ門にあった東京支社の調査部に通勤していた。帰宅後は深夜まで原稿を書いたり、本を読んだりしていた。

五、寿署、笹下刑務所へ行ったときのこと

当時横浜市南区に住んでいたので、父が南区にあった寿署にまわされて来た時から、母の手助けのため、私が何回か差し入れにいった。寿署では刑事たちが居る二階のかなり大きな部屋に、直接届けなければならなかった。子供の目からは屈強で鋭い目をし、殺気立った男たちの中に行くのはかなり恐ろしいことで、行くのは嫌であったし、そうして持って行ってもどれだけ実際に父の手元に届くかわからない、と聞いていたのでなおさらだったが、母のことを思うと止むを得なかった。あるとき、二階にあがって行くと、薄暗い廊下の端の部屋から、二人の男性が出てきたが、前を歩いているのが父だと気づくまでに少し時間がかかった。父は汚れた和服を着て、腰に縄を掛けられており、憔悴した様子でゆっくり歩いて来た。もう一人の男は縄の端をもち、あとについていた。ショックで凍りついてしまい、体を動かすことができなかった。父は気づいたようでチラリとこちらを見たが、そのまま行ってしまった。

その後笹下の刑務所に移されてからも何回か行ったが、この場合は差入れ屋に届ければよいので事務的だった。

戦況が悪化し、昭和一九年七月ごろから学童疎開が始まり、私は家族と離れて愛知県の母の実家に疎開しなければならなかった。疎開直前に父に面会したが、もう会うことは出来ないかもしれないから、顔をよく覚えておくように、と母から言われた。

六、平舘利雄はいつ、どこへ帰ってきたか、どんな話をしたか

昭和二〇年一〇月に愛知県の私たちの疎開先に帰って来た。昭和二〇年五月末に横浜大空襲があり、市街地はほとんど全滅になった。そのため家族とは音信不通になっていたが、頑張って横浜に留まり続けた母も幼児をそれ以上危険にさらすことはできず、終戦直前に愛知県に来ていた。父が来て、全員が何とか生きて合流できたのは全く幸運だった。

刑務所の中で市街地が炎上するのを見ながら、いずれここもそうなるだろうと覚悟した、とその時父が話したのを記憶している。しかし、勾留中のことは私たち子供にはほとんど話さなかった。父の心中を思って、私たちも敢えて尋ねなかった。

七、再審申し立てについて

昭和六一年に木村亨さんら八名で再審申し立てをしたが、棄却された。理由は関係書類が消滅され、原状再現が困難ということ。前年父は膵臓癌の手術

をうけ、体力がすっかり弱ってしまったので、実質的なことはほとんど出来ず、木村さんたちにお任せしたと思う。

八、治安維持法について考えることなど

人間の尊厳を踏みにじり、心の中まで規制して戦争遂行のために国民を動員する、野蛮な道具であったと思う。具体的な経験を述べたい。当時町会という住民の組織が作られたが、それは今日のものとは違い、行政の末端組織であった。町会長や役員は権力を持って住民を監視し、消火訓練や竹やり訓練に動員した。また、生活必需品なども町会を通して配給されるものがあり、ピンはねのような行為があっても、それに異議申し立てはできなかった。非国民というレッテルを貼られ、糾弾の対象になるからだ。また、教育の場では軍国主義教育が行われ、たとえば、整列のとき、一部の生徒が少し遅れたというようなことで、責任は全員にあるとして、全員が平手打ちをくうなど、よく経験した。女子でも容赦はなかった。屈辱感を持っても異議申し立ては出来ない。非国民のレッテルを貼られるから。これは些細な例かもしれないが、このようにして社会は窒息させられ、理性的に考えることが出来ないようにさせられていった。

先に述べたとおり、妹は辛うじて生き延びたが、西沢富夫さんのご家族は同じような原因で幼いお嬢さんを失っておられる。他にもそういうことがあるのではないか。苛烈な弾圧は、本人はもとより家族を苦しめ、その中でも最も弱い人たちを最も強く圧迫した。横浜事件の死亡犠牲者は四人とも六人とも言われているが、こういう犠牲も数えられるべきだと思う。

この公判に求めたいことは、まず、元被告人たちの無実の確認、無罪判決を求める。次に、昭和二〇年七月に行われた一連の裁判の誤りを認め、その元となった治安維持法について法廷としての見解を承りたい。第三に再審請求を元被告人がすべて死亡するまで拒否し、重大な人権侵害の救済を怠った責任を認めていただきたい。

九、終戦以降の生活

利雄は横浜国立大学、青森大学、専修大学等で教壇に立ち、計画経済論、経済原論などの教育研究にあたり、昭和五一年三月に専修大学で定年を迎えた。専門は計画経済論で、多年にわたり、ソ連経済についてかなり実証的な分析を試みているが、当時の経済学方法論論争などについても関心を持っていた。著書や論文も多数発表している。

晩年には牟礼事件の再審請求運動の支援を懸命に行った。平成三年四月、心不全のため、横浜事件と牟礼事件の再審請求に心を残して死去した。

Ⅳ●横浜事件再審判決を受けて

二〇〇六年二月
平舘　道子

横浜事件の再審請求が一九八六年に始められてから二〇年余になりますが、元被告人の方々の奮闘と森川金寿弁護士を団長とする弁護団の諸先生、および多くの方々のご支援のおかげで再審の重い扉がこじ開けられ、ようやく昨二〇〇五年一〇月一七日に再審公判が開始されました。これまでに元被告人はすべて死去され、遺族が請求を引き継ぎました。私は平舘利雄の代理として参加させて頂きました。公判は一〇月一七日、一二月一二日の二日間にわたって、事件の経緯と実態、一九四五年八月から九月にかけて言い渡された治安維持法違反有罪判決、その後の元被告人の方々の再審請求やさまざまな活動に関する弁護団による詳細かつ多面的で格調高い弁論、および、ビデオによる生前の元被告人たちの証言、最後に代理請求人である遺族の証言が行われました。公判廷に設けられた被告人席はすべて空で、一人の方も座ることが出来なかったことが印象的でした。そして本年二月九日判決の言い渡しがありました。結果は〈免訴〉というものでした。裁判所は再審であるにも拘わらず、免訴事由があるという一点に依拠して、実質的な判断に踏み込むことを避けました。

横浜事件を私が経験したのは八歳から一〇歳にか

けてのことで、一九四三年五月に父利雄が逮捕された時から一九四五年九月に有罪判決を受け、執行猶予で釈放された時までのことです。それ以来既に六〇年以上の歳月が過ぎ、過酷な弾圧を経験した方々はすべて死去され、代理請求人の中でもいささかなりとも記憶があるのは私だけという状態です。その私も幼かったので、当時の体験をつぶさに記憶しているというわけではありません。またその間にはあの戦争があり、空襲に追われて逃げ惑うようなこともあって、物証のようなものも失われてしまいました。

しかし、今回法廷で尋問に答える機会が与えられることになり、どうしても忘れることのできなかった事柄を意見書としてまとめました。私の体験は戦争による惨禍を蒙ったあの当時の庶民、とりわけ子供の体験に較べて、決してより過酷だったとは言えないでしょう。なにしろ生き残ったのですから。しかし、現在からは想像することも困難な状況でひどい人権侵害が行われ、人びとが心の中まで統制されて、理性的に考えることも出来なくされ、社会が窒息していく有様を子供の目で見つめたことは事実です。横浜事件はそのようななかで起こされたのです。

今回の再審公判に対して私が望んだことは、この事件の実態を明らかにして冤罪であることを認め、元被告の方々の名誉を回復すること、治安維持法を盾にしてこのような冤罪を引き起こしたことに対し、司法をつかさどる立場からの意見を示すこと、そして、関係書類が存在しないという理由で再審を拒否し、重大な人権侵害を被告人がすべて死去してしまうまで放置していることについて、どのように考えるか答えて頂きたいことでした。他の遺族の方々の想いも同じでしょう。一九四五年の治安維持法違反有罪判決に関する関係書類は占領軍進駐を前にして、当局の手で焼却隠滅されたと言われています。その後弁護団の大変な苦心によって再現されましたが、元被告人の方々にはなんの責任もないにも拘わらず、再審を拒否され続けたのです。しかし、今回の再審開始を機に、裁判所がこのような希望に真剣に応え、司法が信頼出来ることを示して頂きたいと切望したのでした。

免訴判決を下し実質的な判断を避けた理由について、裁判長は一九四八年の最高裁プラカード事件免訴判決を根拠として、治安維持法は廃止され、また大赦を受けていることから免訴事由があり、この再審公判においても実質的に審理したり有罪無罪の判断をすることは許されないという趣旨を述べています。そして免訴判決でも、この場合は刑事補償や名誉回復は可能であり、被告人にとって不利とは言えないと述べています。法理論は専門家にお任せするとしても、再審の場合も確定判決の出ていないプラカード事件の場合と同じでなければならない、という理論には納得できません。また、判決の根拠になっている大赦について、冤罪を蒙ったものにとって大赦を受けるということがどのような意味を持つのか、考えないではいられません。しかし、残念ながら判決にはこのようなことに対する理解も想像力も感じられず、私たちの問題提起に対して形式論に逃げ、誠実に応えようという姿勢は示されていません。しかし、ここで退くわけにはいきません。再審の場合先例のないことかもしれませんが、控訴して息長く主張し、真摯な対応を求めていくことになるでしょう。

V●控訴審に対する代理請求人意見

東京高等裁判所第八刑事部　御中

二〇〇六年一一月三〇日

平舘　道子

一、横浜地裁の判決に対して

父平舘利雄が横浜事件で検挙されてから六三年、再審請求を拒否されつづけて二〇年、過酷な拷問によって権力に屈し、生涯癒えることのない心の傷をかかえたまま他界してから一五年余が経ちました。その命日を目前にした本年二月九日、横浜地裁は最高裁判例を根拠として、免訴事由が存在するから、たとえ再審であってもその実質的内容を論じることは許されないと、免訴判決を下しました。また、免訴であっても、拷問の事実は認められ、刑事補償請求の道もあるので、名誉回復は可能であり、被告人の不利になるとは言えない、とも述べています。私は法律に関しては全くの素人ですが、免訴事由の一つとされている勅令では、治安維持法違反の罪を犯し、勅令以前に刑に処せられた者は将来に向かってその刑の言い渡しを受けなかったものとみなす、とされています。しかし、再審公判廷で弁護団から繰り返し詳細に論証されたように、一九四五年終戦直後に言い渡され確定した治安維持法違反判決は冤罪であり、被告たちは無実であるのですから、この勅令が免訴の根拠になるとは、論理的にも、常識的にも到底考えられません。そこにこそ再審の本質があると思います。法理論的にはそうではないのでしょうか。強く疑問を感じざるを得ません。また、無実である者が冤罪を蒙っているのに、大赦するとはいったい何を意味するのか、人間の尊厳をふたたび踏みにじることではないでしょうか。このような話は普通の社会ではとても通ることではないと思います。私たちは賠償を求めているのではなく、元被告人たちが無罪であることを公的に認め、名誉を明示的に回復していただきたいのです。

二、控訴審に望むこと

治安維持法は個人の心をも統制し、権力に批判的な考えを持ったり、研究するだけでもこれを罰し、社会を完全に窒息させて戦争を遂行する強力な道具として、国民を苦しめました。その結果、アジアの諸国に甚大な被害を与え、そのことによっていまだに苦しむ人々がいること、南の島々には何万人もの兵士の遺骨が六〇年以上たった現在でも放置され、沖縄戦、広島、長崎への原爆投下、日本各地への大空襲、これらによる犠牲者が三〇〇万人にものぼる、と言われる悲惨な結果を招きました。この厳然たる事実を、どうか直視して下さい。そして、この膨大な犠牲の上に現在の日本社会があることを、もう一度確認していただきたい。あの暗い時代を経験した人がだんだん少なくなりつつある現在、ふたたび過ちを繰り返すことのないよう、個人が良心に従って自己の考えを自由に述べることが出来る社会を次の世代、またその次の世代に継承していって貰えるよう、民主的な法の執行を貫くことができるよう、そのために、この控訴審においては、形式論で済ますのではなく、横浜事件という事実にまっすぐに向き合って、納得のいく公正で真摯な判断を示されることを切望します。

Ⅵ●未来にむかって

横浜事件は多くの元被告人に関して、判決書と関係記録が存在しないという稀有な事件であり、それを根拠に再審が一九年間も拒否され続けたことは今ではよく知られている。保管責任のある当局者の手によって終戦時に処分され、元被告人には何らの責任もないことは明白であるのに、それが再審拒否の口実にされたことは全く許し難い。再審実現のためにこれらの原本の復元に弁護団がどれほどの労力を費やさなければならなかったか、また、あの大変動の時期をはさんでの事件であり、現行の法ではカバーできないいくつかの問題点があり、それを埋めるための理論構築に払われた弁護団のご努力には頭が下がる思いだった。司法当局の人権など念頭にないかのような官僚的な態度には、絶望的な思いを抱かざるを得なかったが、弁護団と支援者の方々の人権回復に対する熱意と誠実さに、どれほど救われる思いがしたか、言葉には尽くせない。

安倍政権による秘密保護法と集団的自衛権のごり押しによって私たちは終戦後もっとも厳しい局面に立たされている。先人たちの苦闘の賜物として獲得した現憲法が重大な危機にさらされているというのに、その番人であるべき司法は役割を放棄して、役に立ちそうもない。東北大震災と、当初専門家たちが、そんなことは絶対にあり得ないなどと言っていた原発のメルトダウンのために、二重の苦難を強いられ、いまだに故郷復帰の見通しさえ立たずに放りだされている人びとが大勢いるというのに、「原発は完全にコントロールされている」という首相の無責任な発言にもとづいて、原発再稼働と海外への輸出、さらに武器の海外輸出をもくろむ者たち、あの悲惨な経験によって、愚かさと危険性を十分学んだはずの排外主義の復活。私たちが闘い、克服しなければならない課題は大きく、重い。歴史と知性に敬意を示さない政府に対して、広範な人びとの連帯網を作り上げ、したたかで、粘り強い異議申し立てによって、あの誤りを二度と繰り返さないよう努めることが必要とされている。私も微力ながら前に進む努力をしたい。

最後に、横浜事件再審をご支援してくださった多くの皆様に深く感謝申し上げます。

意見陳述

――横浜地方裁判所第二刑事部宛
（二〇〇五年一〇月一日）

再審請求人・木村まき

横浜事件の「初めての裁判」に望むこと

なぜ、いわゆる横浜事件が起こったのか、なぜ夫木村亨など六十数人もの人が投獄され、拷問により獄死し（浅石晴世・和田喜太郎・高橋善雄・田中政雄および出獄直後に西尾忠四郎）、あるいは死の寸前まで心身を痛めつけられ、虚偽の自白に追い詰められて有罪判決を受けるに至ったのか、治安維持法とはどういう法律だったのか等、横浜事件の背景、意図等その全てを、公判廷において明らかにしたいのです。真相の究明を求めます。私は、その「根」を問いたくて再審請求人になりました。裁判はそのためにあるのだと思います。

無罪という結論だけではなく、横浜事件の、そして司法の、国の誤りを誤りとし、責任を果たし出直しをしてほしいのです。過去の清算に終わるのではなく、現在の社会に直結する、そして未来に向けての前向きの裁判です。

六〇年も前の事件ではありますが、これ以上は解明できないと貴裁判所が断言できるほど、私たち被害者や社会が納得をするくらいに踏み込んだ深い裁判、後世に残る、歴史に恥じない裁判をしていただきたいと思います。

木村亨は、再審請求の目的をこれまでにいろいろな言葉で書き、語っていましたが、その一部です。

……なぜ俺が再審請求の決心をしたか、その理由をひと言で言えば「旧国家（旧日本の国家）に対して貸しがあるから取り立てるまでだ」という一言につきると思う。（略）俺としては「前大戦中、国に貸しがあった。その貸しを旧日本国のこととして放置したりあきらめたりしてはならない」という内面の声（要求）を忠実に聞いたまでのことにすぎない。あんな無茶苦茶をそのまゝ「あゝそうですか」で黙過するわけにはいかん。これは明らかに俺の人権に対する蹂りん問題であり、戦後いまだに認められていない人権の復権闘争にほかならない。これほど明確な国家犯罪はあるまい。（略）
（一九八六年五月九日）

横浜事件の裁判は、横浜事件の被害者（とその遺族）だけのものではありません。今、この国に住むたくさんの人々が、大きな関心をもって注目しています。私は、この裁判を通して、木村亨のみではなくすべての被害者の無念も晴らし、さらにこの社会を真に人権を尊ぶ社会に創り上げることを、心から望んでいます。

横浜事件は、大規模な言論弾圧、人権侵害事件です。侵略戦争遂行に反対する意思をもっている人たちがじゃまなために、きわめて意図的に仕組まれた事件です。戦争とは、人を殺すことです。人に殺されることです。たくさんの人間を殺した人ほど「偉い」のです。加害側になることも被害側になることも二度とあってはなりません。人の命ほど大切なものはありません。このままではいけないと、この国のありかたを憂い、考えていた人たちが、なぜ、横浜事件と名付けられた事件をつくり上げられ、こんな被害に遭わなければならなかったのでしょう。言論の自由、精神の在り拠の自由は、人間が人間である証左です。

横浜事件の被害者は、この裁判で無罪になっても、事件の時点まで遡って人生をやり直すことはできません。生き返ることも。

社会に出てあまり年月の経っていない前途有望な若者たちだったのです。あるいは、脂の乗り切った働き盛りでした。命の価値は年齢によらないことは言うまでもないことですが。女性も被害者になりました。

「歴史にＩＦはない」。しかし、これらの被害者が殺されなかったら、あるいは例えば職場である中央公論社や改造社が解散に追い込まれ職を失わなければ、これらの人の手によって、いろいろな良書が企画、編集され、世に出たことと思います。

木村亨は、早稲田大学の掲示板の「新進気鋭の編集者求む」という募集が目に飛び込み、中央公論社の入社試験を受けました。一〇〇人ほどの応募で、四人が合格したそうです。そして『支那問題辞典』を企画、編集し、一九四二年三月に刊行されました。

本書の内容目次は弁護人の陳述書に詳述されています。大項目主義による編集で、日本の第一人者の執筆陣により中国という国を経済、工業、交通、教育、哲学、文学など六四項目、あらゆる分野、角度から分析し、記述した書です。

本書は、近衛内閣の風見章さんからも絶賛され、郷里の中学校と女学校に寄付するので二〇冊買うと、定価一一円のところ三〇〇円もくださったそうです（相当な高給取りでも月給が一〇〇円の時代）。

貴裁判所は、横浜事件がこのような重みを持っていることをはっきりと自覚してください。そして、せめていまこそ正しい裁判を行ってください。

このたびの裁判は実質的に「初めての裁判」といえるものです。

一九四五年八月二九日から五日間くらい続いた裁

判は、形式的なものだったと、当時の海野普吉弁護人は書いています。

「（略）このかんの二人の裁判長の態度は、微塵も確信がなく、係り検事のごときは周章狼狽の極、ろくに陳述の口もきけないありさまであった。また、予審判事は西尾氏ほか二名の予審終結決定には泊会談の事実を認めているが、終戦後になると、泊会談に参加した二名に対し、右の事実を削った。これは、私ほか二名の面前で書いた予審終結決定書に明らかである。思うに、同判事は初めから泊会談は虚構のものと考えていたのではなかろうか。
　裁判官は何ものにも冒されない独立の地位と権威が認められているのに、横浜事件の裁判官は、なぜにこうまで確信のない態度で公判を急がねばならなかったのであろうか（略）」（「総合ジャーナリズム研究」昭和四一年一一月号）。

木村亨ら被害者三三名は、一九四五年一一月一三日に初会合を開き、共同告発のための「笹下会《ささげかい》」を結成。一九四七年四月二七日に告訴状を横浜地検へ提出しました。

「東京民報」（一九四七年六月三〇日）は、横浜事件の共同告発を、「横浜事件」告発の意義／「事実による人権宣言」という見出しで大きく報道しました。

木村亨は、横浜事件の裁判で無罪を勝ち取りたい。それがわれわれの「人権宣言」なのだと、いつも語っていました。長年の悲願でした。それから半世紀以上も経て、その日が目前に来ています。

横浜事件の犯罪は、特高警察官だけが犯人ではありませんが、特高の例を出すなら、被害者の共同告発によって六年がかりで一九五二年に最高裁で実刑判決が確定した松下英太郎、柄沢六治、森川清造は、サンフランシスコ講和条約の特赦で一日も下獄しませんでした。表彰すらされたといいます。

それをいいことに、一九七五年四月二七日、NETテレビ（一〇チャンネル）午前一〇時三〇分～一一時に放映の「ドキュメント昭和」第四話「恐怖の特高警察」において、松下は、堂々と悪びれもしない態度と言動だったそうですし、「横浜事件を生きて」(九〇年制作のビデオ)でも同様でした。「当時も法治国家だった」と、平然としていました。こんなことがまかり通っていいわけがありません。

この陳述書は、弁護人作成の木村亨についての陳述とあまり重複しないように心がけながら書きます。同じ被害者について述べるわけですから重複するのは当然ですし、いくら繰り返してもし過ぎることはないと思ってはおります。

一通の陳述書では、木村亨についても、ほかの被害者についても、とうてい書き尽くせるものではありません。想像力の羽を広げてご賢察いただきたくお願いします。

拷問

拷問は、横浜事件の大きな「柱」です。木村亨の受けた拷問については、自身で「口述書」や本などに書き、発言などもしています。担当弁護人の手によって詳しく述べられていますので、私の陳述書ではあまり書きません。同じ時期に獄に入っていた「新子安の勝さん」と言われた菊沢勝次郎さんさえも、打たれ、殴られ全身青ぶくれの木村亨の姿に驚いたそうです。裁判が早く開始されれば有力な証人でした。

拷問は、肉体を、そして精神を痛めつける、人間の尊厳を冒す卑劣きわまりない行為です。拷問が行われなければ、横浜事件の被害者は誰一人として虚偽の自白はしなかったはずです。

木村亨らが特高の拷問を告訴するために「笹下会」を結成したことは前述しましたが、その究極の目的は、次の通りです。

……◎権力犯罪としての拷問を禁絶するためにベストをつくして斗う。笹下同志会の主な仕事は再審裁判を勝ちとる作業と並行的に出来るだけ広く国際的に各地の拷問事件を追求し、断罪することで、世界から拷問を追放することを目的とするものだ。この厳然たる課題を果すまで、笹下同志会の存在は継続する。笹下同志会は全世界から拷問を根絶したとき解散する。つまり、同志会を無くしたときが人類が拷問という権力犯罪を追放したときだと考えてよい（一九八七年一一月二八日）。

悪夢のような拷問は、木村亨ら被害者を一生涯苦しめました。

……AM三：三〇　目がさめる。夢見がヘンなので目ざめたのだ。☆拷問を受ける夢——暫く見なかった夢だ。床に起き上って、もう一度「国家秘密法」を考えてみた。これはまさにネオ・ファシズムの妖怪だ！（略）こんな重大な危機に直面して、単なる反対運動だけでいいものか？　出版・言論などわれわれの民主的な権利を侵害し、抑圧することこそファシズムそのものではないか……（一九八六年四月三〇日）。

だからこそ、木村亨は友人たちと、「拷問等禁止条約の批准を求める会」を立ち上げ、日本政府に批准の促進を迫りました。

再審請求が九一年三月に最高裁から棄却されてからは、国連欧州本部の人権委員会・差別防止と少数者保護小委員会で横浜事件について発言しようと、木村亨らは九一年から三年連続してジュネーブまで行きました。九一年には現地で拷問場面の再現をしました。そして九三年には一か月ジュネーブに滞在し、毎日国連に詰めて、ようやく本会議での一〇分間スピーチを実現しました。拷問の温床である代用監獄の廃止、再審理される権利、日本政府の戦争犯罪を国際社会に訴えることができました。

裁判資料の廃棄・隠滅

国の側に保管義務のある裁判資料の故意の廃棄、隠滅についても、大きな犯罪です。裁判所は、自らの行為を棚に上げて、それらがないことを理由に、裁判はできないと一九八六年からの再審請求を棄却し続けたのです。

「（略）二〇年八月二八日、私が笹下の横浜拘置所で改造社の諸君と翌日の公判の打合せをすましての帰途、裁判所に寄ってみると、その裏庭で山のような書類を燃やしているのを目撃した。そのなかには膨大な量に達する横浜事件関係の書類があるはずであった。法律によって一定の保存期間の定められている裁判書類を、いったい何ものの指図によって、かくも無謀に焼却するというような処置をとったのであろうか。私はこのような裁判所の処置に対する批評の言葉を知らないばかりか、法曹界の一人としてまことに遺憾千万であり、憤慨にたえない」（「総合ジャーナリズム研究」昭和四一年一一月号）。

当時の弁護人、海野普吉さんはこう証言していますす。当時の看守、土井郷誠さんも同様の証言をしました。

木村亨——横浜事件を書き、語り、行動した人

貴裁判所にすでに提出のように、木村亨は『横浜事件の真相』『横浜事件　木村亨全発言』と、二冊の本を発行しています（後者は木村亨の書き残したものを、亨の死後、私が編集しました）。たった二冊という見方もできるかもしれません。ですがこの二冊は、木村亨にとって「命の書」です。十分にお読みになったことと思いますが、ぜひその心を汲み取っていただきたいのです。

決して「書く」ことが苦手ではない木村亨が、自分のためにというよりも歴史の継承のために、次代へ教訓として手渡す責任から、苦悶し格闘しながら書き上げたものです。その煩悶は、木村亨の日記に如実に記されています。

なお、ビデオ作品も「横浜事件を生きて」「人権をかえせ！　横浜事件・木村亨のたたかい」「人権ひとすじ　木村亨さんを偲ぶ」などがあり、インタビューや講演の映像も残されています。

横浜事件のとらえかたや、再審請求の意義など、私の考えと木村亨の考えは、なんの無理もなく重なっています。けれど、妻といっても別の人格であり「二心二体」ですから、木村亨自身の書いたものの紹介や代弁に終わるのではなく、私が思い、考えていることを中心に述べるべきなのかもしれません。

それでも、この陳述書においては、あえて木村亨に語らせたいと思います。未発表の何冊もの木村亨の日記から抜き書きします。日記という性格上、書き付けただけのものであり、もちろん推敲などはしていません。だからこそ、発表原稿、書籍化したものよりもさらに強く、木村亨の肉声が聞こえてくるのではないでしょうか。

私のことで言えば、私は木村亨よりも三四歳年下で、横浜事件が起こされた時には生まれてもいませんん。当時の空気も吸っていません。そこが再審請求をする者としての「弱み」といえましょう。けれど「強み」でもあると思っています。横浜事件は六〇年も前のこと。過去の黴の生えた事件であり、被害者は高齢だと思っていたら、もう一人もいなくなったようだ、これでおしまいなのか。そう思っている人もいるかもしれません。

被害者本人が直接その体験を、真実を語るのに勝るものはありません。けれど、それができなくなった以上は、現代に生きる人と被害者自身ほどは年齢差のない私が、今に通じる事件として書き、語り、伝える役割を担います。

有限の命です。横浜事件ばかりではなく、戦争の体験者も、あと何年か経てば全員世を去ります。しかし、問題や課題はそのことで解決も終了もしません。必ず継承されます。うやむやのうちに葬らせてはならないという強い意志をもった人が、子の世代から現われます。何人も。あるいは一人であっても。そしてさらに孫の世代へも引き継がれます。これが希望ということ、未来ということです。自分なりに種を蒔いておけば、自分は消えても次の芽が出て、花が咲きます。

木村亨は、若者が好きでした。横浜事件は、若い人にこそ知ってほしい、伝えていきたいと、いつも語っていました。母校の早稲田大学からも一〇回くらい招かれ九〇分授業を行いました。テーマは、横浜事件の体験を通しての人権の大切さです。私もたいてい同行しました。人間科学部一学年全員の約五〇〇人の学生に、木村亨は張り切り、学生もしっかりと聞いてくれました。担当教授の濱口晴彦先生は、その様子を「……壇上の光景は、木村亨さんの老と学生の青春が融和し、その空間は美しく輝いていた。（略）老若二つの世代間にミゾは感じられなかった」と、木村亨の追悼集に書いてくださいました。

若い世代と共感しあえた瑞々しい感性を木村亨が持っているという言葉をいただき、私もとてもうれしくてなりませんでした。

木村亨は、いろいろな記録を書き残しています。十代の日記も保存されています。ジャーナリストにあこがれ、その道を歩んだ木村亨です。

書くことについては、何人かの方からアドバイスももらっています。

早稲田大学の学生時代には、学生部長の吉江喬松先生から「日々の〝ひらめき〟をノートにしておくことが大切だ。ドキュメントをつくり給え」という言葉を贈られました。細川嘉六先生からは、横浜事件は木村君が書き残してほしいと。そういう声に背中を押されて書く作業を続けることができたのだと思います。

板井兄が「横浜事件の一件をみんなナンセンスなデッチ上げにすぎなかったというが、多少の志はもっていた連中ではなかったのか」と言っていたのも大事なことだと思う。フレームアップという一面を強調するあまり、自らがいだいていた変革への意志までも否定してしまってはなるまい（一九七五年四月二二日）。

……しかし、時代に抗する面をヌキにして、ただ「なんでもない者をいぢめた」出来ごとにしてしまってはウソになる（一九七七年二月二六日）。

横浜事件(泊事件)をまとめて記録するのは不可能である。なぜならそれは主役のないバラバラの、みんなちがう事件の総称にすぎないからだ(略)……「横浜事件」があったのではないのだ。泊事件があり、政経研究会事件があり、満鉄調査部事件があり、etcなのだ。そこのところが戦後の若い人たちにはおわかりにならぬらしい。戦前、戦時中、この国には確かに「革命運動」が「危険分子」があったことも事実だろうが、それは治安維持法を適用するための材料として「在った」のでしかないのだ。本当の「運動」や「人物」は残念ながら無かったのである(一九七七年三月二六日)。

……「これくらいのことでやられたのか?」と戦後の——現在の若い人たちが戦前戦時の言論弾圧や発禁事件に対して抱く感想は当らない。まるで時代がわかっていない。ファシズム——軍国主義の時世がどれほど暗い、反人間的なムードに圧倒されていたか、をわからせることはむつかしい。独裁権力の下では左右を問わず非人間的——反人間的になる様子はリクツの上ではわかる筈だが、実際には理解できない。あるいは「理解はできてもわかっとらん」のだ(一九七七年一月二日)。

……「木村さんは生涯で一番生命力を燃焼させたことの記憶があるか」との問いはいい問いだった。ぼくはそのときこう答えた。——ぼくにはまだ本当に自分の生命の火を燃焼させた記憶は無い。たゞ横浜で坐った二年半というあの体験はいつ思いかえしても生々しい記憶としてよみがえってくる。それは、あの敗戦直後の狂気のような時世に、いつ殺されるかわからぬという不気味な毎日を牢獄で暮らした者のみが知る切迫感だったともいえようが、ピストルとライフルを看守が一人々々身につけてぼくら囚人をいつ殺してもよいという任命を受けていたという極限状況下でぼくらが生きのびたということ（略）拷問で殺され、病死（獄死）させられ、つぎつぎと倒れてゆく獄中で、なんとしても俺は殺されてやらんぞ、生きのびてやるぞ、という執念のようなものがなかったら、多分気がふれてしまったにちがいない。ぼくらを裁いた側の山根検事や、あの時点からおかしくなった石川予審判事らの態度をみれば、根くらべだったような気もする。奴らとどちらが先に参るか、忍耐くらべだったのだ。そういう緊張した、はりつめた気持――負けてはならぬぞと自分に言い聞かせながら一日二四時間をあの獄舎でじっと坐っていた間は、ぼくにとって又とないハリのある日々だったと思う。出獄してからのこの三〇年間の間のヌケた日々を思うにつけて、ぼくはやはりあゝしたのっぴきならない状況下の生存（実存）が貴重な体験であったと考える。たとえぼくの生きている間が今後一〇年続こうが、何年生きのびてその間に革命を経験するようなことがあろうが（こんなことは夢にも考えられないが）、ぼく自身の生命感の充実ということからいえば二度と追体験出来るものではなかろうと思う。

まことにナンセンスなフレームアップ事件にはちがいないが、それだけにぼくはその馬鹿々々しい二年半が、ぼく自身にとって大切な時間であった。どんなに拙い文章であっても、これは誰かに伝えておかねばすまされないと思うのだ。この体験をどのように噛みしめるか、そこにぼく自身の人間的自覚の深浅がテストされるのでもある。そしてそのテストに耐えうるかを自分自身に問いつめてみるべき実験でもあるのだ（一九七五年二月一六日）。

横浜事件の被害者である木村亨は、事件の真実を求め、広く知らせたいと願いました。自分の奪われた人権を取り戻したい、仲間の無念を晴らしたい、こんな無惨な事件は終わりにせねばと、横浜事件について、書き、語り、行動した人です。ジャーナリストとしての責務を全うした人です。

自分と向き合い、弱さもさらけ出しながら横浜事件について書くことは容易ではありませんが、前述の七五年二月一六日の日記にもありますように、たくさんの日記帳のあちらにもこちらにも、書かねばという気持ちが書きつけられています。自分を励ましたり葛藤している木村亨の姿が浮かび上がってきます。

書かなきゃダメだ。書いておかないことにはお話にも何にもならない。ぼくはどうしても自分自身に許せない憤りから書く。腹が立つから書く（一九七五年五月九日）。

ぼくでなければ書けないことがある筈だ。ぼくはそれを書けばよいのだ（一九七六年一〇月二四日）。

細川老が敗戦直後、笹下会をつくったころ「木村君、横浜のことは君が書いておくんだな」と言われたことを沁々と思い出す。ぼくでなければ書けないこともあるはずだ、ということが、現在のぼくをムチ打っているのだ（一九七七年三月一二日）。

木村亨は、それぞれの被害者もぜひ書いてほしいと願っています。

横浜事件関係者はひとりひとりその思想的立場を異にしている。五〇人いな六〇人もの被検挙者を出したのだが、人によってまるきり思想がちがい立場を変えている。この点「笹下会」とい、「横浜事件」とひっくくって呼びならわしてきたが、治安維持法という名の悪法によって弾圧されたことだけは共通するのみだ。これが重要な特徴である。……

（略）なんとかそれぞれの体験記は綴っておいて貫いたいものである。それは主人公＝主役の無い出来ごとであったとすればなおさらに各自めいめいで自らの記録を書きのこしておくべきものである（一九七六年五月九日）。

……生き残りの恥さらしとしてぼくなりに書き残すべきものがあるはずだ。怠け者とか表現力の欠如とかいう弁解はもう許されない。

○○のアドバイスにあったように少しづゝ書きつけてゆく。どこかの月刊誌が書かせてくれるなら、一番有難いが、別に稿料などはいらないから活字にさえなればよいと思う。そうでなければ、こういう手記としてノートにしておく。それでよろしい。

表題は「受難の記者たち――ぼくの泊事件メモ」とでもしておく（仮題）。

浅石、和田、相川、小野、西尾、加藤君たち、そしてさらにさかのぼって尾崎秀実らにもつながる受難の記者たちの面影を、ぼくの印象として書きつけたい。細川カッパ老については当然ふれざるをえないが、このメモでは焦点を記者たち青年像におく。

かねがね思っていたことだが、ぼくはあの泊――横浜事件に連座して獄死したり病没した記者たち（又ライターたち）をなんとかしてぼくなりにとむらいたいものと権力の犠牲者たちの冥福を祈りつづけてきた。それがメモであれ、碑であれなんでもいゝから残しておきたい。ぼくが生きているうちにそれだけは果しておきたい。このおもいは単に後向きの追悼としてではなく、前向きにやらねば意味がない。情報闘争という意味では、最も今日的なテーマなのだ（略）（一九七四年一〇月一九日）。

木村亨が、目に見えるかたちでは存在しない今、横浜事件への思いの一端を日記に語らせるのが一番いいと判断しました。

木村亨の日記は、私の心臓を直撃します。日記の海は、果てがありません。私はその海で、深い森の中で、考え、彷徨います。発見や共鳴をし、圧倒され、勇気や元気をもらい、横浜事件の被害者の妻であることの重責を実感します。

木村亨が生前、私に読んでいいと言い、ここにあるものはみんなあげるよと言われてはいましたが、なかなかそれを開くことはできませんでした。木村亨という一人の人間の書いた極めて個人的な日記です。

死後、何年か経ち、ようやく頁を繰りました。先ほど書いたような気持ちになり、また、弱さもそのままにさらけ出した日記の読者であることの幸福というべきかなんとも名づけようのない感情を味わいもし、飽くことがありません。そして、どんなことが書かれてあっても、木村亨への失望はありません。

私はこれらの日記のただ一人の読者ではありません。第一の読者は木村亨。この日記に懊悩を自嘲をいらだちを、夢を願いを祈りを書きつけ、それを繰りかえし読み、それが木村亨を支え、叱咤してきたのだと思います。

デスクダイアリーや小さな紙切れへの細かいメモなどもいろいろ残されています。突然の死去の九八年のデスクダイアリーにも、誰に手紙を出したとか電話が来たというようなメモとともに、奥底からこみあげた言葉がたくさん書かれています。九八年七月一四日、八二歳九か月で旅立ちました。

’98のわれらの課題
〈日本人（アジア諸国民）の現代ドレイ解放宣言〉
今・人類解放への道
「自由人権宣言」
「ドレイなんかお断り」／「ドレイでたまるか！／「ドレイ返上人権宣言」
「人道と人権に反する犯罪を無くそう会」
「権力犯罪・横浜事件は被害者大衆が裁く」
☆ホントの平等はどうすればできるか ＝現代ドレイ解放〈宣言〉
☆これ以上人間を殺すな！――戦争・虐殺・拷問のほか差別や暴力や死刑による殺人
☆ナイーブでノーブルな人間の精神を大切に！

そして五月二六日のデスクダイアリーには、二六の数字を赤いマジックを使って大きな三角形で囲み、

五五年前　拷問　一九四三・五月

死の当日、七月一四日のデスクダイアリーも余白がないほどであり、三日後の欄にも書き込んであります。

☆退院通知（註：退院予定日なので退院通知を友人たちに出すという意味）

一五日には、☆「現代奴隷制論（＝人権社会論）」と、赤いマジックで大きくメモされています。

日記の表紙には、その期間の年月日だけが書かれてあるものと、次のようにタイトルが書いてあるものとがあります。

「横浜事件再審請求」
〈ぼくたちの人権宣言〉
生きているうちに〜
　間に合うのかな？
一九八六・二・一〜四・一〇
人権を返せ！　人間を返せ！
（復権斗争・ぼくのメモ）
生きているうちに真実を！（一九八六年四月一一日〜一一月九日）

一九八九年一一月四日には次のように記されています。

◎自分自身が主権者であり、人権主体者であることを自覚するには契機が必要だ。ぼくの場合は、一九四四年〜四五年八月、笹下拘置所で細川嘉六先生に叱られて目をさましたのだ。
国家権力と対等に争い斗える自分自身に気がつく

ことのよろこびと意義深さに感激するものだ。
国家権力と対等に斗かえる自分に目ざめることの素晴らしさよ！
国の主人公は他の誰でもないお前さん自身なのだ。俺なのだ、という自覚をしっかり把握せにゃ本当じゃないぜ（一九八九年一一月四日）。

木村亨と私

私が、いわゆる横浜事件の再審請求人となったのは、元被告の木村亨と出会ったからです。一九八九年の暮れに出会い、すぐに親しくなりました。気持ちが通い合い、三四歳という年の差も何の障害にもなりませんでした。私は勤務をしながら高齢の両親を看ていました。経済的にも大黒柱であり、せいいっぱいの生活でした。両親と暮らせる喜びとともに、私一人で両親をずっと看続けることができるだろうかと、大きな不安も抱きながらの日々でした。そんななか、両親と同年代の木村亨と結婚しました（経済面では、木村の年金は月一〇万円弱、両親の年金も二人合わせて月に一四万円ほどでした）。木村亨に出会った時は、木村は八四年に妻を病気で亡くし、今にも崩れそうな木造アパートの二階六畳一間、風呂もない部屋で、誇りをもって、横浜事件の再審だけを願って暮らしていました。

結婚は、冷静に考えれば「無謀」ともいえる行動だったかもしれません。私一人で三人の人をきちんと守りきる自信はどこにもありませんでした。けれど、ひとりの男性、木村亨に強く惹かれたのです。

横浜事件というフレームアップがあったことは、日本エディタースクールで学んでいた時に少し知りましたが、木村亨に出会い、これはじつにひどい事件だと思いました。少なくとも私の大切な人たちを二度とこんなめにあわせたくない、私自身も被害者になりたくないと思いました。再審請求をしても、何度も棄却され、木村亨はよく粘り強く続けてきたものだと感心しました。

私は「横浜事件を考える会」（のちに「横浜事件再審ネットワーク」になる）に入り、会議や講演会、集会などに木村亨と一緒に行きました。こういう活動が二人の生活そのものでした。

木村亨は、熱心に活動を行っていましたが、私にそれを強いることはなく、特に何か教育をするということもありませんでした。そもそもそのための結婚ではありません。ですから精神的に自由でした。共に暮らすなかで、横浜事件の世界に入っていったのです。義務とか、運動のための運動ではなく、自然の発露でした。木村亨のことを「人権の闘士」と言った方がいます。別の方は「そういうふうではなくて、すぐれた教養人だと思う」と語りました。どちらの面も持ち合わせているのだと思います。私の目から見ると、自分から前に出たり自分をアピールしたりするのは苦手な人、嫌いな人です。横浜事件は許せない、このままでは死ねない、死んでからも頑張るという気迫がありましたので、八二歳九か月の死の当日までも気力を保ちつづけてきました。

木村亨は六〇歳の時に喘息を発病しました。定期的に通院し、噴霧薬を携帯していましたが、私と結婚してからも、発作で救急車を呼び入院したことが何度もあります。木村亨は喘息に苦しみながら、いつかはくる自分の死を恐れていました。人間誰しもそうかもしれませんが、木村亨の場合は、再審が開始される前に自分が死んだら、自分としての裁判はそこでおしまいになることを、とても恐れていたのです。

木村亨は、私と出会い暮らすなかで、私が裁判を引き継いでくれると、すっかり安心しているようでした。再審開始前に、木村亨が私よりも先に逝った場合は、私が再審請求人になることは、無言の了解、二人の間の当然の申し合わせでした。あまり適切な比喩とはいえませんが、二人で朝ご飯を食べたりお茶を飲んだりするのと同じことです。いってみれば、私は木村亨との家庭生活の延長として、台所からエプロン姿で集会や裁判所にでかけているのです。〝父ちゃんのためならえんやこら〟「よいとまけの歌」と同じです。夫婦の愛情というのでしょうか。それは密室めいた狭いものではありません。そこから、社会を見る目ができ、生きる喜び、立ち向かうエネルギーが湧いてくるのです。

私はひっこみじあんの性格でした。木村亨は、結婚前から、私をどこにでも連れて行って紹介してくれ、いろいろな方とお会いしているうちに、人様とも話ができるようになりました。私は変わりました。木村亨も、目の輝き、声の太さ……私が出会った当時の木村亨ではありません。

厚い再審の壁に、被害者本人は次々と亡くなっていきました。木村亨も、長年に亘って積み上げ、準備をしてきた第三次再審請求を目前にして。どんなに無念だったことかと思います。そう思うたび、私は怒りと悲しみがこみあげてきます。

その一方で、木村亨の死顔がとても美しかったことが、私にはなんともうれしく、今でも目に、心に焼き付いています。「自分のなすべき人生の仕事をしたよ」と、満足しているようでした。人としての美しさをもっている人でしたが、この日はとりわけでした。世の不正を許さないという信念、行動は早い時期からつくり上げられていましたが、無邪気で正直で、底抜けにお人好しの人の最期の顔、表情は、私へのなによりの贈り物でした。

私は木村亨のことを何編かの詩に書きました。なかでも霊安室での気持ちを表現した「0号室は平安です」は、二人の生活が凝縮されています。横浜事件を訴えるテーマではありませんが、そこにつながる原点の詩です。出会いから別れまでの年月は物理的には短いものでしたが、私たちはこういうふうにして生きてきました。

0号室は平安です

木村まき

せかいじゅうの愛よりまさる
あなたとわたしの部屋

夜というのにあかるくて
しんとしていて賑やかで

ふたり暮らした陋屋の
窓辺で啼いた鶯の話しよう
びっしりと蕾をつけた梅の古木

烏兎怱怱

くちびるをくっつければ
いつだってあったかい

ちっちゃいのが
ちょっぴりが好きなひと

遠慮なしにあそぼう
夜更かししよう
ウエルカム
と言って両手広げてよ

なまえ呼んで

タワリシチ、今夜は飲め！＊

談論風発
呵呵大笑
それもよし

泣いたお顔もかわいくて
泣いたり笑ったり忙しい

なにからなにまでなでさすりたく

どうすればいい
すきまなくぴったしとくっつけるには
ものは相談
あなたがわたしに入り込み
わたしがあなたに潜り込む
からだじゅうの穴を探せ

それはいやですか
勘弁願いたい?

じゃれあって
朝まで
こんどはわたしが歌うから
朝は来るのかこないのか
そんなことは知らないけれど

中野の地下の秘密の小部屋
九八年七月のふたりだけの巴里祭

0号室は平安です

あなたはいっそううつくしく
わたしはいっそうしあわせで
ああ烏兎怱怱
世界の愛をあつめてもなお

東京・中野のK病院では霊安室に0と表札がかけてある。
*吉塚勤治「日本の居酒屋で――中国人民政府樹立の日に」の第一行

横浜事件の被害者は、本人だけではありません。妻や父や母や、兄、姉、弟妹や親類縁者も被害者です。私が木村亨に出会ったのは、木村の人生の相当後半になってからです。人生のほとんどの伴侶は、「正子」さんでした。闘病ののち、前述のように一九八四年に亡くなりました。正子さんは、夫が逮捕、投獄されたために東京から横浜の笹下まで弁当を差入れに行ったり、レンズ工場で働いたり、たいへんな苦労をしました。

……正子と歩いたあの道この町。差し入れに通ってくれた大昔のことを想うにつけて「再審請求」のことは正子の追悼のためにもやらねばならぬと心に誓う。

一九八六年四月一八日の日記から、正子さんへの気持ちが伝わってきます。

木村亨は自分からは私に正子さんの話はしませんでしたが、家に何枚も昔の写真があり、どの写真も笑っています。照れからなのか、無口な人だから結婚したと木村亨は言い、発想が豊かで聡明な人だったと、姪は言います。木村亨を支えつづけた正子さんをはじめ、再審開始の日を知ることなく亡くなった木村亨や亨の姉、両親にいい報告をしたいと願っています。

横浜事件の再審運動でせいいっぱいであり十分には看ることができなかった、今は亡き私の父と母に対しても。

私と木村亨は、第一次や第三次再審請求人そして、すでに死亡したり事情によって直接的に裁判に参加できない被害者や遺族とも、これまで交流をもってきました。

被害者本人としては、川田定子さんです。ご夫婦で被害に遭いました。定子さんは「口述書」に書かれているように、女性としての最大の辱めを受けました。夫の寿さんを亡くしてから、和歌山県白浜の老人ホームにお住まいでしたので、二度お訪ねしました。木村亨や森川金寿弁護士も会いに出かけています。

私の訪問を心から喜んでくださいました。おっとりとしたやさしい方でした。私どもの結婚を祝う手紙の第一行は、「コングラッチレーション」。

その定子さんは「第三次再審請求に参加します」と、震える文字で書いてくださいましたが、その後、体調をくずされ参加が無理になり、九九年六月一四日に亡くなりました。

被害者森數男さんの奥様の竹子さんとも、お宅で何度も夕食を共にしました。森數男さんは、両手を後ろ手に縛り上げられ、口を使って動物のように「食う」ことを強いられたそうです。

渡辺潔さんの奥様の延子さんは、独りになってから松戸の老人ホームに入居されましたが、木村亨と訪ねて、喜んでいただきました。

どなたの胸にも横浜事件のことは生涯、消えようもなく刻まれているのです。

獄死した木村亨の中央公論社時代の友人、浅石晴世さん。婚約者だった小泉文子さんと私は何度も会い文通もしています。『もうひとつの横浜事件――浅石晴世をめぐる証言とレクイエム』を著し、今もその死を悼んで暮らしています。

和田喜太郎さんも二月七日に獄死しました。やはり木村亨の中央公論社時代の友人です。妹の気賀すみさんと、何度もお会いしました。気賀さんは、お兄さんの獄死の時のことを、ビデオ「横浜事件を生きて」で、なまなましく証言しています。一九四六年二月一〇日に一周忌を市川市内で開催し、細川嘉六、木村亨、由田浩が友人代表でした。

気賀さんが中央公論社員の被害者、畑中繁雄さんに宛てた手紙です。


「……どんなにか苦しく、つらく、くやしい想いのまま死んでいったことかと、本人の心情をおもいます時、当時の特高官憲のゆるすことのできない横暴ぶりが想い出され、言語に絶する人権無視の拷問が行われたことを語るに足る証拠は、下着類の差入れの時、紅に染まった下着がかえって来たことで、そのすごさをうかがわせてくれました。あのようにつらいおもいをしたことは、忘れようと想っても決して忘れられないことです。また極寒の二月七日（二〇年）、突然の　キタロウシス　の短い電報をうけとり、何が何だか分からないまま急ぎかけつけてみると、たたきの上に裸のままパンツもはかせずに横たわっていたあの時のショックは、一生涯忘れることのできない屈辱でした。兄の心中を察し、可哀そうで、その後、約一年間は、兄の夢ばかり見ては大声をあげて泣き叫び目を覚ますといった日々でした。でもあれから四一年も経ってしまいましたのに、まだつい先日のことの様にあの当時の私の心境がまざまざと想いうかびます。このようにつらい想いをしたのは亡兄のみならず、あの頃、畑中様はじめ大勢の方々が、官憲の虚構デッチ上げ事件でどのように大きな犠牲を強いられ、どのようにそのご家族の方々共々、お苦しみになったことかを考えますとき、これらの事実は日本の歴史上、決して忘れることのできない、人間として最も恥ずべきこれらの事実は、決して忘れてはならない再び同じあやまちをおかしてはならない大切なことと思います……」

私の決意

「おわりに」「むすび」という見出しはつけられません。とうてい書き尽くせるものではありません。おしまいにはできません。

私は木村亨と共に暮らし、横浜事件（再審）を身籠もったのかもしれません。横浜地方裁判所の法廷という私の分娩室で、「いい子」を産みおとしたいと思います。それは「人権の子」です。「社会の子」です。つらいつわりの時期を乗り越え、皆に見守られながら心と身体で大切に育んできた長い「十月十日《とつきとおか》」でした。

横浜事件前夜ともいえるこの社会。生きにくい、息苦しい圧迫感のある社会、ますますそれが強まっている今の、この社会を切り拓くために、横浜事件の裁判で勝ち、突破口にしたいと強く願います。

意見陳述

——東京高等裁判所横浜事件再審控訴審第二回公判
（二〇〇六年一二月七日）

再審請求人・木村まき

横浜事件第三次再審裁判において、私は昨年、横浜地方裁判所に「意見陳述」を提出し、「証人尋問」を行いました。意見陳述は、横浜事件の被害者本人である私の夫、木村亨の肉声を伝えたいと、木村亨の日記を引用しながら述べました。

そして、貴裁判所には本年一〇月、「要望書」を提出しました。

それを裁判所ではどのようにお読みになったのでしょうか。私は無罪の判決を言い渡されるまで、何度でも書き、語らねばなりません。

本日の東京高裁控訴審第二回公判の「意見陳述」においては、私は、横浜事件における拷問を軸にして話します。拷問をするということ、されるということがいかなることなのかを、心と体で受け止め考えていただきたいのです。

獄死した浅石晴世さんがどのように血を吐き、血にまみれていたか。その色、房に漂うなまぐさい臭い。そして獄死して、二月の厳寒の土間に全裸で投げ出されていた和田喜太郎さんの体がどれほど冷たかったか。想像したことがあるでしょうか。

木村亨は、提出ずみの「口述書」(手記)や、著書にあるように、一九四三年五月二六日早朝、自宅に神奈川県特高警察官がどやどやと踏み込み、検挙のその日から拷問をされました。繰り返される拷問に何度か気を失いました。もう生きては帰れないと思ったそうです。

獄から出て四〇年経った一九八六年四月三〇日の日記に、拷問を受ける夢を見て、明け方の三時半に目が覚めたと書いています。初めて見た夢ではありません。

木村亨と私とは年齢は三四歳の開きがありますが、強力な磁石で引き寄せられるように出会いました。一九八九年のことです。すぐに心が通じ合い、何でも語り合える間柄になりました。同じ部屋の空気を吸えることが喜びでした。そんな私たちでしたが、ある日、「拷問された時のことを詳しく話してほしい、聞かせてほしい」と頼んだところ、木村亨は、急に黙り込みました。居間で座布団の上に座っていましたが、目を閉じてしまい、その姿勢のまま時間が流れました。「そんなことを聞かないでほしい」と怒ったりはしませんでした。私は、木村亨のなかにずっとある箱の蓋を開けようとしたことを心で詫びました。

木村亨は、公的には、拷問をされた体験を本に書き、取材に応じ、講演などで何度も話をしています。それがどんなに苦しいことだったかと思います。その一例を述べます。

一九九一年にジュネーブの国連の傍のホテルの部屋を借りて、拷問場面の再現をし、人権NGOにアピールしました。

そのリハーサルの時のことです。成田空港から飛行機を乗り継いで、ジュネーブに着いたのは夜でした。急いで食事をすませ、ホテルの五十嵐二葉弁護士の部屋に集合し、森川金寿弁護士、五十嵐弁護士の指導のもと、一〇人ほどで拷問場面再現のリハーサルをしました。

木村亨は穏やかな人ですが、自分自身の拷問体験、拷問で殺された被害者のこと、ようやく念願の国連人権委員会のあるジュネーブに辿り着いたという感慨などで、だんだん気持ちが高まってきました。周囲の者もピリピリしてきました。

日本から持参した太いロープ、竹刀、木刀を、特高警察官役の何人かが手に手に持って「このやろう」等と怒鳴りながら、木村亨に襲いかかる仕草をします。特高役は気恥ずかしそうな感じでした。木村亨は「こんなもんじゃない！」と、じれったそうに叫びます。もっと本気でやれ、と。もちろん、実際に木村亨を殴るわけにはいきませんが。木村亨にはっぱをかけられ、力を込めて重いロープの束を肩まで持ち上げ、殴りかかる仕草をし、勢い余って、木村亨の体をロープがかすめ「痛い！」と声を上げたこともありました。

高齢で病気もちの木村亨でしたが、長旅の疲れもみせず、鬼気迫るリハーサルだったことが、強烈に胸に焼きついています。

横浜事件の被害者、川田定子さん。女性として言葉に出せないほどの拷問をされました。第一次再審請求に参加しました。第三次再審請求にも参加しますと、木村亨に葉書を下さいましたが、病に倒れて果たせませんでした。

その川田定子さんを、紀州白浜の協栄年金ホームにお訪ねした時も、私は同じ過ちを犯してしまいました。拷問の体験を話してくださるようにお願いしたのです。それを目的としての訪問ではありませんでしたが。

川田定子さんは私と木村亨との結婚をとても喜んでくださり、祝福のお手紙をいただきました。白浜でも大歓迎をされ、タクシーで高級なお寿司屋さんに連れて行っていただき、ご馳走になりました。片方の耳は遠くなっておいででしたが、身振り手振りも交えて話がはずみました。ホームの部屋で二人だけの時、拷問のことをお聞きしました。

そのとたん、川田定子さんは黙ってしまいました。なんともいえない表情を浮かべ、沈黙が続きました。私は、申し訳のないことをしてしまいました。

木村亨も川田定子さんも、横浜事件の真実を伝えたい、このような被害は自分だけにしたい、二度とあってはいけないと、勇気を振り絞り、証言してきたのです。

それを、またさらに語ってほしいと頼むほど、酷なことはなかったと思います。

私の意見陳述の最後のところで、木村亨とほぼ同じ時期に、神奈川県警の特高から拷問を受けた、詩人の鳥見迅彦《とみはやひこ》さんの体験について述べます。この鳥見さんも、拷問されて三〇年近く経ってから行った講演のなかで、拷問の被害に遭ったことは語っても、その内容については「わたくしが受けた拷問の様子は申しあげません。遠慮させてください」と言っています。

このように、身におぼえのないことで、いわゆる横浜事件で逮捕、投獄され、有罪判決を受けたこと、なかでも拷問を受けたことは、どんなに月日が経っても胸を抉られること、そこに触れたとたん、全身から血が噴水のように吹き上げるような体験なのだろうと思います。

このころは、PTSD（心的外傷後ストレス障害）という言葉はなかったと思いますが、横浜事件の被害者は、この重い傷を生涯抱え込んで生きてきたのではないでしょうか。

拷問で殺された浅石晴世さん、和田喜太郎さん、高橋善雄さん、田中政雄さん。出獄直後に亡くなった西尾忠四郎さん。

浅石さんと和田さんは、木村亨と中央公論社で同僚でした。和田さんのことは、横浜地裁に提出した「意見陳述」に、妹さんの気賀すみさんの証言を書きましたので、今回は浅石さんのことを話します。話したいことはいろいろとありますが、絞って少しだけ話します。

「浅石君は、羽仁五郎にかわいがられていて、軽井沢の別荘に行ったこともある。羽仁さんの書いた『明治維新』のまえがきに、浅石君の名前が書かれているよ」木村亭がそう言いました。

昭和二一年六月一五日発行の岩波新書99です。木村亭も持っていたそうですが、度重なる引越しで、どこかに行ってしまいました。私は古書店を巡り購入しました。浅石晴世さんについての貴重な証言です。短い文章ですので、全文を読み上げます。なお浅石さんが獄死した日は一一月一三日ですが、羽仁さんのまえがきでは一二日と書かれています。

まえがき

一九四〇年に執筆され中央公論誌上に連載された本篇が、いま、岩波茂雄先生により採擇され新書の一冊として公刊されるにあたり、歴史の動きの力強さを感ぜざるを得ぬ。

一九四〇年、昭和十五年が、如何なる年であつたか、諸君の體驗にきかねばならぬ。

學者としてのわたくしをはげまして本篇を執筆せしめた當時の中央公論編輯長小森田一記君同編輯部員淺石晴世君は、その直後、逮捕せられ、若き歴史家淺石晴世君は國際反戰闘爭のために、節操をまもつて、ついに昨年の今月十一月十二日、獄死した。岩波茂雄先生は、當時、津田左右吉博士の日本の歴史の學問的研究を支持して起訴せられたのである。筆者自身は、本年三月北平にとらわれ、敗戰の結果、平和がかちえられ、治安維持法癈止により、自由をえたのである。

本篇は、原形のまま新刊される。

一九四五年十一月七日

羽仁五郎

浅石晴世さんのお母さんである浅石君子さんが木村亭にくださった葉書を我が家に大切に保存しています。

一九四九年一一月一一日の日付印の葉書には「私は御承知の通り天涯孤独の身の上となり而も現在脳溢血症で身体の自由を失い世にもあわれな存在となりました。筆も御覧の通り運びかねます」（抄）と書かれています。

同年一一月一四日の日付印のある葉書には「折り返しご返信頂き、望外の幸に存じました。今日おりしも亡き晴世の祥月命日に当たりますので御筆跡を早速仏前に供へ霊を慰めました。……私も医師の許にはびっこひきひき通ふ程度の現状で御座いまして、……月日経るにつれ凡悩（ママ）がつのります。どうしようも御座いません。お嗤ひ下さいまし……」（抄）。

浅石君子さんは、毅然とした方だったそうです。その君子さんが書いた葉書です。老人ホームで狂死したそうです。

浅石晴世さんは一九四二年二月に文子さんという女性と婚約しました。幸せであるはずの婚約期間。その七か月後に「いよいよ時局が切迫して、僕には、君を幸福にすることができなくなった」という趣旨の手紙が文子さんのもとに届き、婚約が解消されました。文子さんは理由がわからずに恨み、歎いたそうです。敗戦の年の一〇月九日の新聞で、事件のこと、浅石さんが獄死したことを知りました。婚約解消は、こういうことに巻き込んではいけないという文子さんへの愛情があってこそのことでした。

第三次再審請求弁護団の内田剛弘弁護士の尽力で、半世紀ぶりに浅石さんのお墓の場所がわかりました。それから小泉文子さんは、青山墓地の浅石家の墓を何度もお参りしています。内田弁護士や、再審請求人の板井庄作さんなども。そして私も何度かご一緒にお参りしています（文子さんは、のちに結婚し、小泉姓になりました）。

横浜事件の被害者は六十数人といわれています。

人数が多いので大事件というわけではありません。一人の人が被害に遭った。それが問題なのです。どうぞ、その一人一人の被害の状況、人生を深く想像し、ご自分の身に置き換えて考えてみてください。人の人生を、命を奪っておいて、それに荷担した司法はこのまま放置するのでしょうか。永久に蓋をしてしまうのでしょうか。

一人の人間の命を奪うこと。それは、その人自身の現在を奪うことです。そしてそれだけではなく、未来も奪うことです。自分の人生を慈しみながらかけがえのない生涯を生きる、その道を突如、遮断し断崖から突き落とすことです。生まれたかもしれない子供、そして孫までを奪うことです。その人を取り巻く人たちを哀しみに陥れることです。

横浜事件の被害者は、いわれのないことで有罪判決を言い渡され、汚名を着せられたまま、次々と死んでいきました。あの世でも罪の衣は着せられたままです。横浜事件から、六〇年以上も経ちました。司法は被害者に謝罪し、無罪の判決を言い渡し、司法が着せた黒い着物を脱がせて、真っ白な着物を着せてください。

長すぎる裁判で、被害者自身はもうこの世にはいません。配偶者や子供が裁判のやり直しを求めているのです。免訴では納得しないと言っているのです。控訴の利益がないなどとして棄却しないでください。控訴の利益があることは弁護団が十分に弁論しました。

木村亨も私も、憐れみを請うているわけではありません。許しを求めているのではありません。間違っていた裁判を正してください。免訴などということで逃げないで、真正面から取り組み、横浜事件の実体審理をして無罪の判決を出し、被害者に謝罪してくださいと言っているのです。司法の良心、そして被害者への深い想像力をもってください。無罪にできないはずはありません。

私は、詩を何編か書いています。それなりの評価をいただいた詩もあります。私は、人様の前で話をしたり文章を書くよりも、詩として表現するほうが、一番、自分の気持ちを表すことができます。しかし、拷問についての詩は、いまのところ書けません。この法廷の場で、自分が書いた拷問の詩をぜひ聞いていただきたかったのですが。

けれど、鳥《と》見《み》迅《はや》彦《ひこ》さんという素晴らしい詩人がいます。一九一〇年に横浜で生まれた方です。学生時代、そして社会に出てから、拷問を受けました。

鳥見迅彦さんは、一九七一年一一月一二日の第三回アルプ教室講演で語っています（「アルプ」一七〇号、一九七二年四月）。

学生時代に社会主義の文献を読んだり、戦争反対のビラを電信柱に貼ったりして、一九三二年の二月、卒業試験の最中に神奈川県の特高警察官が来て、検挙されました。そしてひどい拷問を受けたのです。

敗戦の前の年には、徴用にとられ、軍需工場で作業をしていました。徴用工たちに反戦運動をしているという嫌疑で、また拷問です。学生時代に受けた拷問とは段違いの厳しさだったそうです。

その講演の一部を引用します。「神奈川県警察部特高課といえばその残忍な拷問では全国ピカ一だったそうで、彼ら自身わたくしの前で『神奈川県特高課を知らねえか！』などと怒鳴って、とんだ威張り方をするのでした。わたくしが受けた拷問の様子は申しあげません。遠慮させてください。

拷問というものは肉体の苦痛はいわずもがな、その暴行と凌辱から受ける精神の傷痕は一生涯消えはいたしません。わたくしは、いまでも、ふいにそのおそろしさを思い出して身ぶるいいたします。そのおそろしさというよりも、そのはずかしさと言ったほうがいいかもしれない。人間が人間をはずかしめる、そんなはずかしいことを人間はするのです。戦争はそういう人間をたくさんつくり出してしまいます」。

私は、鳥見迅彦さんの詩が載っている『全集・戦後の詩』（全五巻、角川文庫）を三〇年ほど前に買いました。けれど大部な詩集であり、きちんと読んではいませんでした。詩を読み、敬愛する方となったのは、残念なことに木村亨が亡くなってからのことです。そして別の文献で知り驚きました。なんと鳥見さんは、横浜事件の被害者とほぼ同じ時期に、同じ横浜の特高から拷問を受け、留置場に入れられていたのです。鳥見さんがいっそう身近な存在になりました。

鳥見迅彦さんの抑制をきかせた、品格のある詩は、気持ちが心の奥底にまで伝わってきました。私の気持ちとぴったり重なります。そしておそらく、木村亨の気持ちとも。

鳥見さんの第一詩集は『けものみち』という題で、一九五五年に刊行され、第六回H氏賞を受賞しました。この詩集の巻頭の詩、「手錠と菊の花」を、東京高等裁判所という神聖な法廷で、神聖であるべき法廷で朗読し、私の意見陳述の締めくくりといたします。

手錠と菊の花

鳥見迅彦

この手錠をはずしてくれたまえ
はずしてくれたまえ
この手錠を私にはめたのはそこにいる黒い服の男だが
その男のうしろで
あなたは目をほそめ
きいろい菊の花の小枝で顔をかくし
ああねじきれるものならねじきりたい
ねじきつて机の上へぽんとおいてさつさとここからでてゆきたい
左手くびを右手でさすり右手くびを左手でさすり

そうして山の尾根みちを風にふかれてあるきたい

けれども黒い男はあやつり人形のように私にちか
　づき
きやあきやあさけんで私を打つたりした

私はさつきたしかに見ていたのだ
私の両手がわるいことをした子供のように押さえ
　られてしまうのを
泣きそうになつて泣かないでいる子供のようなそ
　のときの自分の両手のありさまを
パチンという音がピリオドであつた
ひいやりと重みがあつた

きいろい菊の花の小枝で顔をかくし
あなたはなぜそんなにいつまでも声なくわらつて
　いるのか
私は菊の花のにおいはきらいです

この手錠をはずしてくれたまえ
もういちど私はしずかにいいます
この手錠をはずしてくれたまえ

御礼そしてこれから

木村まき

おかげさまで、弁護団の一冊目の本が、ここにこうして刊行の運びとなりました。二冊目は資料編です。

木村亨が九八年七月一四日に死去して一か月後、私は第三次再審請求人となりました。右も左もわからないまま、大海のなかに飛び込みました。第三次再審の準備会議などにも、木村とともに出席してはいましたが、いきなりの本番でした。木村のことで胸を一杯にして、裁判所に行き、記者会見なども行いました。

横浜事件第三次再審請求弁護団の先生方には、じつに長い年月に亘り大変お世話になりました。心から御礼申し上げます。岡山未央子先生によると、弁護団会議は、記録に残るだけでも一一六回に及びました。さらに追加しますと、第三次提訴の準備会議もかなりの回数に及んでいます。

弁護団会議は、いつも充実していました。熱気溢れる会議の場に身を置いている幸せをいつも感じていました。永遠に続いてほしいとさえ思ったほどです。提訴時の弁護団の人数は少なかったのですが、間もなく次々とご参加してくださいました。

残念なことには、裁判のさなかに旅立たれた先生方がおいでです。感謝の心とともにご冥福をお祈り申し上げます。

横浜事件再審ネットワーク（前身は横浜事件を考える会）の会員の皆様やこの裁判にお心を寄せてくださる方々と闘い抜くことができました。

私は、いつの頃からか、弁護団の闘いの記録を、ぜひとも残したいと思うようになりました。同時に、資金の積み立ても考えるようになりました。出版界の状況は厳しいものがあり、原稿依頼を待ってはいられないという気持ちでした。そして勇気を出して、私の我儘ともいえる、本を出したいという願いを先生方にお話しました。ご理解いただき、執筆のための編集の弁護団会議を重ねてくださいました。ご多忙な先生方に、長年に亘る裁判の終了以降も、引き続きご苦労をおかけしました。

弁護団のご配慮により、再審請求人の平舘道子さんと私も執筆することになりました（この二名は、二〇一二年一二月に、横浜事件国家賠償請求の原告になり、提訴しました。内容の濃い闘いを繰り広げています）。私は本書への掲載は、横浜地裁と東京高裁への意見陳述だけに絞りました。

横浜事件とその裁判について、思うことはいろいろあります。とりわけ、木村亨の日記に綴られていた気持ちを、闘いの中で私も味わいました。

横浜事件関係者はひとりひとりその思想的立場を異にしている。五〇人いな六〇人もの被検挙者を出したのだが、人によってまるきり思想がちがい立場を変えている。この点「笹下会」といゝ「横浜事件」とひっくくって呼びならわしてきたが、治安維持法という名の悪法によって弾圧されたことだけは共通するのみだ。これが重要な特徴である（木村亨の一九七六年五月九日の日記抄）。

西沢富夫さん宅での家宅捜索で、泊の紋左旅館中庭での集合写真が押収されなかったら、どうだったのだろう。横浜事件と名づけられた事件は起こらなかったのだろうか。私の夫、木村亨は、拷問を受け八三三日拘束されるという事態にはならなかっただろうか。という問いも、私の中にあります。

第一次再審請求提訴からしばらく経ってある紙面に載った「戦前の治安維持法等の政治裁判は、戦後の民主化措置によって再審の手続きをするまでもなく違法であることが確認され、判決は言い渡されなかったものとされ、弾圧をうけた人々の権利は当然に回復していると考えています」という記事に対しても。

横浜事件と名づけられたこの事件は、でっち上げの一言だけで言い切れる出来事なのだろうかと思います。横浜事件の時には生まれてもいなかった私ですが。被害者達はたまたま通り魔に遭ったようなことではなく、この国の侵略戦争に心を痛め、抵抗の志をもっていた人々だったのではないかと思います。

私がこれまでに自費で出した本は、木村亨関係のものが二点、私のものが一点あります。せめて、もう一点はまとめたいものと思います。

終わりはないのです。終わったようにみえても、その瞬間に始まっているのです。土がある日、ぽこっと盛り上がり、芽が出て伸びて花が咲く。一冊の本が生れる喜び。

装幀と本文デザインをこのたびも引き受けてくださった臼井新太郎さん、『横浜事件　木村亨全発言』に続いて、横浜事件の本を世に送り出してくださったインパクト出版会の深田卓さんに感謝申し上げます。

執筆者紹介

新井 章——1931年、群馬県生まれ。弁護士。『体験的憲法裁判史』現代史出版会、1997.（のち岩波同時代ライブラリー）。『憲法第九条と安保・自衛隊』日本評論社 1981.

内田剛弘——1931年、東京生まれ。弁護士。『愛のコリーダ裁判・全記録』上巻、下巻、社会評論社、1980.『司法の独立と正義を求めて半世紀——〈60年安保〉後の日本を在野法曹の立場で透視する』田畑書店、2010.

吉永満夫——1942年、中国・長春生まれ。弁護士。『官僚法学批判——市民を忘れた行政官・裁判官・法学者を批判する』花伝社、2000.『崩壊している司法——横浜事件再審免訴判決と仕事をしない裁判官たち』日本評論社、2014.

大島久明——1945年、岡山県生まれ。弁護士。

岡山未央子——1958年、東京都生まれ。弁護士。

森川文人——1962年、東京都生まれ。弁護士。

平舘道子——1934年、神奈川県生まれ。再審請求人。『ベイジアン理論と回帰分析』金沢大学経済学部研究叢書、1993.

木村まき——1949年、岩手県生まれ。再審請求人。『空にまんまるの月』西田書店、2008.

横浜事件と再審裁判

治安維持法との終わりなき闘い

2015年2月18日 第1刷発行

編著者——横浜事件第三次再審請求弁護団

発行人——深田 卓

装幀・本文デザイン——臼井新太郎

発行——インパクト出版会
〒113-0033 東京都文京区本郷2-5-11 服部ビル2F
Tel 03-3818-7576 Fax 03-3818-8676
E-mail：impact@jca.apc.org
http:www.jca.apc.org/~impact/
郵便振替 00110-9-83148

印刷製本——モリモト印刷株式会社